U-Boot-Krieg im Golf von Mexiko
1942–1943

Melanie Wiggins

U-Boot-Krieg
im Golf von Mexiko
1942–1943

Seit 1789

Verlag E.S. Mittler & Sohn
Hamburg · Berlin · Bonn

Nicht bei allen Fotos konnten die Inhaber der Bildrechte ermittelt werden.
Der Verlag bittet freundlich um Kontaktaufnahme:

Verlagsgruppe Koehler/Mittler
Georgsplatz 1
20099 Hamburg

Ein Gesamtverzeichnis der lieferbaren Titel der Verlagsgruppe Koehler/Mittler
schicken wir Ihnen gerne zu. Sie finden es aber auch im Internet unter:
www.koehler-mittler.de

Bibliografische Information der Deutschen Nationalbibliothek
Die Deutsche Nationalbibliothek verzeichnet diese Publikation in
der Deutschen Nationalbibliografie; detaillierte bibliografische
Daten sind im Internet über http://dnb.d-nb.de abrufbar.

ISBN 978-3-8132-0874-0

© 2007 by Verlag E.S. Mittler & Sohn, Hamburg · Berlin · Bonn
Alle Rechte vorbehalten.
Druck: DZA Druckerei zu Altenburg GmbH, Altenburg
Printed in Germany

Titel der Originalausgabe: Torpedoes in the Gulf
Texas A&M University Press
College Station
Copyright © 1995 by Melanie Wiggins

Bei den Zitaten von deutschen Personen handelt es sich um Rückübersetzungen
vom englischen Originaltext des Buches. Der Verlag kann keine Verantwortung
für etwaige Abweichungen von den tatsächlichen Zitaten übernehmen.

Inhaltsverzeichnis

Für Herbert Uhlig und seinen Sohn Ralph,
Peter Petersen und Günther Reibhorn,
die mir geholfen haben, die Geschichte aus
deutscher Sicht zu erzählen.

Wir nannten sie die »Wenn und Auf Wiedersehen«-Zeit:
Alle unsere Sätze fingen an mit »Wenn ...«
und wir sagten immer »Auf Wiedersehen«.

SARA ELLLEN STUBBS

Vorwort

»An was erinnern Sie sich, wenn Sie an die Kriegsjahre in Galveston denken?«
fragte ich mehrere Frauen der Stadt. »Waren Sie erschrocken, dass die U-Boote so viele Schiffe versenkten?«

»Ach nein«, antworteten sie. »Wir waren zu sehr damit beschäftigt, auf Par-
tys zu gehen und uns zu amüsieren.«

Ihre Einstellung verwirrte mich zunächst, aber später verstand ich. Anfang
1942, beim Eintritt Amerikas in den Krieg, wurde Galveston Island Er-
holungszentrum für alle Militärangehörigen der Gegend. Tausende von Rekruten mit frischen Gesichtern und adretten neuen Uniformen kamen in Bussen,
Lkws, Zügen und Autos nach Galveston. Sie stürzten sich fröhlich auf die
Stadt, auf der Suche nach Erholung von der harten militärischen Ausbildung,
die die Vereinigten Staaten zu spät begonnen hatten. Sie waren achtzehn Jahre
alt und hatten noch nie in ihrem Leben ein Gewehr abgefeuert. Regierung und
Bevölkerung wussten, dass viele getötet werden würden, versuchten Ablen-
kung zu bieten, solange noch Zeit blieb. »Iss, trink und sei fröhlich«, sagten
alle, »denn morgen werden wir sterben.«

Massen von Soldaten, Matrosen und Marineinfanteristen flanierten entlang des
Seawall Boulevard und genossen die warme Sonne, die sanften Golfbrisen und
die hübschen Mädchen. Rote, rosarote und weiße Oleander blühten in all ihrer
Pracht, Möwen kreischten in der Luft, und sanfte Wellen glitten den Sand
herauf und wieder herab. Auf der 25th Street wirbelte ein gigantisches Karus-
sell mit lebensgroßen Rennpferden; seine Musik vermischte sich mit dem
Lärm der Schießbuden und Spiele nebenan. Die Mountain-Speedway-Achter-
bahn donnerte rauf und runter, ein Riesenrad schwang die Fahrer in den Himmel, der glitzernde »Balinese Room« präsentierte Hollywood-Entertainer und
Spiele, es gab zahlreiche Fischrestaurants, jedes Geschäft und jede Bar hatte
Automaten und Wettlisten, und Murdoch's Pier bot Schwimmen, Erfrischun-
gen und Schönheitswettbewerbe. Es war das Paradies auf Erden.

Kein Wunder, dass sich die Bewohner von Galveston die Schrecken des Krieges schwer vorstellen konnten – besonders auf ihrer Insel. Das ganze Land
hatte sich bis zu dem schicksalhaften 7. Dezember 1941 geweigert, über ein
Engagement in Europa nachzudenken. Selbst als die US-Truppen eingezogen
wurden und in die Ausbildung gingen, lag über Galveston ein Hauch von
Festlichkeit und Ausgelassenheit. Dem New Yorker Bürgermeister Fiorello La
Guardia, dem nationalen Leiter der Zivilverteidigung, und seiner Assistentin

Eleanor Roosevelt gelang es nicht, die Nation zu mobilisieren. Stattdessen machten sie sich Gedanken über den Entwurf von Uniformen für Arbeiter und diskutierten, ob man die Röcke mit Falten versehen sollte.

Mitten in der völligen Desorganisation Amerikas schlug die deutsche Kriegsmarine zu, und zwar mit großem Erfolg. Sobald die U-Boote Anfang 1942 die Schifffahrt vor der Ostküste Amerikas weggefegt hatten, richteten sie ihr Augenmerk auf den Golf von Mexiko. Die Bewohner von Galveston und mit ihnen der Rest der Nation waren davon überzeugt, dass ihre funkelnden blauen Golfgewässer vor den Unterwasserhaien aus Stahl sicher sein würden. Sie täuschten sich. Und damit beginnt unsere Geschichte.

Viele Freunde halfen bei dem Buch, und alle mit viel Begeisterung und Ermutigung. Ich möchte sie würdigen und ihnen für ihre Bemühungen danken.

Für ihr Vertrauen und ihre Freundschaft bin ich für immer zu Dank verpflichtet: Den U-Boot-Kommandanten, Offizieren und Freunden, die ich in Deutschland traf, und den vielen Menschen in Galveston und den nahe gelegenen Städten, die mit mir zusammenarbeiteten, Vorschläge machten und Anregungen gaben. Es wäre unmöglich, sie alle zu nennen, aber ich möchte besonders den folgenden danken: Yvonne Sutherlin, Robert Scheina, Charles Lloyd (U.S. Navy Armed Guard World War II Veterans), E. J. Heins (Merchant Marine World War II Veterans), Mary Lou Featherstone, Jim Airey, Fletcher Harris, Hetta Jockusch Towler, Peaches Kempner, Ruth Kempner, Nonie Thompson, Lyda Ann Thomas, Rosenberg Library of Galveston, New Orleans Public Library, Dr. Howard Williams (Orange County Historical Commission), Dr. Norman Black (Gregg County Historical Commission), Carol Nelson (U.S. Army Corps of Engineers), Charles Stubbs, Sara Stubbs, Senator Lloyd Bentsen und Patrick H. Butler III.

Andere sind Bernard Cavalcante und Kathy Lloyd (Navy Historical Center), Kommandant Herbert Uhlig, Ralph Uhlig, Kommandant Reinhard Hardegen (U 123), Erich Gimpel, Wilhelm Grap (U 506), Horst Bredow (U-Boot-Archiv), Harry Cooper and the Sharkhunters, John Taylor, Harry Reilly und Bill Sherman (National Archives), Kommandant Hans-Georg Hess (U 995), Kommandant Gerd Thäter (U 466 und U 3506), Günther Reibhorn, Alfred Nuesser, Bundesarchiv in Koblenz, Allen Meyer, Christian Reuleaux, Ute Carson, Hans Esken, Captain James E. Wise, Jr., USN (Ret.) und Mancel Halverson.

Redakteur Noel Parsons hielt mich mit seiner Freundschaft und seinem Vertrauen bei guter Laune, und Thad White, Henry Duke und Wade Anderson lösten technische Schwierigkeiten mit Computer und Drucker.

Besonderer Dank geht an diejenigen, die meine endlosen Befragungen geduldig ertrugen. Es sind: Jack Dodendorf, Jim McKaig, Alfred Plaschke, John Naumczik, John Kinietz, George Hamilton, Glenn Cudd, Ballinger Mills, Gene Hosey, Captain Glenn Tronstad, H. A. Suhler, Adolph Johnson, Victor

Messina, Irene Rice Johnson, Lyda Kempner Quinn, Emmy Lou Whitridge, Diane Hansen, James Handy und Harry Brown.
Zum Schluss möchte ich sagen, dass Peter Petersen mindestens zehntausend Fragen über die Funktionsweise von U-Booten beantwortet, viele Seiten Kriegstagebücher und deutsche Korrespondenz übersetzt und freundlicherweise von seinen eigenen unglaublichen Erfahrungen erzählt hat. Seine Hilfe war unbezahlbar.

1. Die Spione

Die bunten Nationalflaggen von Kuba, Dänemark, Frankreich und anderen Ländern flatterten 1940 in Galveston von den Balkonen und Fenstern der Konsulate an der Strand Street. Die deutsche Fahne mit ihrem kräftigen rotweiß-schwarzen Muster und dem Hakenkreuz fiel John Focke ins Auge, einem gebürtigen Galvestoner, der die Fahne seit Jahren gesehen hatte, ihren Anblick aber nicht länger ertrug. Focke stürmte in sein Büro zurück, rief seinen Freund Julius Jockusch an, den Honorarkonsul von Deutschland, und brüllte, er werde nie wieder mit ihm reden, wenn Jockusch dieses Hitlersymbol nicht sofort entfernte.

Jockusch war von Fockes heftigem Angriff schockiert. Er antwortete, dass es seiner Meinung nach nicht möglich sei, das Konsulat zu schließen und dass er verpflichtet sei, die Deutschen weiterhin in Amerika zu vertreten.[1]

Focke legte auf und sprach nie wieder mit Jockusch. Das beendete ihre lebenslange Freundschaft. Kurz nach ihrem Gespräch ging Jockusch zu seinem Freund Karl Tidemann und sagte ihm, dass es für ihn und seine Familie schwierig werden würde. Er sagte, sie würden ständig belästigt und beleidigt und befürchteten dass sich die Situation verschlechtern würde, wenn er seine Stelle als Konsul behielte. Sie diskutierten die Angelegenheit ausgiebig, und Tidemann riet ihm aufzugeben.[2]

Wenige Tage später erschien am 11. Mai 1940 eine Ankündigung in der Galvestoner Zeitung: »Jockusch tritt als deutscher Konsul für Texas zurück.« Jockusch sagte: »Ich ziehe es vor, keine längere Erklärung zu meinem Rücktritt abzugeben, außer, dass ich entsprechend der Haltung der amerikanischen Regierung … denke, dass meine Position als Konsul von Deutschland mit treuer amerikanischer Staatsbürgerschaft unvereinbar ist.«[3]

Freunde der Familie Jockusch hatten Verständnis und sympathisierten mit seinem Rücktritt. Sie alle litten unter den antideutschen Gefühlen, die das Land heimsuchten, und versuchten sie zu ignorieren, so gut sie konnten. Aber Hitlers Kampagne, die Juden zu unterdrücken und Europa zu erobern, hatte Angst und Abscheu in Amerika gegenüber jedem verursacht, der auch nur entfernt mit ihrem Vaterland in Verbindung stand.

Hitler hatte 1939 Polen eingenommen, war in die Tschechoslowakei eingefallen, hatte Anfang 1940 Norwegen erobert und war im Mai jenes Jahres dabei, in Holland, Belgien und Frankreich einzumarschieren. Schlagzeilen vom 22. Mai berichteten von flüchtenden französischen Zivilisten, die Nazi-Flugzeuge mit Maschinengewehren niedermähten.

Martin Dies, ein aufbrausender Kongressabgeordneter und Vorsitzender des Komitees für nichtamerikanische Aktivitäten in Texas, begann seine Untersuchungen über »die fünfte Kolonne«, Kommunisten und andere »Subversive« im ganzen Land. Er war mit seinen Vorwürfen häufig in den Nachrichten. Viele von ihnen stellten sich jedoch später als ungerechtfertigt heraus. »Ich habe unbestätigte Berichte, dass eine Reihe getarnter Luftstützpunkte in Mexiko unmittelbar südlich des Rio Grande gebaut worden sind«, verkünde er im Mai 1940. Für diese Aussage gab es natürlich keine sachliche Grundlage.[4]

Während des nächsten Jahres suchte das Komitee für nichtamerikanische Aktivitäten nach verdächtigen Personen und berichtete, dass deutsche Konsuln im ganzen Land wichtige Informationen sammelten und sie an das Dritte Reich weiterleiteten. Etwas davon könnte wahr gewesen sein, denn am 2. Mai 1941 erschien eine kurze Meldung in der *New York Times*: »Fernrohr des Nazikonsuls sucht San Francisco Bay ab.« Der Artikel zitierte W. W. Chapin, den Vorsitzenden der Golden-Gate-Planungskommission: »Das deutsche Konsulat hat ein 6-Zoll-Fernrohr in seinen Räumlichkeiten installiert, um alles zu beobachten, was am Golden Gate passiert.« Er behauptete, dass Generalkonsul Hauptmann Fritz Wiedemann und seine Mitarbeiter in ein altes Herrenhaus am Pacific Heights oberhalb der Forts und der den Eingang zur San Francisco Bay flankierenden Militärposten zögen. »Durch das Fernrohr würden die Geschützbatterien von Fort Baker, Fort Barry und Fort Wiley aussehen, als lägen sie nur auf der anderen Straßenseite«, sagte Chapin.[5]

Wiedemann, Hitlers gut aussehender Kompanieführer im Ersten Weltkrieg und persönlicher Adjutant nach dem Krieg, hatte sich in den Vereinigten Staaten den Ruf als Nazi Nummer 1 erworben. Das neue deutsche Konsulat mit seinem riesigen Fernrohr, das wichtige militärische Einrichtungen überblicken konnte, muss die Aufmerksamkeit des Kongressabgeordneten Dies geweckt haben.

Baron Edgar von Spiegel, auch gut bekannt als Generalkonsul der Golfküste, war seit 1937 seinen Geschäften an der Saint Charles Avenue 3029 in New Orleans nachgegangen. Sein Bereich umfasste die acht Bundesstaaten Texas, Louisiana, Mississippi, Alabama, Florida, Georgia, South Carolina und North Carolina sowie Puerto Rico und die Virgin Islands. Von Spiegel hatte Julius Jockusch 1938 den Verdienstorden des deutschen Adlers verliehen und kannte alle Golfkonsuln gut.

Der Name des Barons wurde 1928 in den Vereinigten Staaten überall bekannt, als das Buch von Lowell Thomas *Raiders of the Deep* veröffentlicht wurde. Diese Sammlung dramatischer und haarsträubender Geschichten von deutschen U-Booten im Ersten Weltkrieg enthielt auch auch die von Spiegels, dem Kommandanten von U 93. Sein Mut und seine Hilfeleistungen für feindliche Matrosen hatten ihm den Ruf als tapfersten U-Boot-Kapitän der kaiserlichen Marine verschafft.

Im Juni 1919 wurde der Baron, der gefangen genommen und nach England ins Gefängnis geschickt worden war, repatriiert. Danach stieg er ins Schifffahrtsgeschäft ein. Damit hatte er großen Erfolg bis zum finanziellen Zusammenbruch in Deutschland, der sein Geschäft ruinierte. 1928 wurde er Vertreter der amerikanischen Graham-Paige Motors Corporation und besuchte die Vereinigten Staaten oft. Im Oktober 1936 schickte ihn die Regierung des Dritten Reichs an die deutsche Botschaft in Washington und ernannte ihn im Juni des folgenden Jahres zum Generalkonsul der Golfstaaten.[6]

Adolf Karl Georg Edgar Baron Spiegel von und zu Peckelsheim, ein schlanker Mann mit aristokratischer Haltung, glaubte fest an Hitlers Fähigkeit, das Vaterland aus seiner tiefen Depression herausholen zu können, und war darauf bedacht, seine Ansichten zu dem Thema so oft wie möglich zu äußern. »Es hat keine andere so maßvolle Revolution ohne Blutvergießen gegeben«, sagte er. »Die jetzige deutsche Regierung ist die beim Volk populärste von allen, an die ich mich erinnern kann.«[7]

1937 bereiste er die Staaten in seinem Konsulargebiet und sprach zu verschiedenen Gruppen. »Es gibt einen Mann in Deutschland, der Hitler heißt«, sagte er, »der in anderen Ländern sehr gehasst, aber in seiner Heimat sehr geliebt wird. Das deutsche Volk fürchtet die Möglichkeit eines neuen Weltkrieges nicht, weil es Vertrauen in Hitlers gesunden Menschenverstand hat.« Er fügte hinzu, dass Hitler ein Mann voller Überraschungen sei und dass, sobald Deutschland einige seiner im Ersten Weltkrieg verlorenen Kolonien zurückbekommen habe, ein Krieg in Europa auf viele Jahre hinaus unwahrscheinlich wäre.[8]

1938 sprach von Spiegel vor dem Klub der Jungen Geschäftsleute im Roosevelt-Hotel in New Orleans. Dort lamentierte er, dass die Propaganda internationalen Hass gegen Deutschland erzeuge. Am Ende seiner Rede stand Dr. Joseph Cohen, ein Mitglied des Klubs, auf. »Sie können Ihre Bemerkungen dem deutschen Regierungschef zurückschicken«, sagte er. Der Vorsitzende des Unterhaltungskomitees, John Ryan, bat ihn, sich mit Rücksicht auf von Spiegel wieder zu setzen und ruhig zu bleiben.[9]

Im August 1939 untersuchte das Dies-Komitee einen Brief des Präsidenten der Universität von Florida. Dieser behauptete, dass von Spiegel ihn über den Status des deutschen Professors der Schule, einem Wiener Flüchtling und Gegner der Nazitheorien, befragt habe. Er berichtete, dass der Konsul auch versucht habe, der Schule kostenlose Bücher über Deutschland zu geben, die, wie von Spiegel behauptete, kein Propagandamaterial waren. »Das waren vier oder fünf Märchenbücher«, sagte er.[10]

Am 15. Juni 1940, etwa einen Monat nach dem Rücktritt von Julius Jockusch, bemerkte Baron von Spiegel, dass seines Erachtens Deutschland einen frühen Sieg über Frankreich erringen werde und dass seine Regierung »nicht vergessen werde, dass die Vereinigten Staaten seinen Feinden jede erdenkliche materielle Hilfe gegeben hätten als es bitter um sein nacktes Leben kämpfte«. Als die Bemerkung später veröffentlicht wurde, sagte er, er habe als Privatmann gesprochen und nicht für die Zeitungen. Er gab auch seine Zuversicht Ausdruck, dass die deutsche Regierung mit der Rückgabe ihrer Besitzungen in Afrika zufrieden sein würde – und vielleicht mit ein wenig mehr. »Das neue Deutschland wird sich selbst versorgen, mit Öl aus Holland und Rumänien, … Weizen und Wolle von seinem Freund Russland und zahllosen anderen Lieferungen aus anderen europäischen Ländern.« Er sagte voraus, dass Spanien sich bald Deutschland im Kampf gegen Frankreich anschließen und Frankreich innerhalb weniger Tage kapitulieren werde. »Wir haben uns seit zwanzig Jahren vorbereitet«, schmunzelte er, »während Frankreich und England geschlafen haben und sich in Sicherheit glauben.«[11]

Am nächsten Tag sagte Senator Lloyd Hendrick vom Parlament in Louisiana, er wolle eine Resolution einbringen, die Präsident Roosevelt und Kongress zu der Forderung veranlassen solle, dass Deutschland seinen Generalkonsul in New Orleans zurückrufe. Unter Bezugnahme auf von Spiegels Erklärung sagte er: »Sie…widerspricht der überwältigend geäußerten Zustimmung des amerikanischen Volkes für die Alliierten, und führt nur dazu, die allgemeine Hysterie dieser unruhigen Zeiten zu steigern. Die Worte des Barons schaffen nur Unruhe in unserer Nation. Der Beweis dafür ist, dass eine Polizeiwache um sein Haus gestellt wurde, nachdem er seine Erklärung abgegeben hatte.«[12]

Am folgenden Tag forderte der Gouverneur von Louisiana, Sam Jones, Außenminister Cordell Hull auf, Baron von Spiegel zu überprüfen. Er sagte, der Baron habe eine »deutlich unfreundliche Haltung gegenüber den Staaten.«[13]

Am nächsten Morgen flog ein lächelnder, keineswegs beunruhigter von Spiegel in die amerikanische Hauptstadt. »Ich fahre geschäftlich nach Washington«, sagte er der Presse. »Es ist reine Routine. Ich fahre oft dorthin.«[14]

Am 23. Juni kündigte die *New Orleans Times* an, dass dem Außenministerium vorgeschlagen worden sei, die Aktivitäten von Spiegels zu untersuchen. Es wurde spekuliert, ob sie zu einer Forderung nach seinem Rückruf führen könnte, aber nichts geschah.[15]

Bis September hörte man nichts mehr vom Baron. G. F. Neuhauser, Redakteur der *San Antonio Freie Presse*, einer deutschen Zeitung, erklärte dem Dies-Komitee, dass er einen Drohbrief von von Spiegel erhalten habe. Er sagte, der Baron habe ihm mitgeteilt, dass seine Berichterstattung »feindlich« und dass Hitler darüber aufgebracht sei.[16]

Im November warf das Dies-Komitee den deutschen Konsuln in New Orleans und Mobile, Alabama vor, sie »verbreiten die Arbeit« der von Deutschen gegründeten Transocean News Service. Ihr Bericht beschrieb den News Service als »Agentur für die Verbreitung von Propaganda im Ausland, die von Hitler als eine Organisation genutzt werde, um mit einem Minimum an Verdacht Spionage betreiben zu können.«[17]

Ein Brief an den Transocean News Service in New York, den von Spiegel unterschrieben hatte, erklärte, dass wegen übermäßiger Arbeit sein Büro nicht länger in der Lage sei, eintreffendes Lesematerial im vorherigen Umfang zu bearbeiten, und dass er deshalb »lediglich die rosaroten Blätter, eine Zusammenfassung der heutigen Nachrichten«, anfordere. Der Brief des Konsuls in Mobile sagte, er

wolle die Zeitung für Juli und August kündigen und endete mit »Heil Hitler!«[18].
Man fragt sich, was all dies mit Spionage zu tun hatte, da es an den Rund-
schreiben nichts Geheimnisvolles gab. Senator Dies war jedoch davon überzeugt, auf dem richtigen Weg zu sein. Sein Komitee veröffentlichte »ein Weiß-
buch«, das weit verbreitete Aktivitäten der Nazis in den Vereinigten Staaten
beschrieb. »Ich habe eine Liste von Verdächtigen, von denen ich allen Grund habe
anzunehmen, dass sie Gestapo-Agenten in den Vereinigten Staaten sind«, verkündete er. »Wir werden so schnell wie möglich aktiv gegen sie vorgehen, … nicht
aber gegen Unschuldige.« Dies sagte, er glaube, dass sein Bericht die Pläne aller
Nazi-Organisationen, die in diesem Lande arbeiteten, »wirkungsvoll zerschmet-
tern« würde.[19]
Während aller dieser Untersuchungen ging Baron von Spiegel weiterhin seinen
konsularischen Pflichten nach und unternahm häufige Angeltouren im Golf von
Mexiko. Zu seinen Ausflügen den Mississippi hinunter, durch das Flussdelta
und entlang der südlichen Küsten von Louisiana um Grand Isle, südlich von
Houma, wo das Angeln ausgezeichnet war, lud er oft Freunde ein. Der Baron,
Liebhaber des Meeres und Navigationsexperte, steuerte seine luxuriöse Maha-
goniyacht mit Leichtigkeit. Viele seiner Freunde hatten große Boote, und sie reis-
ten häufig zusammen in den Golf auf der Suche nach Makrele, Tarpun und Leng-
fisch.
Reverend Harry Brown, von Spiegels enger Freund und häufiger Partner beim
Angeln, leitete das deutsche Haus für Pensionäre in New Orleans, das damals das
»Protestantische Altersheim« genannt wurde. Jeden Februar veranstalteten die
Bewohner des großen zweigeschossigen Hauses an der Magazine Street ein Fest
im Freien mit Altbier, Würsten, Töpfen mit Sauerkraut, Akkordeonspielen und
Singen. »Es war eine ziemlich wichtige Veranstaltung für sie«, erinnerte sich
Harry, der Sohn von Brown. »Sie verbrachten Monate mit den Vorbereitungen,
der Zubereitung des Essens und dem Üben von Liedern.« Der Baron und seine
Frau mischten sich unter die Gäste des Festes und besuchten die Browns und ihre
Altersheimbewohner auch bei anderen Anlässen.[20]
Im Juni 1941 befahl Präsident Roosevelt Deutschland und Italien plötzlich, alle
Konsulate in den USA sowie die German Library of Information in New York,
die Büros der deutschen Eisenbahn und Reisebüros sowie den Transocean News
Service zu schließen. Diese Anordnung betraf jedoch nicht die Botschaft, die offi-
zielle Nazi-Nachrichtenagentur oder die Korrespondenten deutscher Zeitungen.
Der Präsident sagte, dass die Maßnahmen aufgrund von Untersuchungen des Jus-
tizministeriums ergriffen wurden. Diese wurden zwar nicht veröffentlicht, aber
sie sollten viele Beweise für Nazi-Spionage, Sabotage und Propaganda durch die
Konsulate beinhalten.[21] »Diese Konsulate waren über das ganze Land verteilt und
generell mit fanatischen Parteimitgliedern besetzt, die viel politische Propaganda betrieben«, sagte Erich Gimpel, ein ehemaliger deutscher Geheimagent und
Elektronikexperte. »Präsident Roosevelt handelte richtig, als er sie schloss.«[22]

Von den vierundzwanzig deutschen Konsulaten, deren Schließung angeordnet war, befanden sich achtzehn in Hafenstädten. Das gab vermutlich Anlass zur Sorge, dass die dortigen Konsuln Informationen über Schifffahrt erhalten könnten. Einige meinten, dass die Maßnahme der Regierung ein Witz sei, weil sie keine Auswirkung auf die deutschen Militär- und Marine-Nachrichteneinheiten hatte – der Nazi-Militärattaché wurde in der Botschaft belassen. In der Tat hatte der Militärattaché in Washington, General von Boetticher, 1939 seinen Vorgesetzten in Berlin geraten, sich über einen amerikanischen Angriff in Europa keine Sorgen zu machen. Die US-Bewaffnung sei für eine Intervention unzureichend, und Charles Lindbergh und Eddie Rickenbacker plädierten dafür, dass die USA sich aus dem Krieg heraushalten sollten.[23]

Am 18. September 1939 versuchte Hans Thomsen, der deutsche Chargé d'affaires in Washington, seinen Außenminister in Berlin zu warnen, dass »die Sympathien des amerikanischen Volkes unserem Feind gelten«. Er bemerkte ferner, dass es schlimme Folgen haben würde, falls irgendwelche Agenten versuchen sollten, Sabotageakte in den Vereinigten Staaten auszuführen. Er bat darum, das zu unterlassen. Seine Mitteilung muss nicht beachtet worden sein, da er im Januar 1940 nach Berlin schrieb, dass sich zwei Agenten der deutschen Abwehr in der Botschaft gemeldet hätten mit der Bereitschaft, in der Rüstungsindustrie Bomben zu legen. Thomsen forderte die sofortige Aufgabe dieses Projekts. »Es gibt keinen sichereren Weg, Amerika in den Krieg zu treiben, als einen Kurs wieder aufzugreifen, der Amerika in die Reihen unserer Feinde trieb … im Weltkrieg und … die Kriegsindustrien der Vereinigten Staaten überhaupt nicht behinderte.«[24]

Schon 1935 ließ Hitler Geheimdienstoperationen durchführen, erzählt Erich Gimpel, der damals in Lima, Peru, lebte und für Telefunken arbeitete. Der Militärattaché an der deutschen Botschaft befahl Gimpel, Informationen über Schiffe, Besatzungen und Ladungen im Hafen einzuholen und regelmäßig weiterzuleiten. Im Laufe der Zeit forderte der Attaché, dass Gimpel ein Kurzwellenradio bauen solle, um verschlüsselte Nachrichten nach Deutschland zu morsen. »So ein Sender war nicht sehr groß. Man konnte ihn in ein paar Stunden bauen, wenn man alle Teile hatte. Es war sehr einfach«, sagte er. So fing der Agent an, Nachrichten von Lima nach Berlin zu senden und ihnen mitzuteilen, welche Arten von Schiffen in den Hafen ein- und ausliefen.[25]

»Unser gesamtes Agentennetzwerk [in den Vereinigten Staaten] … war hastig aufgebaut worden, nachdem der Krieg eigentlich schon begonnen hatte«, erinnerte sich Gimpel. »Zu Friedenszeiten hätte man relativ leicht Vorkehrungen treffen können, aber das Außenministerium hatte das aus politischen Gründen abgelehnt. Erst kurz vor Ausbruch des Krieges intensivierten sie die Spionageaktivitäten in den Staaten, aber selbst dann arbeiteten sie mit zu vielen Amateuren und mit zu wenigen Experten.« Verschiedene deutsche Klubs wurden aufgefordert, Informationen an ihr ehemaliges Vaterland zu liefern, aber diejenigen, die es taten, berichteten nichts Wertvolles. Das FBI zerstörte im Juli 1941 ein aus neunundzwanzig Mitgliedern bestehendes Spionagenetz (hauptsächlich Schiffsstewards) in den Vereinigten Staaten, und die Nachricht machte genau an dem Tag Schlagzeilen, als alle italienischen und deutschen Konsuln per Schiff nach Lissabon fuhren. »Wir befanden uns plötzlich ohne einen einzigen Geheimagenten im Land unseres Hauptfeindes«, fuhr Gimpel fort.[26]

Gimpel, der 1944 von der Abwehr ausgebildet worden war, sagte, dass das deutsche Militär nichts über Amerika wusste, keine Produktionszahlen oder Rüstungsinformationen hatte und überhaupt keine Kenntnisse über das Niveau der Armeeausbildung, Reserven oder Moral besaß. »Das Außenministerium … drängte Deutschland in den Krieg mit dem reichsten Land der Welt. Wir hatten bis zuletzt keine Ahnung, wie reich es war.«, schrieb er.[27]

Wenn das amerikanische Volk gewusst hätte, wie wenig echte Spione in dem Land waren, hätten sie sich über Senator Dies totgelacht. Auf jeden Fall überzeugte er das Innenministerium, dass die Konsuln dem Feind Beihilfe leisteten und daher gehen sollten.

Im Konsulat von San Francisco interviewte ein Schwarm Reporter Hauptmann Fritz Wiedemann. Eine kleine amerikanische Flagge stand auf seinem Schreibtisch. »Die Zeiten hier sind nicht sehr leicht gewesen«, sagte er. »Alles, was ich sagen kann, ist, dass ich hier bei meiner Ankunft vor zweieinviertel Jahren voller Hoffnung und guter Absichten war und dies keineswegs als gewünschtes Ziel vor Augen hatte. Ich glaube nicht, dass ich in die [deutsche] Armee eintreten muss. Ich bin sehr neugierig und wüsste auch gern, wohin ich gehen soll.« »War die Anweisung des Außenministeriums ein Schock?« fragte ein Journalist. »Ich würde sagen nein«, erwiderte er.[28]

Die New York Times veröffentlichte Porträts von einem lächelnden Wiedemann, von Dr. Herbert Scholz, Konsul in Boston, und von Baron Edgar von Spiegel mit seinem schmalen Gesicht, stechenden Augen und schwarzen Augenbrauen.[29]

In New Orleans spielte jemand ein paar Tage später Baron von Spiegel einen kleinen Streich. Es erschien eine Anzeige in der *Times-Picayune*, die eine sechsteilige weiße Veranda- oder Gartengarnitur zum Verkauf und zur Besichtigung in der Saint Charles Avenue 3029 ankündigte. »Wird meistbietend verkauft. Erlös an britische Kriegshilfe.« Die aufgeführte Anschrift und Telefonnummer waren die des Barons. Wahrscheinlich bemerkte er es nicht, da er mit Vorbereitungen beschäftigt war, das Land zu verlassen. Er und seine Frau stopften ihre Kleidung in Koffer und verpackten alle Papiere und persönlichen Habseligkeiten in Kisten für den Transport nach New York. Helfer entfernten aus dem Konsulatsgebäude Möbel, Porzellan, Silber und andere Haushaltsgegenstände – einschließlich des Hakenkreuzes über der Haustür – und verpackten sie in Kisten zur Lagerung in New Orleans. Mittlerweile umzingelte eine Menschenmasse das Haus und schrie Beleidigungen. Von Spiegel und seine Frau verließen es durch die Hintertür und wurden zum italienischen Konsulat in der Nähe gefahren, wo sie fünf Stunden mit Konsul Marquis Gian Gerolamo Chiavari verbrachten. Dann brachte ein Chauffeur sie alle zum Bahnhof.[30]

Harry Brown, der über die Sicherheit des Barons und seiner Frau besorgt war, fuhr zu dem Haus an der Saint Charles Avenue, um sich von ihnen zu verabschieden, aber er konnte sich dem Ort, der jetzt von Polizei und Nationalgarde umstellt war, überhaupt nicht nähern. Brown fuhr ab und sah seine Freunde nie wieder.[31]

Die von Spiegels kamen am 14. Juli 1941 in New York an. Ihr Taxi fuhr in einem Strom von Fahrzeugen mit deutschen und italienischen Konsuln, ihren Familien und ihrem Gepäck auf die Pier, während eine Menge von dreitausendfünfhundert Freunden und Verwandten, die von Polizeiketten zurückgehalten wurden, versuchten, geliebte Abreisende zu erblicken. Keiner rief, winkte oder jubelte, und nur wenige hielten verwelkte Sträuße in den Händen. Kriminalbeamte, FBI-Männer, Einwanderungsbeamte und Zollbeamte beobachteten, wie die Diplomaten der Reihe nach an Bord der WEST POINT gingen, einem ehemaligen Luxusschiff, das in einen düstergrauen Truppentransporter verwandelt worden war. Den meisten der vierhundertfünfzig Passagiere wurden Dreifachstahlkojen zugeteilt, während fünfundsiebzig Glückliche Kabinen mit Betten hatten.

Menschen standen an der Reling des Schiffes, als es langsam von der Pier ablegte und an der Freiheitsstatue vorbeifuhr. Die WEST POINT stoppte kurz, um die Konsuln General Fritz Wiedemann und Johannes Borchers und ihre Familien aufzunehmen, die in der letzten Minute mit achtundneunzig Gepäckstücken, die fünf Tonnen wogen, ankamen. (Wiedemann nahm die gesamten vertraulichen Akten des Konsulats von San Francisco mit.)[33]

Das Schiff, das mit vier Fünf-Zoll-Geschützen, mehreren Flugabwehrkanonen, Scheinwerfern und einem Entmagnetisierungssystem ausgerüstet war, fuhr über den mit U-Booten verseuchten Atlantik, wobei ihre sichere Reise von den Krieg führenden Nationen garantiert wurde. Baron Edgar von Spiegel war gegangen, aber er wurde nicht vergessen.[34]

2. Kriegsvorbereitungen

WÄHREND DIE KONSULARBEAMTEN im Sommer 1941 nach Europa zu-rückfuhren, unternahm Galveston die ersten Versuche, sich auf Angriffe von See und aus der Luft vorzubereiten. Bürgermeister Brantly Harris berief ein Treffen von Gruppen aus Stadt und Kreis, um Maßnahmen und Pläne zu diskutieren. Die Bewohner von Galveston befürchteten, dass sie als wichtiger Öltankerhafen ein wahrscheinliches Feindziel sein würden, und sie begannen, das Rote Kreuz zu mobilisieren, Sirenen zu installieren und Freiwillige anzuwerben.[1]

Die Armee veranstaltete die ersten praktischen Ausbildungsprogramme für Sol-daten aus nahe liegenden Lagern, und im Juli kam eine Truppe von zweitausend-fünfhundert Artilleristen für eine viertägige Übung in die Stadt. Sie kamen mit vierhundert Fahrzeugen, 37-Millimeter-Panzerabwehrgeschützen, 155-Milli-meter-Haubitzen und anderer Artillerie und verschiedenen anderen Geräten und schlugen zwölfhundert Schutzzelte am Oststrand für Manöver auf. Gegen die mögliche Langeweile planten die Frauen von Galveston Tanzveranstaltungenie im Kempner Park und in der Stadthalle, bauten ein Freizeitzelt auf und verkün-deten, dass Leihgaben von Sofas, Stühlen und Teppichen willkommen seien.

Kaum war das Zeltlager aufgebaut, als ein monsunähnlicher Sturm vom Golf her mit Windböen und sintflutartigen Regenfällen losbrach. Die Truppen blieben standhaft in ihren schlagenden Segeltuchzelten, aber nach zwei schlaflosen Näch-ten entschieden sich die Vorgesetzen, die Operation abzublasen. Die durchnäss-ten Soldaten packten ihre nassen Zelte, Panzerabwehrgeschütze und anderes Zu-behör zusammen und fuhren nach Camp Wallace im nahen Texas City, um dort Schutz zu suchen.[2]

Die Insel Galveston, die sich über den Zugang zur Galveston-Bucht erstreckt, war seit den Zeiten von Jean Laffite und anderen Piraten im Jahr 1816 befestigt wor-den. Als der Kongress Spanien Ende April 1898 den Krieg erklärte, installierte das Ingenieurkorps der US-Armee Scheinwerfer am Hafeneingang und Geschützbatterien in allen drei Forts am Ort. Fort San Jacinto, das 1836 an der östlichen Spitze der Insel oberhalb der Fahrrinne in den Hafen von Galveston errichtet wurde, besaß jetzt vier Batterien, eine unterirdische Kasematte und ein paar andere Gebäude; Fort Crockett (1897), das auf 125 Morgen am westlichen Rand der Stadt lag, hatte an der Seemauer an der 39th Street drei riesige Geschüt-ze auf den Golf gerichtet; und auf der anderen Seite des Kanals, hinter einem fünf Meter hohen Uferdamm auf Bolivar Peninsula, befand sich Fort Travis mit zwei Geschützbatterien.[3]

Während dieser ganzen Zeit waren die großen Artilleriegeschütze nie auf einen Feind abgefeuert worden, weil keine Eindringlinge in den Golf von Mexiko ein-gelaufen waren, seit die Yankees 1862 aufgekreuzt waren und Galveston eingenommen hatten. Aber die Geschütze waren da – für alle Fälle. Was alle unruhig machte, war der Gedanke, dass Deutschland eine Riesenwelle Bomber oder eine Armada Kriegsschiffe hinüberschicken und Galveston von der Erdoberfläche fegen würde.[4]

Die Kommandanten von Fort Crockett und Fort San Jacinto kündigten an, sie würden im September mit dem Übungsschießen beginnen, und rieten Schwimmern und Campern, sich an Wochentagen vom Oststrand fernzuhalten. Sie sagten, dass die Leute, die in der Nähe der Forts wohnten, wegen des enorm lauten Geschützdonners ihre Fenster sechs Zoll öffnen, Gemälde und Spiegel, die nicht sicher aufgehängt waren, entfernen und zierliche Objekte, die von Tischen und Regalen fallen könnten, wegpacken sollten. Alle Schiffe wurden gewarnt, den Golf vor den Forts, wo das Zielschießen stattfinden würde, zu meiden. Der lärmende Donner begann tatsächlich im September, rüttelte an den Fenstern, zerbrach Porzellangeschirr und Nippes. Die Hausfrauen nahmen es einige Tage lang hin und verpackten dann ihre ganze zerbrechliche Ware in Kisten und stellten sie in den Schrank.

Gemäß dem »Lend-Lease Act« (Gesetz über Leihpachtabkommen) schickten die Vereinigten Staaten Öl und Benzin nach Großbritannien, und verursachten damit Treibstoffknappheit an der Ostküste. Die Nachfrage war derart hoch, dass die Lieferanten in Texas nicht Schritt halten konnten, da sie nicht genug Schiffe hatten. Schließlich hatte Erle Halliburton, Präsident der Halliburton Oil Company, die Idee für einen völlig neuen Öltanker. Er schlug Innenminister, Harold Ickes vor, dass man »Tankerschuten« bauen sollte, die an Handelsschiffe oder andere Schiffe, die zwischen dem Golf und den östlichen Häfen verkehrten, angekoppelt werden konnten.[5]

Die Socony Vacuum Oil Company verkündete, dass sie gerade die erste zusätzliche Ladung Benzin auf einem Tanker mit 108.000 statt der vorher erlaubten 104.000 Barrel transportiert hätten. Das neue Bundesgesetz, das den Transport größerer Mengen an Rohölprodukten auf Tankern erlaubte, bewirkte, dass täglich 30.000 bis 40.000 Barrel mehr zur Ostküste gelangen konnten. Kaum jemand ahnte, dass diese größeren Ölladungen in Tankern lediglich größere Explosionen verursachen würden, als die U-Boote die Bühne betraten.[6]

Ickes forderte, dass die Bürger im Osten versuchen sollten, ein Drittel weniger Benzin zu verbrauchen, und bedrängte gleichzeitig die Führungen der Erdölindustrie, sofort ein 80-Millionen-Dollar-Pipelinesystem und fünfzig Hochgeschwindigkeitstanker zu bauen. (Die Regierung hatte ein Fünftel aller Tanker in den britischen Dienst gestellt.) Er warnte vor zusätzlicher Benzinknappheit im Osten und forderte den Bau der größten Pipeline der Welt, um 250.000 Barrel Rohöl pro Tag von den Raffinerien in Texas an die in Philadelphia und New York zu leiten. Ickes machte seinen Vorschlag kurz nachdem der Kongreß bestimmte öffentliche und private Unternehmen damit beauftragt hatte, landesweite Pipelines zu bauen und dabei von Zwangsenteignungen Gebrauch zu machen.[7]

Roosevelt bewilligte die Pläne für eine kleinere Benzinpipeline von Louisiana nach North Carolina. Obwohl Texas fast die Hälfte des Erdöls im Land produzierte, sagte Konteradmiral Emory Land, Vorsitzender der Maritime Commission, dass er den von Ickes vorgeschlagenen Bau der riesigen neuen Pipeline entschieden ablehne. »Ich würde eher Tanker statt Pipelines bauen. Wenn das nicht zufriedenstellend ist, würde ich lieber Lastkähne bauen. Ich weiß nicht, woher sie 750.000 Tonnen Stahl bekommen können, aber wenn er von der Marine oder unseren Schiffen kommen soll, bin ich dagegen.«[8]

Im Kongress gab es eine erbitterte Auseinandersetzung über die vorgeschlagene größte Pipeline der Welt, wobei Admiral Land seinen Standpunkt wiederholte, dass der Marine zu viel Stahl weggenommen würde. Er setzte sich mit dem Ergebnis durch, dass das Supply Priorities and Allocations Board (Behörde für Versorgungsprioritäten und Zuteilung) sich weigerte, die erforderlichen Stahlplatten zu bewilligen. Die Pipeline, die von elf Ölgesellschaften gebaut und bezahlt werden sollte, wurde auf Eis gelegt.

Im April 1941 begann die Marine, bewaffnete Wachen zum Schutz von Handelsschiffen auszubilden. Viele der jungen Marineangehörigen, die ausgewählt wurden, um eine gründliche Ausbildung für den Dienst an Bord eines Handelsschiffes zu absolvieren, waren nie zuvor zur See gefahren oder nur in der Nähe eines Schiffes gewesen. »Als ich zur Marine ging, wusste ich nicht, dass ich zum bewaffneten Wachpersonal kommen würde«, sagte Jim McKaig aus Texas City. »Ich hatte die Grundausbildung absolviert, und sie riefen alle Namen der verschiedenen Schiffe und der Leute auf, die auf ihnen fahren würden, und nachdem sie fertig waren, war mein Name nicht aufgerufen worden. Dann sagten sie, ›Also, das sind jetzt die U-Boot Köder‹ – und sie riefen meinen Namen auf. Ich wusste nicht, was ich denken sollte.« Er sagte, dass die Anwesenheit eines pensionierten Marineangehörigen aus seiner Heimatstadt, der als Ausbilder mitfuhr, ihm aber Mut machte.[9]

Damals waren Handelsschiffe klein, unbewaffnet und deutschen U-Booten völlig ausgeliefert. Die Marine startete ein Rüstungsprogramm, aber wegen der großen Knappheit an geeigneten Waffen rüstete sie die Schiffe einfach mit Rettungsinseln zusätzlich zu den vier Rettungsbooten aus. Und so setzte sich das Rüstungsprogramm quietschend wie ein Conestoga-Karren langsam in Bewegung. Die Regierung, die keine schweren Waffen auf Lager hatte, kaufte von Parks und Museen Geschütze aus dem Ersten Weltkrieg. Das erste Handelsschiff, das bewaffnet wurde, erhielt am 26. November ein veraltetes Vier-Zoll-Geschütz in Hoboken, New Jersey. Mehrere Schiffe fuhren mit Telefonmasten, um den U-Boot-Kommandanten Geschütze vorzutäuschen. Frachter ohne diese Masten oder Kanonen waren glücklich, ein paar Kaliber-30-Lewis-Maschinengewehre aus dem Ersten Weltkrieg zu haben, um sich gegen die U-Boote verteidigen zu können.[10]

Am 7. Dezember bombardierten die Japaner Pearl Harbor, woraufhin die Bewohner von Galveston wie verrückt versuchten, sich für den Militärdienst registrieren zu lassen. Zur gleichen Zeit verkündete die Junior-Handelskammer von Galveston (JC) ihr Thema für den vierten alljährlich stattfindenden Weihnachtsbeleuchtungswettbewerb: »Keine Verdunkelung in Amerika.« Die Kammer drängte die Bürger, strahlende Beleuchtung zu zeigen, die von den Gehwegen leicht gesehen werden konnte, und so viele Lichter wie möglich zwischen sechs und neun Uhr am Heiligen Abend einzuschalten. Ihr Ziel war es, die Stadt »während der Weihnachtszeit in ein Lichtermeer« zu verwandeln. Keiner ahnte, dass die Küstenbeleuchtung ein wichtiger Faktor für den Erfolg der U-Boote werden würde. Ein paar Tage später unterrichteten Marinebeamte die Reedereien, dass die Leuchtfeuer entlang der amerikanischen Küste gelöscht und Funkbaken ohne Ankündigung abgestellt sein könnten, aber unternommen wurde nichts.[11]

Am 12. Dezember erklärte Deutschland den Vereinigten Staaten den Krieg, und die Armee forderte, dass alle wichtigen Städte in der Gefahrenzone – innerhalb von dreihundert Meilen von der Golfküste – so bald wie möglich Probeverdunkelungen durchführten. Am nächsten Tag berichteten die Galveston JC's, dass sie noch sieben Bewerbungen für den Wettbewerb um die Weihnachtsbeleuchtung brauchten. Die Stadt entschied sich, eine Probeverdunkelung zu machen, und am 7. Januar versank Galveston bis auf ein paar abgeblendete Scheinwerfer in tiefste Dunkelheit. Die Aktion galt als großer Erfolg.

Eine Woche später gaben die Schlagzeilen die Versenkung eines panamesischen Tankers sechzig Meilen vor der Küste von Long Island bekannt. Reinhard Hardegen, der wagemutige Kommandant von U 123, war ohne Seekarten der amerikanischen Gewässer den Küstenlichtern von Long Island gefolgt und schickte die NORNESS in ihr nasses Grab. Weitere Versenkungen durch Hardegen und andere U-Boote folgten, insgesamt dreizehn Schiffe in zwei Wochen. Der Krieg hatte die Küsten der Vereinigten Staaten erreicht.[12]

Amerika war schlecht bewaffnet – praktisch ohne Verteidigung, und die Schifffahrt hatte nur den Schutz von sechs kleinen Blimps (Prallluftschiffe) entlang der Ostküste. Eine große Anzahl alleinfahrender Schiffe überquerte bei Nacht die Gewässer zwischen New York und Cape Hatteras mit eingeschalteten Lichtern. Die deutsche Kriegsmarine begriff, dass sie die Situation nutzen musste, bevor Konvois eingeführt wurden, und die U-Boote erzielten phänomenale Erfolge. Sie jagten Tanker und Frachter unmittelbar vor Nova Scotia, North Carolina, South Carolina, New Jersey und New York mühelos in die Luft.[13]

Am 28. Januar verursachte die amerikanische Marine in Texas mit einem Bericht Bestürzung, dass eines ihrer Patrouillenflugzeuge ein U-Boot, »zweifellos deutsch«, etwa fünfzehn Meilen von Port Aransas, gesichtet hatte. Die Verantwortlichen glaubten, dass das U-Boot »sich während der Nacht, mit der Absicht Öltanker anzugreifen, eingeschlichen hat« und aufgetaucht sei, um seine Batterien wieder aufzuladen. Alle Städte entlang der südlichen Küste von Texas von Rockport bis Corpus Christi löschten an diesem Abend ihre Lichter – die erste echte Verdunkelung in der Geschichte der Vereinigten Staaten.[14]

Die Bewohner von Galveston akzeptierten die Nachricht, als ob sie sie erwartet hätten. »Wenn sich ein feindliches U-Boot in den Golf von Mexiko eingeschlichen hat, bleibt zu hoffen, dass es wieder hinausgeschlichen ist oder noch besser ins alles verschlingende Meer geschickt wurde«, bemerkte ein Leitartikel in der örtlichen Zeitung. »Vorbereitungen für eine Verdunkelung wurden getroffen, aber an dem Mittwochabend wurde keine angeordnet. Die Stadt ist in Bereitschaft für einen möglichen Alarm.«[15]

Der Bürgermeister ordnete an, dass die Luftschutzhelfer auf Anweisungen warten und alle Bürger auf Sirenen und Pfeifen horchen sollten, falls ein deutsches U-Boot vor Galveston erscheinen sollte. Er ermahnte alle, wachsam zu sein, und benachrichtigte die Ärzte in den Krankenhäusern, damit sie im Notfall bereit waren. »Es gibt keine Zeit mehr für Probeverdunkelungen oder Probealarme«, sagte Harris. »Nun wird es ernst, und die Leute in Galveston müssen begreifen, dass sie sich anstrengen und auf Abruf einsatzbereit sein müssen.«[16]

Dieser ganze Aufruhr war ein falscher Alarm. Die deutschen U-Boot-Kriegstagebücher zeigen, dass das erste U-Boot Ende April 1942 in den Golf einlief. Im Januar setzte Admiral Dönitz alle fünf großen U-Boote der Kriegsmarine des Typs IX vor der amerikanischen Ostküste ein. Diese Boote waren die einzigen, die man für Operationen vor Amerika für fähig hielt. Die amerikanische Marine sagte weiter: »Wir haben Grund anzunehmen, dass es während des ganzen … Januars 1942 keine … U-Boote im Einsatz innerhalb der Gulf Sea Frontier gab.«[17]

Am 6. Februar entstand das Kommando »Gulf Sea Frontier«, zuerst unter dem 7. Marinebezirk und später dem 8. Es umfasste zwei Offiziere und vier Schiffe, um die Florida-Straße, die meisten Seegebiete der Bahamas, den gesamten Golf von Mexiko, den Yucatán-Kanal und den größten Teil Kubas zu schützen. Für Notfälle standen ein paar Boote von der »Fleet Sound School« in Key West zur Verfügung; die Luftwaffe besaß vierzehn P-47-Beobachtungsflugzeuge mit Kaliber-30-Maschinengewehren in Miami, neunzehn unbewaffnete Flugzeuge der Küstenwache und zwei klapprige B 18-Bomber in Miami.[18]

Die Gulf Sea Frontier, die das die südliche Ostküste Floridas einbezog, spürte die ersten Angriffe im Februar, als U 128 und U 504 drei Schiffe vor Cape Canaveral versenkten. Die Meinungen der Experten lagen extrem weit auseinander – einige glaubten, dass die U-Boote nie in den Golf von Mexiko kommen würden, andere erwarteten, dass U-Boote mit großen Gruppen von Saboteuren in einem Golfhafen landen würden. Das Hauptquartier in Key West lag an einem riskanten Standort, weil die kleine Insel mit dem Festland durch eine Brücke und Damm verbunden war, die gesprengt werden konnten. Es gab fast keine Kommunikationsmöglichkeiten: Wenn Beobachtungsposten in Florida ein U-Boot vor Palm Beach sahen, benachrichtigten sie Key West – mit einem zivilen Telefon–, dass die Bomberabteilung der 3. Armee [Third Army Bomber Commission] in

Charleston, South Carolina, mit der Bitte anrief, dass Armeeflugzeuge in Miami eine Suche starten sollten.

Während sich die Amerikaner hektisch auf den Krieg vorbereiteten, manövrierte ein deutsches U-Boot bis zu drei Meilen an die winzige Insel Aruba nahe der Küste von Venezuela heran. Es torpedierte im Hafen sieben Tanker und beschoss die große Ölraffinerie und Lagertanks. Die Granaten verfehlten die Raffinerie und pfiffen durch die Junggesellenunterkünfte und Bibliothek der US-Army, aber sie explodierten nicht. Eine Granate traf einen der Öltanks und beulte ihn ein, und ein Torpedo landete auf dem Strand. Am nächsten Tag versuchten vier Holländer, den »Blindgänger«-Torpedo auseinander zu nehmen, der explodierte jedoch und tötete alle. Auf einer Patrouille bei Sonnenaufgang sahen Bomber der amerikanischen Armee das U-Boot und warfen eine volle Ladung Bomben ab, während der Kommandant mit seinem Schiff tauchte.[19]

Der Überraschungsangriff der U-Boote vor Venezuela verursachte einen ziemlichen Aufruhr. Präsident Roosevelt warnte davor, dass New York und Detroit bombardiert werden könnten, und Kriegsminister Henry Stimson sagte, dass Angriffe wie der deutsche auf Aruba »entlang unseren Küsten zu erwarten wären«.[20]

Die Leser der *Galveston Daily News* erfuhren am 23. Februar, dass Alexander Korb aus Galveston, Seemann in der Handelsmarine, die Versenkung seines Frachters DELPLATA in der östlichen Karibik überlebt hatte. Korb erzählte Reportern, dass sie von zwei U-Booten angegriffen wurden und der erste Torpedo an der Steuerbordseite knapp unter der Brücke einschlug. Dadurch bekam das Schiff Schlagseite und die Pfeifenschnur verhakte sich. Die Pfeife begann ständig zu pfeifen, so dass die sechsunddreißig Mann der Besatzung dachten, es sei die Aufforderung, das Schiff zu verlassen. Sie verließen es so schnell wie möglich in drei Rettungsbooten. Ein zweiter Torpedo explodierte und flutete den Maschinenraum und zwei oder drei Laderäume. Kurz darauf entkamen der Kapitän, der Leitende Ingenieur und die Geschützbesatzung im letzten Rettungsboot, und ein paar Stunden später barg ein Marinerettungsschiff alle zweiundfünfzig Überlebenden.[21]

Bei zunehmender Bedrohung durch eine feindliche Invasion kündigte die Nationale Zivilverteidigungsbehörde am 11. März an, dass sie wichtige Kriegsmaterialien in die Zielgebiete an den Küsten und an verwundbare Industriezentren im Inland liefern werde. Galvestons Zuteilung, die auf einer Bevölkerung von 60.862 Einwohnern basierte, bestand u.a. aus einer chirurgischen Ausrüstung, Tragbahren, Personenidentifikationsmarken, Stahlhelmen, hüfthohen Stiefeln für Feuerwehrleute, Mänteln und Hosen, Gasschutzkleidung und Brandbekämpfungsausrüstung. In der Frage, wer die Gasmasken bekommen sollte, gab es allerdings keine Entscheidung.[22]

Amerikaner, die sich an die schreckliche Geschichten von Senf- und Chlorgas im Ersten Weltkrieg erinnerten, hatten keinen Zweifel, dass die Geschichte sich wiederholen konnte, und sie versuchten, sich auf den Notfall vorzubereiten. Zwei Tage später wurde ein Gasschutz-Lehrgang von tausend Leuten besucht, die von Dr. Bernard Demaratsky lernten, wie man sich mit einer Gasmaske vertraut macht und sie optimal benutzt. »Es ist ratsam«, riet er, »die Gasmaske beim ersten Zeichen eines Angriffs aufzusetzen und sie nicht abzunehmen, bis sich alle Spuren von Gas aufgelöst haben.« Er sagte, dass man die Auswirkungen von Gas zum Teil vermeiden konnte, indem man zu Fuß schräg gegen den Wind ging, entweder zur rechten oder zur linken Seite des vergasten Gebietes.[23]

Die Vereinigten Staaten verloren die Schiffe jetzt schneller, als sie sie bauen konnten, wobei die Tanker das größte Problem darstellten. In den östlichen Bundesstaaten hatte aufgrund der Ölknappheit die Benzinrationierung begonnen, und Treibstoff wurde dringend für die Kriegsführung in Europa und im Pazifik gebraucht.

Vor Florida und in der ganzen Karibik wurden weiterhin Schiffe versenkt, während der Bürgermeister von Galveston damit kämpfte, die Stadt auf den Krieg vorzubereiten. Harris erklärte seinem Verbindungsmann in Washington, Bob Nesbitt, dass neue Regierungsvorschriften von der Stadtverwaltung eine Bestätigung darüber verlangten, dass sie Lkws für den Transport von Feuerlöschgeräten besäßen. »Ich habe erfahren, dass die Regierung diese Feuerpumpen deshalb nicht auf Anhänger gestellt hat, weil sie keine Reifen und … Metall verschwenden will«, sagte er. Harris bat Nesbitt, sofort zu der Zivilverteidigungsbehörde zu gehen und herauszufinden, ob ihre Bürokraten erwarteten, dass Galveston fünfzehn oder sechzehn Lkws kaufen, sie in Garagen stellen, festmachen und sie nie benutzen würde, außer nach einem Fliegerangriff. »Oder«, fuhr er fort, »erwarten sie, dass wir im Notfall die Pumpen auf reguläre Lkws der Stadt stellen können, die wir dann nicht mehr benutzen können, um Müll und so weiter einzusammeln?« Der Bürgermeister beendete seinen Brief mit einem Appell, »herumzugehen und eine gründliche Diskussion mit demjenigen zu führen, dessen Einfall es war, die Anhänger abzuschaffen, die nämlich hinter ein Fahrzeug angekoppelt werden oder von den Männern selbst geschoben werden können, und herauszufinden, wie zum Teufel diese Idee funktionieren soll.«[24]

Anfang April begann die Marine ein Minenfeld nördlich von Key West vorzubereiten, um den Smith Shoal-Ankerplatz zu schützen. Sie plante, das Gebiet als Sammelstelle für Handelsschiffe, die auf die Zusammenstellung von Konvois warteten, zu nutzen. Die Marine befahl mehreren Minenlegern, ihren Dienst aufzunehmen, und in Erwartung ihrer Ankunft begann der 8. Marinebezirk den Bau eines Minendepots in Boca Grande, etwa fünfundsechzig Meilen südlich von Tampa am Golf, das schnell fertig wurde. Danach traf die USS KEOKUK als erster Minenleger ein, später gefolgt von der MIANTONOMAH und MONADNOCK, den letzten Monitoren aus den 1890ern. Am 24. April begannen die drei Schiffe, in der Nähe von Smith Shoal Minen zu legen, während darüber Flugzeuge patrouillierten.

Zwei Tage später, als alle 3.460 Minen an Ort und Stelle lagen, traf der amerikanische Zerstörer STURDEVANT in Unkenntnis des Minenfeldes auf eine der versenkten Minen und sank. Dabei wurden siebzehn Besatzungsmitglieder getötet und dreiundzwanzig verwundet, dreizehn vermisst und später für tot erklärt. Als das Schiff getroffen wurde, liefen die meisten Besatzungsmitglieder zu den Rettungsbooten, aber die Torpedomänner blieben auf ihren Posten und entschärften Wasserbomben, um die Überlebenden nach dem Sinken des Schiffes zu schützen. Einige von ihnen ertranken, weil sie zu lange mit dem Verlassen des Schiffes warteten. Am nächsten Tag, dem 27. April, veranlasste der Marineminister eine gerichtliche Untersuchung der Katastrophe. Es blieb aber bei der Entscheidung, das Minenfeld an seiner Stelle zu lassen.

Etwa sechs Wochen später, am 15. Juni, lief das Handelsschiff GUNVOR auf eine Mine, explodierte und versank; am 19. Juni traf dann die SS BOSILIJKA dasselbe Schicksal. Am 2. Juli versank die EDWARD LUCKENBACH, womit insgesamt drei weitere Schiffe gesunken waren. Die amerikanische Marine übernahm dafür keine Verantwortung und behauptete, sie sei nicht davon benachrichtigt worden, dass die Schiffe Zugang zum verminten Gebiet suchten. Die Marine glaubte vielmehr, dass die Vorteile des Minenfelds größer als seine Nachteile waren und ließ es dort bis Mai 1944. Außer der Tatsache, dass es zur Zerstörung von vier alliierten Schiffen führte, zwang es Schiffe, die die Florida-Straße passierten, zu einem Umweg von achtzehn oder zwanzig Stunden, um ihren Ankerplatz zu erreichen. Höhere Beamte in der Marine waren jedoch davon überzeugt, dass sie die U-Boote getäuscht hatten. Wie es sich herausstellte, lief kein einziges U-Boot auf eine Mine – die Kommandanten mussten davon gewusst haben.[25]

Während die Marine den Ankerplatz für Konvois nahe Key West im April vorbereitete, jagten mehrere U-Boot-Kommandanten Handelsschiffe von New York bis zum südlichen Florida nahe der Küste in die Luft, so nah, dass Menschen an den Stränden den Rauch und die Flammen sehen konnten. Diese Kommandanten waren u. a. Reinhard Hardegen, Kommandant von U 123; Georg Lassen von U 160; Erich Topp von U 552; Rolf Mützelburg von U 203; Johannes Ostermann von U 754; Helmut Möhlmann von U 571; Heinz Hirsacker von U 572; Heinrich Zimmermann von U 136; Horst Uphoff von U 84; Adalbert Schnee von U 201; Karl-Ernst Schroeter von U 752 Hans-Dieter Heinicke von U 576; und Siegfried von Forstner von U 402.[26]

»Eines unserer verwerflichsten Versagen«, schrieb Samuel Eliot Morison, »war die Nachlässigkeit der örtlichen Gemeinden, ihre Uferlichter nicht abzudunkeln, oder seitens der Militärbehörden, sie erst bis zu drei Monate nach dem Beginn der U-Boot-Offensive dazu aufzufordern.« Die U-Boot- Kommandanten konnten ihren Augen kaum trauen, als sie in amerikanische Küstengewässer einliefen. Sie erwarteten dort die gleiche Dunkelheit, die in Europa angeordnet worden war. Aber: »Die Städte strahlten im hellen Licht. Die Feuer auf Leuchttürmen und auf Tonnen leuchteten, obwohl vielleicht ein bisschen weniger hell als gewöhnlich«, schrieb Admiral Karl Dönitz in seinen Memoiren. Der Tourismus kurbelte die Wirtschaft aller Küstenstädte an, wo sich Vergnügungsparks, Hotels und Restaurants am Wasser drängten und mit bunten, funkelnden Schildern warben. U-Boote, die nach Süden fuhren, konnten der Beleuchtung von Küstenautobahnen und Städten folgen, bis der Kommandant des östlichen Küstenkommandos am 18. April das Abschalten jeder Beleuchtung befahl.[27]

Während des Angriffs auf die Ostküste begann Admiral Adolphus Andrews, der Konvois für nicht ratsam hielt, weil es so wenige Begleitboote und Flugzeuge gab, mit einem System, bei dem Gruppen von Schiffen von einem Ankerplatz zum anderen fuhren und dabei von verschiedenen örtlichen Schiffen begleitet wurden. So begann die »Eimer-Brigade«, bei der Schiffe tagsüber so dicht unter Land wie möglich fuhren und bei Nacht in verminten Ankerplätzen Schutz suchten. Diese Vorkehrungen jedoch schreckten den Feind etwa so wenig ab, als ob man einen Fingerhut voll Wasser auf einen Waldbrand schütteln würde. Die U-Boote arbeiteten weiterhin unbehelligt, und die Kriegsmarine richtete ihr Augenmerk auf südliche Gewässer.[28]

3. *Auftritt von U 507*

AM 30. APRIL 1942 hatte Korvettenkapitän Harro Schacht, Kommandant von U 507, gerade den Atlantik überquert und kam in Quadrat DM an, dem geheimen Kartographiecode der Kriegsmarine für das Gebiet um Kuba.[1] Er wollte seine Torpedos für einen späteren Einsatz sparen und feuerte deshalb mit seinen Deckgeschützen, um den kleinen Tanker FEDERAL vor der westlichen Spitze Kubas nahe dem Eingang in den Yucatán-Kanal zu versenken. Vier Tage später, am 4. Mai, schrieb er in seinem Kriegstagebuch: »An der Florida-Straße. Ich werde mein Einsatzgebiet über die Tortuga Bank [direkt vor Key West] erreichen. Die Leuchtfeuer von Tortuga brennen wie im Frieden.« Wie wir sehen werden, stellte sich heraus, dass sein Einsatzgebiet genau dort war, wo Baron von Spiegel gewöhnlich angelte.

Um 8.18 Uhr morgens entdeckte er einen Tanker von neuntausend Tonnen und schätzte, dass er frühestens in der Florida-Straße, wo schnelle Strömungen das Manövrieren erschwerten, auf Angriffsposition sein könnte. Schacht entschied, dass die für die Jagd erforderliche Treibstoffmenge zu groß war, so ließ er ihm ziehen. »Ich hoffe in meinem zugewiesenen Einsatzgebiet auf bessere Gelegenheiten«, merkte er an.

Zwei Stunden später erreichte Schacht den Golf von Mexiko, nahe des Westendes Kubas, wo er den Frachter NORLINDO mit seinen zweitausendfünfhundert Tonnen sichtete. Er feuerte einen Torpedo und traf das Schiff an der Wasserlinie. »Der Dampfer geht sofort mit dem Heck unter, und in drei Minuten steht er vertikal, … sinkt«, berichtete Schacht. Gleich darauf sah er zwei andere Schiffe und verfolgte sie mit Höchstgeschwindigkeit. Die Verfolgungsjagd war kurz, da das erste abdrehte, um in die Florida-Straße zu gelangen.

Um 12.45 Uhr kehrte Schacht zu dem Ort zurück, an dem er die NORLINDO versenkt hatte, und fand die schiffbrüchige Mannschaft auf drei Rettungsinseln. Er ging auf das Deck hinauf und rief auf Englisch zu den Männern hinüber. Er fragte nach dem Namen ihres Schiffes, denn von der NORLINDO war keine Funkmeldung geschickt worden. Sie sagten es ihm nicht, aber trotzdem gab er ihnen Zigaretten, Tabak, Kekse und Trinkwasser, bevor er den Ort verließ.

Um 18.00 Uhr abends am nächsten Tag verfolgte Schacht einen Tanker von neuntausendneunhundert Tonnen, kam auf fünfhundert Meter heran und feuerte einen Torpedo – ein Treffer. Der Tanker explodierte und ging sofort in hellen Flammen auf. Das U-Boot tauchte auf und Schacht sah einen Teil des Tankers immer noch über Wasser, aber er sank schnell. Das ganze Meer um das Schiff herum brannte, und darüber stieg »wie ein Pilz eine gigantische Rauchwolke auf«.

Harro Schacht, Kommandant von U 507, dem ersten U-Boot im Golf von Mexiko.
Foto mit freundlicher Genehmigung des U-Boot-Archivs, Cuxhaven.

Schacht hörte jetzt auf seinem Funkgerät: »SSS von Tanker JOSEPH M. CUDAHY.
Ein von einem Torpedo getroffener Tanker brennt neun Seemeilen von uns.
Position fünfundsechzig Seemeilen nordwestlich Tortuga [U-Boote konnten
alliierte verschlüsselte Nachrichten entschlüsseln].« Die Nachricht wurde von
den Funkstationen der Küstenwache wiederholt, und der deutsche Kommandant
vermutete, dass das Schiff, das die SSS (Angriff durch U-Boot) schickte, inner-

halb Sichtweite gewesen sein musste. Er suchte deshalb den Horizont sehr sorg-
fältig ab und sah einen Tanker an Steuerbord. »Der hat wohl über uns berichtet«,
schrieb er. Schacht ging mit hoher Geschwindigkeit in Angriffsposition, aber der
Tanker hatte vor dem brennenden Gewässer abgedreht und fuhr mit Zickzackkurs davon.

Nachdem er den Tanker mehr als zwei Stunden verfolgt hatte, feuerte Schacht
seinen ersten Torpedo und verfehlte ihn. Aber der zweite traf und das Schiff
explodierte. »Es brannte sofort lichterloh vom Bug bis zum Heck«, schrieb er.
»Das Meer brennt ringsherum, und eine riesige Rauchwolke steigt nach oben.«
Während des Angriffs hörte Schacht auf seiner Radiofrequenz »SSS von Tanker JOSEPH CUDAHY« und die Position des Schiffes. Der Funker hatte keine
Zeit, seine Nachricht zu beenden, weil der Tanker explodierte. Die amerikanischen Küstenfunkstationen gaben die Warnung heraus: »Dringend. U-Boot-
Angriff in 25.30 N, 83.45 W. Alle Schiffe im Golf müssen völlig abgedunkelt
fahren.«

In der Nähe des Schiffswracks sah Schacht eine Leuchtrakete, und nachdem sie
erloschen war, sah er die Lichter eines Flugzeugs, das um den brennenden Ort
kreiste. Er fuhr nach Osten und nutzte die Dunkelheit, um Torpedos von seinem
U-Boot-Deck in die Torpedorohre zu laden.

Um 2.00 Uhr morgens, als sie gerade einen Torpedo absenkten, brach der
Flaschenzug, und der Torpedo sprang heraus und rutschte auf seinen Gleit-
schienen in das Boot. Während das geschah, geriet ein Besatzungsmitglied mit
seinem linken Unterarm zwischen den Torpedo und den Gleitring und erlitt einen
mehrfachen offenen Bruch am Unterarm. Schacht schickte ein Funktelegramm
ans U-Boot-Hauptquartier: »Funkunteroffizier Haas mit mehrfachem offenen
Armbruch eingeklemmt von einem rutschenden Torpedo. Bitte um Anweisungen.
Keine schmerzlindernden Medikamente an Bord. Stehen bereit im Quadrat
DL 33 [westlich Südflorida].«

Um 7.00 Uhr waren sie mit dem Laden der Torpedos fertig und machten einen
Probetauchgang, um festzustellen, ob der Trimm korrekt war. Ein eingehender
Funkspruch wies an: »Verletzten hinlegen. Arm hoch lagern mit Schiene und Verband. Infektionsgefahr hoch, deshalb sterilen Verband und Lebertransalbe ver-
wenden. Falls kein Morphium an Bord, Cognac verabreichen. Zustand nach
zwei Tagen melden.«

»Wir haben schon einige der Maßnahmen getroffen«, schrieb Schacht. »Außerdem haben wir Luminal [Schlafmittel] gegeben.« Er sagte, der Patient liege in
einer Koje in der Offiziersmesse und werde ständig von einer Krankenwache versorgt.

Drei Stunden später kam ein weiteres Funktelegramm für Schacht und Erich
Würdemann (ein weiterer U-Boot-Kommandant im Golf): »An alle Boote. Nicht
gemeldete Erfolge müssen bis zum Morgen des 7. Mai gemeldet werden.«
Schacht schrieb, dass sein Bericht spät komme, weil er mehrmals angegriffen

worden sei, damit beschäftigt sei, Funksprüche zu empfangen, Torpedos nachzu-
laden und mit mehreren Fällen von Seekrankheit zu tun habe.

Eine weitere Meldung für Schacht und Würdemann kam fünf Stunden später
an: »Für Lieferung schmerzlindernder Medikamente seien Sie am 6. Mai um
15.00 Uhr auf Quadrat L 31. … Im Falle verspäteter Ankunft Würdemann melden mit kurzem Signal … Sanitäter der 2. U-Bootflottille zurück am Stützpunkt
behauptet, dass laut U 507 Funkmaat Morphium an Bord sein sollte.«

Bis Mitternacht am 5. Mai hatte Schacht kein einziges kurzes Signal von Würdemann auf U 506 gehört. Dann empfing er ein Funktelegramm mit der Nachricht,
dass Würdemann einen Tag später am Treffpunkt sein werde. Also begann er,
zum Quadrat DL 31 zu fahren.

Darauf benachrichtigte Schacht das Hauptquartier, dass er vier Schiffe versenkt
habe. Um 5.00 Uhr war das Meer ruhig und die Sicht gut mit einzelnen Wolken
am Himmel. Er sah einen voll beladenen Frachter »moderner Bauart« von etwa
achttausend Tonnen in einer Entfernung von neun Seemeilen. Das U-Boot tauchte, um anzugreifen, und feuerte ein Torpedo – daneben. Schacht vermutete, dass
er die Entfernung falsch eingeschätzt hatte, und sagte, dass der Dampfer die Bahn
des Torpedos laut seinen Funkmeldungen gesehen habe.

Das U-Boot tauchte auf und begann, mit den Deckgeschützen zu feuern. Das
stoppte den Frachter, der funkte: »SOS-SSS ALCOA PURITAN. U-Boot an Ober-
flächenposition 28.40 N, 88.22 W … U-Boot schießt weiterhin, Torpedo traf
nicht.«

Und dann feuerte Schacht einen zweiten »Aal« als Fangschuss, und das Schiff
ging unter. Unverzüglich drehte er von dem sinkenden Schiff ab und wartete, bis
die Rettungsboote außer Sichtweite waren. Dann startete er zum Treffpunkt mit
Würdemann südlich von Mobile in der Mitte des Golfs.

Der Kommandant sichtete einen kleinen älteren Frachter und tauchte zum Angriff,
aber das Schiff fuhr im Zickzack von ihm weg, was einen Torpedoschuss unmöglich machte. Während er sich der Backbordseite des Schiffes näherte, tauchte er
auf und kam mit hoher Geschwindigkeit heran. Die Geschütze des U-Boots begannen zu schießen und rissen den Fockmast ab, woraufhin die Besatzung die Rettungsboote zu Wasser ließ. Das Radio des Frachters schickte eine Nachricht,
»SSS von HREN [Codename für ONTARIO]« mit Position. Diese Nachricht wurde
dann von den Küstenfunkstationen als U-Boot-Warnung wiederholt.

Sobald seine Artillerie die ONTARIO in Flammen gesetzt hatte, stellte Schacht fest,
dass seine Munition verbraucht war. Ein Flugzeug kam näher, und das U-Boot
musste alarmtauchen. Bald kam es wieder an die Oberfläche und bereitete sich auf
den Fangschuss vor, aber der Tanker brannte schon heftig und sank schnell. Schacht
entschied, dass keine weiteren Torpedos erforderlich waren, und entfernte sich,
wobei er das Schiff beobachtete, das über seine ganze Länge brannte. Ein Flugzeug
näherte sich, und das U-Boot tauchte unter und dann wieder auf. »Flugzeug kommt
wieder ziemlich nah, aber sieht uns nicht«, berichtete Schacht.

Eine neue Funkmeldung für Schacht sagte, dass das Treffen mit Würdemann wegen der Luftangriffe bis 15.00 Uhr am nächsten Tag, dem 8. Mai, nicht möglich sei. Inzwischen entschied sich der Kommandant, nach Norden zu den Seewegen, die New Orleans-Mobile mit Tampa-Key West und den Tortugas verbinden, zu fahren. Er funkte, dass die Leuchtfeuer an der Nordküste Kubas und der Tortugas wie zu Friedenszeiten brannten und es starken Schiffsverkehr westlich der Tortugas gab. Er berichtete, dass er immer noch zwölf Torpedos und 130 Kubikmeter Treibstoff an Bord hatte.

Am nächsten Tag fuhr Schacht zum Treffpunkt – kein Würdemann. Während er wartete, sah er einen Frachter, der mit einer Geschwindigkeit von acht Knoten lief. Er tauchte und feuerte einen Torpedo, der vor der Brücke einschlug, und das Schiff begann über den Bug abzusacken. »Ich muss mein Sehrohr einfahren, weil viele Schiffstrümmer durch die Luft fliegen«, schrieb der Kommandant. »Nach dem Auftauchen fanden wir auf unserem Deck ein Stück unseres eigenen Torpedos. Als ich erneut durch das Sehrohr guckte, war das Schiff schon gesunken.« In einer Funkmeldung hörte er den Namen TORNY, ein norwegisches Schiff, »wahrscheinlich auf dem Weg nach Mississippi«.

Schacht kehrte nun zum Treffpunkt zurück und fand immer noch keinen Würdemann. Er begann, Suchkurs zu steuern und musste alarmtauchen, als ein Flugzeug in Sicht kam. »Es sieht wie eine Martin B 26 aus«, schrieb er. (Wegen des ständigen Rauschens des Meeres war es für U-Boot-Besatzungen schwierig, ein ankommendes Flugzeug zu hören.) Schacht ging auf Sehrohrtiefe und hörte weit entfernt zwei Detonationen. »Wahrscheinlich Torpedotreffer von Würdemann«, vermutete er. Das Flugzeug kreiste immer noch weit in der Ferne. So tauchte das U-Boot wieder auf. Die Besatzung hörte noch vier Detonationen in schneller Folge »wie von Bomben … Vielleicht hat Würdemann ein Schiff torpediert und wird jetzt bombardiert. Wir können immer noch die Motoren des Flugzeugs hören, obwohl wir nichts sehen können, weil es diesig ist.« Aus Sicherheitsgründen entschied sich Schacht, etwa zehn Seemeilen nach Westen zu laufen. (Eine Seemeile beträgt 1,852 km.)

Das U-Boot schickte eine Funkmeldung: »Versenkte bewaffnetes norwegisches Schiff TORNY. Würdemann ist nicht zum Treffpunkt gekommen.« Schacht begann, nach seinem Kameraden zu suchen. Im Dunst glaubten die Besatzungsmitglieder, den Turmaufbau eines U-Boots zu sehen, aber bei näherer Betrachtung entdeckten sie, dass es ein Teil des Wracks der TORNY war. Dann stießen sie auf ein schwimmendes Rettungsboot und durchsuchten es, um eine Erste-Hilfe-Ausrüstung zu finden, aber fanden keine. Sie beschlagnahmten jedoch einen Satz Seekarten. Schacht verbrachte den Rest der Nacht mit der Suche nach U 506.

9. Mai: Der Kommandant schickte eine weitere Meldung: »Habe Würdemann nicht gefunden. Aber gegen 18.00 Uhr [deutsche Zeit] hörten wir Detonationen wie von einem Torpedo. Um 18.33 Uhr vier schnelle Detonationen wie von

Flugzeugbomben. Ich befinde mich etwa zehn Meilen westlich des Treffpunkts.«
Ein Flugzeug erschien und Schacht ließ sein Boot tauchen. »Wahrscheinlich ein
Patrouillenflugzeug, das von Key West nach Galveston fliegt. Ich blieb eine
Weile untergetaucht, um die Wunden von Haas wieder zu verbinden«, berichte-
te er. Dann ging die Suche nach Würdemann weiter.
Plötzlich warf ein Flugzeug zwei Wasserbomben auf U 507 ab, die gewaltige
Explosionen verursachten. Aber sie waren zu weit weg, um das Boot zu beschä-
digen. Schacht tauchte so schnell wie möglich und blieb untergetaucht, um an sei-
nem Backborddieselmotor zu arbeiten, »eine Reparatur, die lange überfällig
war«. Dann verließ er den Treffpunkt, weil er den ganzen Tag mit dem Versuch,
U 506 zu finden, verbracht hatte.
Am 10. Mai fuhr Schacht nach Norden, »um so viele Seerouten wie möglich zu
kreuzen, wie die New Orleans-Florida-Straße usw. Nach Erreichung der 200-
Meter-Linie werde ich in Richtung Westen drehen, so dass ich die Mündung des
Mississippi ansteuern kann.« Er funkte dem Hauptquartier, dass er den Treffpunkt
wegen Nebel und Bomben verließ. »Der Verletzte hat 39 Grad Fieber und seine
Wunde eitert. Bis jetzt keine Blutvergiftung«, merkte er an.
»Patienten nicht bewegen«, besagte eine eingehende Nachricht. »Halten Sie den
Patienten absolut ruhig. Mehrmals täglich feuchte Verbände von Wasserstoff-
peroxid … oder ähnlichen Lösungen anwenden.« Weiter wies sie an, verschiedene Medikamente zu verabreichen. Die Anweisungen endeten mit der Aufforderung: »Bei Verschlechterung neue Nachricht senden.«
Der Leitende Ingenieur von U 507 meldete dann, dass aus einem der Vorratstanks
etwas Treibstoff fehlte, und Schacht meinte, Grund sei der Luftangriff am vorigen Tag. Er stellte auch fest, dass sich ein Stahlkabel vom Tiefenruder an Steuerbord losgerissen hatte und sich darumgewickelt hatte. Die Besatzungsmitglieder bückten sich vom Oberdeck hinunter und schnitten das Kabel so weit wie
möglich ab. Nun begriff Schacht, dass dieses lose Kabel das schlagende Geräusch
verursacht hatte, das sie gehört hatten und nicht identifizieren konnten.
Über das Radio fingen sie eine Nachricht ab: »Dringend. U-Boot 28.35 Nord,
90 West. Kommandeur des 8. Marinebezirks. Die Position des U-Boots befindet
sich an der westlichen Seite des Mississippi auf dem Weg nach Galveston.«
Schacht glaubte, sie sprachen über Würdemann, der gerade versuchen könnte,
zum Treffpunkt zu gelangen.
»Bisher ist das Wasser klar und tiefblau, aber jetzt wird es dunkelgrün und leicht
milchig. Diese Farbe verspricht eine gute Deckung gegen Sicht von oben«,
schrieb Schacht. Er schätzte, dass er etwa achtzig Seemeilen (etwa 150 Kilometer) vom Mississippi und der Küste entfernt war.
Am 10. Mai um 7.00 Uhr abends drehte U 507 in Richtung Mississippimündung.
»Ich möchte bei Sonnenaufgang da sein, um vor der Mündung zu operieren«,
schrieb Schacht. »Nach meinem Besteck sollte ich die 200-Meter-Linie in einer
Stunde erreichen, aber die Lotungen ergaben schon jetzt fünfzig Meter.«

Ein Flugzeug der amerikanischen Küstenwache erschien, sah U 507 und warf vier Bomben ab, aber keine verursachte ernsthaften Schaden. Das U-Boot tauchte unter und fuhr in tieferes Wasser. Das Horchgerät fing ein Propellergeräusch ein und Schacht tauchte im Nebel auf. Nichts war zu sehen, und so fuhr er Richtung Mississippi-Delta zurück. Er hörte dann, wie Würdemann eine Nachricht ans Hauptquartier schickte: »Habe Schacht nicht gefunden. Musste am ersten Treffpunkt wegen U-Boot-Jäger tauchen. ... Werde am 11. Mai, 15.00 Uhr, Quadrat DB 77, Ecke links oben sein« (südlich von Mobile).

Schacht notierte in seinem Logbuch, dass er es nicht rechtzeitig schaffen konnte und dass die Lage des Patienten sich verbessert habe, so dass er U 506 nicht mehr zu treffen brauchte. Um 5.00 Uhr morgens ging die Sonne auf und die Küste war in Sicht, so dass der Kommandant keine Nachricht über seine Absichten senden konnte, weil er befürchtete, von Horchstationen an Land, die seine Lage haargenau bestimmen konnten, gehört zu werden. »Die Leucht- und Heultonne und das Feuer der Südpassage sind in Sicht. Also bin ich nicht so weit gekommen, wie ich wollte«, berichtete er. Kurz davor »haben wir die Süßwasserlinie [Grenze zwischen Süß- und Salzwasser] passiert. ... Das Wasser ist schmutzig gelb und tarnt gut gegen Entdeckung durch Flugzeuge. Ferner schwimmen viele Holzstücke usw. umher, so dass ein Sehrohr kaum erkannt werden kann.«

Er sah einen kleinen Tanker von tausendfünfhundert Tonnen, aber er hielt ihn für zu klein, um sich damit zu beschäftigen; dann einen beladenen Tanker von zweitausendfünfhundert Tonnen, immer noch »nicht lohnend«. Um 9.56 Uhr morgens feuerte er auf einen Frachter und verfehlte ihn. Drei Stunden später verließ er das schmutziggelbe Flusswasser und kam in dunkelgrünes brackiges Wasser. Er bemerkte, dass »laut *Segelhandbuch* der Schiffsverkehr meistens kurz vor Sonnenuntergang beginnen muss.« Er kam zu dem Schluss, dass die Dampfer New Orleans kurz vor Mittag verlassen dürften, um gute Sicht für die Flussreise zu haben, weil der Nebel gegen 6.00 Uhr abends aufstieg.

Ein Patrouillenflugzeug brummte auf U 507 zu, und Schacht zog sein Sehrohr ein. Dann sah er eine rot-weiße Fahrwassertonne, die die rechte Seite der Südpassage markierte. Um 7.00 Uhr abends fuhr er wieder in das gelbe Mississippi-Wasser und sah brennende Leuchtfeuer. »Wir bemerkten einen starken Ölgeruch an der Brücke, aber können keine Ölspur feststellen«, berichtete Schacht. Er nahm Kurs auf die Südwestpassage an der Westseite des Flussdeltas und schickte eine Nachricht: »Brauche keine Hilfe mehr. Treffpunkt gestrichen.« Nun war U 507 auf der Jagd, konnte aber keinen Verkehr entdecken. Er sichtete in der Ferne ein PC-Boot (Patrouillenkorvette) und sagte, dass die Sicht gut sei, bei gelegentlichem Wetterleuchten. Der Kommandant merkte, dass das PC-Boot nach Süden fuhr und offensichtlich am Eingang zur Südwestpassage patrouillierte. Er sah ein weiteres. »Es gibt mindestens zwei von diesem Typ hier«, schlussfolgerte er.

Bei Sonnenaufgang am 12. Mai tauchte Schacht auf, um die Verhältnisse an der Südwestpassage zu erkunden. »Nach einem Blick durch das Sehrohr sehe ich einen Strom von Dampfern, der sich aus dem Mississippi ergießt. Die meisten drehen scharf an der westlichen Mole und der Untiefentonne für das westliche Flachwasser. Ich bin zu weit weg, um in die richtige Position für einen akkuraten Schuss zu kommen«, berichtete er. Er sah einen Minensucher mit gestoppter Maschine etwa tausend Meter entfernt und feuerte einen Torpedo – Fehlschuss. Der Minensucher drehte und kam direkt auf das U-Boot zu, das alarmtauchte. Einer Nachricht zufolge, die Schacht später hörte, detonierte sein Torpedo auf der westlichen Mole am südwestlichen Eingang zum Mississippi.

»Den ganzen Tag lang laufen einzelne Dampfer und Tanker aus Westen, Süden und Osten ein und aus«, schrieb Schacht. »Trotz aller Bemühungen bekomme ich keine Chance, einen Schuss abzufeuern. Aufgrund unvorhersehbarer Strömungen, Flachwasser und der sich ändernden Kurse der Schiffe kann ich in keine günstige Schussposition kommen.« Er sagte, dass ein PC-Boot auftauchte als es gut auszusehen schien, und dass er wegen der sich ändernden Wasserdichte und Strömungen an der Flussmündung Schwierigkeiten hatte, in die Tiefe und zur Seite zu steuern. Trotzdem hätte er mehrmals schießen können, wenn er einen elektrischen Torpedo für die größeren Entfernungen gehabt hätte. Ein Flugzeug flog vorbei, »offensichtlich die normale Nachmittagspatrouille«.

Schacht sah, wie ein Tanker aus dem Fluss kam, und bemerkte, »ich werde am Kopf der Mole auf ihn warten«. Das PC-Boot kam aber zwischen U 507 und das Schiff und zwang ihn, sein Sehrohr einzufahren und tiefer zu gehen. Das PC-Boot ging achtern an ihm vorbei.

Als Schacht das Sehrohr ausfuhr, sah er einen großen, modernen Tanker von zehntausend Tonnen, der bewegungslos in der Flussmündung lag. Er dachte, das Schiff müsste warten, bis ein anderes Schiff aus dem Fluss kam. Schacht feuerte einen Torpedo und traf, woraufhin eine große braune Wolke aufstieg. »Da nichts mehr passiert, schieße ich aus Rohr 5. Gerade beim zweiten Schuss explodiert der Tanker und zwei Teile brennen«, bemerkte er. Das Meer stand in einem weiten Kreis in Flammen, und eine riesige pilzförmige Wolke stieg aufwärts. Die anderen Tanker fuhren so schnell wie möglich weg. Einer, der in der Nähe lag, wurde von einem PC-Boot begleitet, so dass Schacht »bei Tage und in flachem Wasser« (mit nur acht Meter unter seinem Kiel) nichts tun konnte, weil seine A-Torpedos ein Kielwasser hinterlassen würden. Er tauchte unter, zog sich weit zurück und lud seine Batterien während der Nacht wieder auf.

Um 8.48 Uhr abends tauchte Schacht auf und sah, wie der Tanker immer noch brannte. Er schrieb: »Kein Wind und keine Dünung, einzelne Wolken, Wärmegewitter von Norden nach Osten, die das Meer in mehreren Bereichen hell beleuchten.« Er beabsichtigte, die Leucht- und Heultonne südlich von Ship Shoal anzusteuern, weil »alle Schiffe, die zwischen Galveston und Sabine sowie der Mündung des Mississippi operieren, daran vorbeifahren müssen«. (Diese Information musste von Geheimdienstquellen kommen – Baron von Spiegel?) Er berichtete, dass er mit halber Fahrt fuhr, um die Batterien wieder aufzuladen, während er sich von dem sinkenden Schiff entfernte. Er konnte dadurch »die Schiffe treffen, die am frühen Sonnenaufgang vor der Südwestpassage stehen dürften, sowie die, die zwei Stunden später die Passage bei Sonnenaufgang in Richtung Westen verlassen.«

In seinem nächsten Funktelegramm erklärte Schacht, dass es nachts in der Südwestpassage keinen Verkehr gab; frühmorgens gab es die meisten auslaufenden und einlaufenden Schiffe, alle mit größerer Tonnage. Er sagte, dass es den ganzen Tag über »Einzelläufer« gab und dass der Ost- und Westverkehr kurz nach den Enden der Molen abdrehte. Die erste Schiffsgruppe am Morgen in Richtung Westen wurde von einem Minensucher begleitet, und dazu gab es Luftüberwachung auf den Hauptseewegen.

Um 1.00 Uhr morgens sah der Kommandant ein Licht und fuhr darauf zu, aber es war nur ein Fischerboot. Wieder steuerte er auf die Ship Shoal-Leuchttonne zu, genau südlich von Houma, und auf seiner rechten Seite sah er eine große Anzahl Lichter von Fischerbooten. U 507 fuhr nach Süden, um bei Sonnenaufgang in tieferem Wasser anzukommen.

Um 6.00 Uhr morgens sah Schacht einen Tanker. Er tauchte unter und verfolgte ihn fünfzehn Minuten lang. Das Schiff bewegt sich im Zickzack, als Schacht den ersten Torpedo feuerte. Aber der Tanker stoppte in dem Moment, als er schoss. Der Torpedo verfehlte ihn, und Schacht dachte, der Kapitän habe ihn gesehen. Wieder schickte Schacht einen Torpedo und wieder traf er nicht, während der Tanker langsam vorwärts dampfte. Der dritte Torpedo ging daneben und der Tanker drehte nach Steuerbord, schickte eine Nachricht, »SSS GULFPRINCE 38.38 N 91.05 W«. Der Tanker fuhr in wildem Zickzack in östliche Richtung. Schacht sagte, er konnte nichts dagegen tun: Unter Wasser konnte er ihn nicht einholen, weil die Geschwindigkeit des U-Bootes zu gering war, und an der Oberfläche wäre es sinnlos, weil er keine Artilleriemunition mehr hatte. Außerdem war das ganze Gebiet alarmiert und andere Tanker drehten ab. Mehrere Stunden lang versuchte er, einen anderen anzugreifen, aber er konnte nicht in Schussposition kommen.

So lief er nach Süden und wartete ab. Er beabsichtigte, in der Nacht im Bereich Ship Shoal-Trinity Shoal, der parallel zur Küste von Louisiana verlief und von Spiegels Lieblingsangelgebiet war, zu operieren. Um 20.00 Uhr kam das U-Boot an die Oberfläche. Schacht sah einen Frachter auf der linken Seite, der zu schnell fuhr, als dass er ihn hätte fangen können. Er folgte ihm trotzdem und feuerte einen Torpedo ab – Fehlschuss. »Man kann die Bahn des Torpedos im fluoreszierenden Wasser deutlich sehen. Während er abdrehte, sah der Dampfer ihn und schoss auf uns mit seinem Heckgeschütz«, berichtete er. Schacht tauchte schnell, um zu vermeiden, dass er getroffen wurde.(U-Bootrümpfe waren hoch verwundbar, weil sie von Artilleriegeschossen durchbohrt werden konnten.) Er konnte hören, wie der Frachter EASTERN SUN eine Nachricht mit Längengrad und Breitengrad der U-Bootposition absetzte.

Schacht kam dicht an einen Tanker heran und griff an – der erste Schuss ging daneben, und das Schiff wurde langsamer. Er drehte das Boot, um aus den Heckrohren zu schießen, weil er keine Torpedos mehr im Bug hatte. Dann schoss er einen anderen »Aal« ab. Dieser fing an, in Kreisen zu laufen, aber lief ab, ohne zurückzukommen und das U-Boot in die Luft zu jagen. Der Tanker schickte einen Notruf und berichtete, dass zwei Torpedos in seiner Nähe vorbeigegangen waren. »Ich kann den Tanker mit meinen 37- und 20-Millimeter-Flugabwehrgeschützen nicht angreifen, denn das würde bedeuten, das Boot törichterweise zu riskieren, wohl wissend, dass der Tanker bewaffnet und alarmiert ist. Aufgrund bisheriger Erfahrungen habe ich kein Vertrauen mehr in den letzten Torpedo, den ich noch an Bord habe«, schrieb Schacht. Er glaubte, er müsse ihn »vorm Abschießen unbedingt überprüfen«. Er hatte keinen Zweifel, dass es sinnlos war, ihn sofort einzusetzen, und deshalb ließ er den Tanker laufen, »so bitter wie es ist«.

Bei zunehmendem Mond ging der Kommandant mit seinem U-Boot nach Süden, um tieferes Wasser zu erreichen, und blieb in vierundzwanzig Meter Tiefe getaucht. Bei Sonnenaufgang blieb er unter Wasser, um der Mannschaft Gelegenheit zu geben, sich zu erholen und um der intensivierten Luftüberwachung zu entgehen, die nach seinen Angriffen in der vorigen Nacht wahrscheinlich war. Schacht berichtete, dass die Mannschaft den letzten Torpedo überprüft hatte und feststellen konnte, dass er allen Anforderungen genügte.

Früh am Nachmittag wurden die Wunden des verletzten Mannes frisch verbunden, und seine Gesundheit kehrte langsam wieder zurück. Schacht tauchte auf und fuhr nach Süden in Richtung Tortuga. Er hoffte, unterwegs eine Gelegenheit zu finden, seinen einzigen verbliebenen Torpedo abzufeuern. Er sah auf der Backbordseite ein Schiff, fuhr mit hoher Geschwindigkeit und versuchte, den Dampfer zu überholen, konnte aber nicht vorankommen. »Ich laufe mit Höchstgeschwindigkeit an der Oberfläche«, sagte er. Das Schiff sah ihn und funkte: »SSS von AMAPALA. 26.10 N, 89.10 W. Ein U-Boot verfolgt mich.« Weil Schacht keine Artilleriemunition mehr hatte, fing er an, mit seinen kleineren Geschützen zu schießen. Der Frachter erhöhte seine Geschwindigkeit und schickte eine weitere Nachricht, »U-Boot schießt auf mich«. Um schnell näher zu kommen, steuerte Schacht direkt auf die AMAPALA zu und setzte seinen elektrischen Motor für zusätzliche Geschwindigkeit ein. Weil seine kleineren Geschütze hinter der Brücke lagen, konnte er mit ihnen nicht schießen. So befahl er, das leichte Maschinengewehr auf die Brücke zu bringen und beharkte das Schiff mit Maschinengewehrfeuer.

Die Entfernung zwischen dem fahrenden U-Boot und dem Frachter blieb die gleiche, und das Schiff funkte ständig seine Position und setzte Signale für Funkpeilungen ab. »Ich gebe die Verfolgung nicht auf, da sich eine Front mit sehr dunklen Regenwolken zu nähern scheint, und ich hoffe, dass die amerikanischen Flugzeuge, die wahrscheinlich schon in der Luft sind, uns nicht finden werden. Jetzt hole ich das Schiff deutlich ein«, schrieb Schacht. Die AMAPALA funkte nach New Orleans: »Flugzeug, beeilen Sie sich. Ich werde beschossen.«

U 507 änderte seinen Kurs, so dass Schacht seine 37- und 20-Millimeter-Waffen einsetzen konnte. Nach ein paar Schüssen mit dem größeren Geschütz bemerkte er, dass der Dampfer anhielt, und er stellte das Feuer ein. »Ich ließ die Besatzung in die Rettungsboote steigen und manövrierte für den Fangschuss quer zum Dampfer«, berichtete er. Er feuerte den letzten Torpedo aus Rohr 5; er ging daneben und wurde zum Kreisläufer. Schacht stand vor einem Rätsel.

Er fuhr zu einem der Rettungsboote und nahm es in Schlepp, um an Bord der AMAPALA zu gelangen, weil das Meer zu unruhig war, um sein eigenes Dinghi zu benutzen. Das Rettungsboot hatte aber zwei Lecks und die Männer mussten aufgeben. Schacht brachte sein U-Boot so nahe ans Schiff, dass der zweite Wachoffizier, Leutnant Scherraus, und der Zentralemaat Tornow zum Schiff hinüberschwimmen, die Seeventile öffnen und das Schiff versenken konnten.

6.41 Uhr abends: Ein Bomber – eine Douglas DB 380 – tauchte aus dem Nichts auf und Schacht tauchte blitzartig. Als das U-Boot vierzig Meter erreichte, warf das Flugzeug vier Bomben ab; die Mannschaft fühlte kräftige Stöße, aber konnte keinen Schaden entdecken. Schacht kehrte auf Sehrohrtiefe zurück und sah, wie das Schiff immer noch schwamm und das Flugzeug immer noch kreiste. Der Kommandant schrieb: »Ich blieb ziemlich nah am Schiff, und ich sehe es folgendermaßen. Erfahrungsgemäß wird das Flugzeug wahrscheinlich bei Sonnenuntergang zurückfliegen. Ich hoffe, dass meine beiden Männer das Schiff versenken werden und dann an Bord einer Rettungsinsel gehen und im Bereich der Versenkung bleiben werden, daher werde ich auf der Leeseite des Dampfers auftauchen und sie abholen.«

Das Flugzeug kreiste nach Sonnenuntergang noch immer. Nach einer Weile schaltete es seine Positionslichter an, begann mit Maschinengewehren auf die zwei Besatzungsmitglieder zu feuern und verschwand plötzlich. Kurz danach gingen die Deckslichter des Schiffes an. »Dies verstand ich als Signal von meinen Männern, dass alles in Ordnung war«, sagte er, »aber in Wirklichkeit war es ein automatischer Schalter, der die Notbeleuchtung einschaltete, weil inzwischen die Stromgeneratoren des sinkenden Schiffs unter Wasser geraten waren.« Schacht tauchte vor dem Bug des Dampfers auf, weil er so völlig im Schatten des Schiffes lag und bewegte sich dann auf die Leeseite. Nach kurzer Suche fand er seine Männer, die auf einer Rettungsinsel trieben, und nahm sie an Bord. Sie brachten die Papiere des Dampfers mit, darunter einen Zickzackplan.

Schacht erfuhr, dass die AMAPALA ein Frachter der Standard Fruit and Steamship Company war und unter der Flagge Honduras fuhr. Der Kapitän des Schiffes ruderte entlang des U-Boots und rief Schacht zu: »Ich wusste nicht, dass Honduras sich im Krieg mit Deutschland befindet. Warum haben Sie mein Schiff versenkt?«

»Sie haben per Funk um Hilfe von amerikanischen Flugzeugen gerufen, die gegen mich eingesetzt werden sollten«, rief Schacht zurück.

»Das waren meine Befehle.«

U 507 im U-Boot-Stützpunkt Lorient, Frankreich, 25. März 1942.
Foto mit freundlicher Genehmigung des Bundesarchivs, Koblenz.

»In einem solchen Fall waren meine Befehle, Ihr Schiff zu versenken«, brüllte Schacht. In der Zwischenzeit war der Dampfer bis zur Spitze der Oberdecks gesunken, und es sah aus, als ob das Ende nahe war.

Schacht setzte Kurs auf die Florida-Straße ab. »Weiteres Bleiben in diesem Gebiet schien mir nicht ratsam«, bemerkte er. »Plötzlich verschwanden die Lichter des Dampfers. Er sank wahrscheinlich.« Schacht schickte eine Nachricht ans Hauptquartier: »16. Mai … AMAPALA nach zwei Stunden Verfolgung mit Maschinengewehrfeuer gestoppt. Ein Torpedoschuss als Fangschuss führte zu Kreisläufer. Versenkte das Schiff durch Öffnen der Seeventile. Ich habe keine Munition mehr und beginne Rückfahrt. Gesamtergebnis 50.001 Tonnen … Zustand des verletzten Mannes ist gut.«

4. Ist es der Baron?

»TAPFERE U-BOOT-FAHRER IM GOLF VON MEXIKO«, die Geschichte der Heldentaten, die U 507 im Frühjahr vollbracht hatte, erschien am 15. Juni 1942 in einer Hamburger Tageszeitung. Kriegskorrespondent Hans Kreis erzählte einige Einzelheiten (ohne die Nummer des Bootes zu erwähnen) im übertriebenen und überschwänglichen Stil jener Tage. »Das U-Boot kam am 15. Juni im Hafen an, nachdem es in seinem Jagdrevier im Golf von Mexiko auf Patrouille gewesen war«, schrieb er. »Die kleinen Flaggen am Sehrohr flatterten fröhlich im frischen Morgenwind – sie zeigten an, dass das Boot eine Reihe von Handelsschiffen mit einer Bruttotonnage von insgesamt 49.995 versenkt hatte, unter ihnen vier Tanker.« (Die Gesamtzahl von Schacht betrug acht Schiffe.)

»Ein ziemlich gutes Ergebnis«, fuhr er fort, »insbesondere, weil dies die erste Patrouillenfahrt des Kommandanten und der Mannschaft war.« (Das hieß, dass dies der erste Einsatz von Schacht als U-Boot-Kommandant war.)

Kreis sagte, das Boot operierte »direkt unter der Nase der Wachen am stark befestigten Mississippi-Delta und torpedierte einen dicken und voll beladenen Tanker von mindestens 10.000 Bruttoregistertonnen«. Die Besatzung habe herzhaft gelacht, als sie später über Funk die US-Nachrichten gehört hatte, die von einer »unerklärlich heftigen Explosion im Golf« berichtet hatten.

Das U-Boot versenkte ein Schiff nach dem anderen, wobei »ihre Torpedos und Geschütze gut trafen«, fuhr er fort. »Ein Leutnant zur See, ein Marineunteroffizier und ein Maat vollzogen die Hinrichtung eines voll beladenen Frachters praktisch per Hand.« (Schacht sprach von zwei, nicht von drei Männern.)

In dem Artikel beschrieb ein junger, blonder Unteroffizier seine Erfahrungen. Er erzählte, dass sie bei der Verfolgung des Frachters (AMAPALA) ziemlich lange fahren mussten, bevor sie ihn mit »einem warnenden Salut aus dem Maschinengewehr« vor den Bug stoppen konnten. Die Rettungsboote wurden zu Wasser gelassen und die Besatzungsmitglieder stiegen die Leiter hinunter in die Boote. »Die meisten waren Farbige«, sagte er. »Weil wir keine Torpedos mehr hatten und ein solch großer Fisch mit einem leichten Maschinengewehr nicht versenkt werden konnte, befahl uns der Kommandant, an Bord des Frachters zu gehen und ihn durch Öffnung der Seeventile zu versenken.« Die drei Männer versuchten, das U-Boot auf einem Schlauchboot zu verlassen, aber hohe Wellen zwangen sie zur Rückkehr. Deshalb zogen sie sich aus, sprangen ins Wasser, schwammen zum Frachter hinüber und kletterten die Leiter hoch, die immer noch über die Seite hing.

An Bord angekommen, begriffen die deutschen Offiziere, dass sie sich auf einem ziemlich neuen und modernen Schiff mit einer Ladung frischer Früchte und Chemikalien befanden. Sie entdeckten einige trockene Kleidungsstücke, zogen sie an und machten sich daran, die Seeventile und wasserdichten Schotten zu öffnen. »Plötzlich hörten wir das Donnern schwerer Detonationen«, erinnerte sich der Unteroffizier. »Wir rannten nach oben und schauten uns vorsichtig nach unserem U-Boot um. Es war nicht mehr da!« Sie hörten Flugzeugmotoren und begriffen, dass das U-Boot gerade bombardiert worden war, weil sie die kleinen Wellen im Wasser sehen konnten. Es gab noch mehr Explosionen in der Nähe, aber das U-Boot war schon untergetaucht.

Die drei Männer waren nun in einer seltsamen Situation. Sie standen in ziviler Kleidung auf dem Deck eines feindlichen Frachters, während oben ein Flugzeug kreiste, die Rettungsboote im Wasser voller schwarzer Besatzungsmitglieder waren und ihr U-Boot nirgends zu sehen war. »Wir hatten keine Waffen bei uns, und die Situation erschien zunächst ziemlich prekär. Wir entschieden uns abzuwarten und uns zu beruhigen. Um uns die Zeit zu vertreiben, aßen wir ein bisschen von dem ausgezeichneten Obst, das wir vorgefunden hatten«, sagte der Offizier. Der Abend kam, und das Flugzeug brummte immer noch oben herum.

Weil es kein Anzeichen dafür gab, dass Hilfe kommen würde, bauten die Besatzungsmitglieder eilig ein behelfsmäßiges Floss und hatten es so weit fertig, dass sie vom Bord gehen konnten. Dann zogen die drei den Stöpsel. »Mit einem donnernden Knall flog der Deckel des Bodenventils unter dem Druck des hereinschießenden Wassers hoch«, erzählten sie weiter. Sie liefen an Deck zurück, wo das Floß wartete, ließen es vorsichtig zu Wasser, beluden es mit Proviant und kletterten an Bord. »Dann warteten wir besorgt auf das langsame Sinken des Frachters, wobei wir wegen einer möglichen Explosion der Kessel, die immer noch unter Druck standen, etwas Panik hatten«, erzählte der Offizier.

Plötzlich gingen die Lichter der Brücke an, ein völlig mysteriöses Phänomen. »Der Lichtschein beleuchtete die Nacht um uns, um Himmels Willen!« rief er aus. »Und das war unser Glück.« Das Flugzeug hatte offensichtlich aus Treibstoffmangel abgedreht. Kurz danach tauchte ihr U-Boot in der Nähe auf, und sie wussten, dass sie in den Lichtern des Schiffes gesehen werden konnten. Ihr Kommandant schickte eine Rettungsinsel, um sie zu bergen, und sie kehrten sicher zu ihrem U-Boot zurück.

»Das Einzige, was wir bedauerten, war, dass wir unseren Kameraden keine Kiste mit dem wunderbaren Obst mitbringen konnten. Die Früchte gingen mit dem Schiff unter«, sagte der Offizier zum Schluss.[1]

Als die Besatzung und der Kapitän der AMAPALA den Marinestützpunkt in Burrwood, Louisiana, erreichten, erzählten sie ihre Version der Geschichte. Ihr Schiff war von New Orleans nach Cristóbal in der Kanalzone mit einer vollen Ladung Güter für die Armee und Marine am Panamakanal unterwegs. Die AMAPALA sank nicht sofort und wurde später von einem Kutter der Küstenwache in Schlepp genommen, aber sie sank am nächsten Tag während der Schleppfahrt.

Das Schiff fuhr mit fünfzehn Knoten auf Zickzackkurs. Drei Ausgucks standen Wache, das Wetter war bedeckt, es gab einige Regenschauer, und die Sicht war schlecht. Es waren keine anderen Schiffe zu sehen.

Ein Ausguck sah das U-Boot zum ersten Mal an der Oberfläche etwa vier Meilen achteraus. Es hielt sich nach Westen und Süden mit einer Geschwindigkeit von etwa fünfzehn Knoten. Der Kapitän drehte das Schiff so, dass das U-Boot genau achteraus lag, und sofort eröffnete das U-Boot das Feuer mit dem Buggeschütz. Das Schiff schickte eine SSS, um ein Flugzeug anzufordern, und sofort danach begann das U-Boot, den Funkraum mit Granaten und Maschinengewehr zu beschießen. Zu diesem Zeitpunkt warf der Kapitän die vertraulichen Codebücher in einem mit einem Betonbrocken beschwerten Karton über Bord.

U 507 überholte das unbewaffnete Schiff, und der Kapitän befahl der Mannschaft, das Schiff zu verlassen. Siebenundfünfzig Männer kletterten in drei Rettungsboote. Das U-Boot legte sich neben das Rettungsboot Nummer 1, warf eine Linie an Bord und bat den zweiten Offizier des Schiffes, Mitglieder der U-Boot-Besatzung zur Amapala zu bringen, so dass sie Sprengstoff an Bord anbringen und sie versenken konnten. An diesem Punkt wurde die Geschichte wirr, aber offensichtlich ging der zweite Offizier der Amapala an Bord des U-Boots, weigerte sich, der Aufforderung zu folgen, ging ins Rettungsboot zurück und zerschnitt die Schleppleine. Dann nahm das U-Boot Fahrt auf. Als es sich dem Schiff näherte, erschien ein Bomber, und das U-Boot tauchte schnell. Der Bomber warf mehrere Bomben ab, die nach Meinung der Besatzung »das U-Boot zerstörten«. Der amerikanische zweite Offizier sagte, das U-Boot sei offensichtlich italienischer Bauart, die Besatzung aber »ohne Zweifel deutsch«. Er beschrieb das Schiff als »hellblaugrau, das Deck rot angemalt, mit einem Vier-Zoll-Geschütz vorne und einem Drei-Zoll-Geschütz hinten, Länge etwa 80 Meter«.[2]

Ein tief gebräunter, in kurze Hosen gekleideter Harro Schacht stand auf der Brücke, nachdem er am 4. Mai sein erstes Golfschiff (die Norlindo) torpediert hatte, und rief den Überlebenden zu: »Tut mir leid, dass wir Ihnen nicht helfen können. Hoffentlich kommen Sie sicher an Land.« Die Besatzungsmitglieder berichteten später, dass Schacht nach dem Namen des Schiffes und seiner Tonnage gefragt habe und ob sie ärztliche Hilfe bräuchten. Sie sagten, dass der Kommandant ihnen deutsche Zigaretten, französische Kekse, französische Streichhölzer und zehn Gallonen aus frischen Limonen hergestelltes Limonenfruchtfleisch gab. Als sie von der Presse interviewt wurden, erzählten Besatzungsmitglieder Reportern, dass der Kapitän »perfektes Amerikanisch« sprach, und die Geschichte über sein höfliches Verhalten gab sofort Anlass zu einem Gerücht in New York, dass der Kommandant Baron Edgar von Spiegel sei.[3]

»Ehemaliger Nazi-Generalkonsul für Golfküste wahrscheinlich U-Boot-Chef«, verkündete die Zeitung in Galveston. Die Geschichte besagte, dass von Spiegel, der im Ersten Weltkrieg ein U-Boot kommandierte, nie ein Schiff versenkte und dabei Menschenleben opferte, und dass er »der ritterlichste U-Boot-Kapitän Deutschlands« gewesen sei. Die Zeitung erklärte, dass der Baron während seines vierjährigen Aufenthalts in New Orleans viel im Golf gereist sei, wobei er häufige Reisen zur Mississippimündung unternommen habe.[4]

In New Orleans erschien eine ähnliche Nachricht: »Ehemaliger Nazi-Konsul am Ort kennt tropische Gewässer.« Der Artikel beschrieb den Baron als »einen hart gesottenen Nazi, der zurückgekehrt war, um die Vereinigten Staaten in den Gewässern, die er am besten kennt, zu bekämpfen.« Zur Erinnerung an seine Erklärung vom 14. Juni 1940, ein paar Tage bevor Paris fiel, dass »Deutschland nicht vergessen würde, dass, als es um sein Leben kämpfte, die Vereinigten Staaten alles in ihren Kräften taten, um seinen Feinden zu helfen«, und zur Erinnerung an Berichte, dass er Nazi-Aktivitäten in Zentral- und Südamerika geleitet hatte, glaubten viele, dass von Spiegel jetzt die U-Boot-Angriffe in seinen alten Angelrevieren organisierte.[5]

»Wach auf, Galveston«, warnte ein Leitartikel am 11. Mai. »Wir haben schon vorher Gerüchte über feindliche U-Boote im Golf gehört. Aber dieses Mal gibt es keinen Zweifel daran. Zwei Handelsschiffe wurden versenkt … am letzten Mittwoch«, schrieb der Redakteur. Er sagte, es sei bezeichnend, dass ein Passagier auf einem der Schiffe (die JOSEPH M. CUDAHY) berichtete, dass ein allgemeiner Alarm ausgelöst wurde, nachdem der erste Torpedo sein Ziel verfehlt hatte. Aber weil es häufige Probealarme gegeben hatte, wurde nicht sofort reagiert. Dann tauchte das U-Boot auf, feuerte auf das Schiff, stoppte es und versenkte es mit einem Torpedo.

»Die Leute auf dem dem Untergang geweihten Schiff reagierten so langsam auf den echten Alarm, weil es angeblich keine feindlichen U-Boote im Golf geben sollte«, fuhr er fort. »Sie dachten, es sei nur ein weiterer Probealarm.«

Der Redakteur ermahnte die Menschen in Galveston, die Zivilverteidigung ernst zu nehmen und nicht zu glauben, dass die Stadt außerhalb der Reichweite feindlicher Angriffe sei. Viele hielten den Ankauf von Ausrüstungen zur Verteidigung immer noch für Geldverschwendung. »Wie«, fragten sie, »könnten feindliche Kriegsflugzeuge oder Schiffe in den Golf kommen?«

»Wir wissen nicht, wie die deutschen U-Boote in den Golf kamen, aber sie sind dort«, schrieb er. »Die Marine hat nicht genau gesagt, wo die Schiffe versenkt wurden, aber sie konnten nicht mehr als ein paar hundert Meilen von Galveston entfernt gewesen sein.« Er wies darauf hin, dass die beiden bisher versenkten Schiffe allein fuhren, als sie angegriffen wurden. »Unsere Streitkräfte können nicht überall gleichzeitig sein«, bemerkte er. [6]

Drei Tage später erschien eine weitere Katastrophenmeldung auf der ersten Seite der *Galveston Daily News*, nach der U-Boote einen weiteren kleinen Frachter (die norwegische TORNY) versenkt hatten. Das Schiff, das aus Zentralamerika kam und sich angesichts der Warnung, aus dem Golf zu verschwinden, beeilte, den Hafen zu erreichen, wurde von einem einzigen Torpedo getroffen und sank in drei

Minuten. Zwei Besatzungsmitglieder wurden getötet, und als die anderen vierundzwanzig in einer Rettungsinsel und einem Motorboot entkommen waren, tauchte das U-Boot etwa dreißig Meter von ihnen entfernt auf. Der Kapitän (Schacht) rief und fragte in Englisch nach Schiffsname, Tonnage und Ziel, aber die Besatzung weigerte sich zu antworten. Sie sagte, dass das U-Boot in einer hellgrauen Farbe frisch gestrichen war und keine Kennzeichen trug. Es blieb von etwa 7.40 bis 8.30 Uhr morgens auf der Oberfläche.

Mittags bargen zwei Marineflugzeuge von Pensacola die Überlebenden und brachten sie an Land. Marineoffiziere am Stützpunkt weigerten sich, Kommentare abzugeben, als Reporter fragten, ob ein oder mehrere U-Boote im Golf operierten, wo am 5. Mai zwei Schiffe bei Tage gesunken waren, deren Besatzungen in Rettungsbooten entkamen.

»Die Golf-U-Boote … könnten unter dem Kommando von Baron Edgar von Spiegel stehen«, spekulierte die Zeitung. »Während seiner vierjährigen Amtszeit … hatte er ausreichend Gelegenheit, viele Informationen über den Golf zu sammeln, da sein Gebiet von Texas bis Florida reichte und er es ausgiebig bereiste.«[7] Der Baron, der 1885 geboren wurde, hatte 1942 das Alter von siebenundfünfzig Jahren erreicht – viel zu alt, um ein U-Boot zu kommandieren. Dennoch glaubten die Leute entlang der Golfküste, er sei zurückgekehrt, um sich an den Vereinigten Staaten zu rächen. Dokumente des Deutschen Diplomatischen Dienstes geben keine Auskunft darüber, was der ehemalige Konsul zwischen seiner Ausweisung aus New Orleans 1941 und seiner Ernennung als Generalkonsul erster Klasse in Marseilles, Frankreich, 1943 in Deutschland tat; aber er ging bestimmt nicht in den U-Boot-Dienst zurück.[8]

Am 8. Mai 1942 hatte sich Kommandant Erich Würdemann mit der U 506 aufgemacht, um Schacht zu treffen und ihn mit medizinischen Vorräten für das verletzte Besatzungsmitglied von U 507 zu versorgen. Um 8.00 Uhr morgens berichtete er, dass er an dem ersten Treffpunkt westlich vor Florida ankam, einen U-Boot-Jäger sah und schnell tauchte. »Sie hatten keine Wasserbomben oder Suchgerät«, schrieb er, »also stahl ich mich mit geringer Geschwindigkeit davon.«

Gegen 11.00 Uhr morgens hörte er vier Wasserbomben in der Entfernung. Schacht, der auf Sehrohrtiefe nach U 506 suchte, konnte es nicht finden, so dass er auftauchte und dann die Explosionen hörte. Er dachte natürlich, dass Würdemann von einem Flugzeug bombardierte wurde. Keines der beiden U-Boote wurde jedoch angegriffen – offensichtlich warf ein Flugzeug dort Wasserbomben ab, wo seine Besatzung ein getauchtes U-Boot vermutete.

Um 4.02 Uhr nachmittags erhielt Würdemann eine Nachricht: Schacht hatte ans Hauptquartier gefunkt, dass er seinen U-Boot-Kameraden nicht finden konnte und nach Westen fuhr, um Luftpatrouillen aus dem Weg zu gehen. In jener Nacht fuhr Würdemann nach Norden in Richtung Mississippi-Delta und hörte eine weitere Nachricht von Schacht, der offensichtlich befürchtete, dass Würdemann von Wasserbomben getroffen worden war. (Die Boote kommunizierten nicht miteinander, konnten aber Nachrichten hören, die ans Hauptquartier geschickt wurden.)

Schacht verbrachte den ganzen nächsten Tag mit der Suche nach U 506, während Würdemann in Richtung Mississippi-Delta weiterfuhr, nachdem er Schacht aufgegeben hatte. Um zehn Uhr am 10. Mai sah Würdemann die Leuchtfeuer an der Südwestpassage wie in Friedenszeiten leuchten, und fuhr auf sie zu. Bald sah er einen leeren Tanker, der nach Westen fuhr, und erhöhte seine Geschwindigkeit, um ihn zu überholen. Unmittelbar vor dem Angriff kam eine Nachricht: »Würdemann, Position sofort melden.«

Erich Würdemann, Kommandant von U 506, dem zweiten U-Boot im Golf von Mexiko.
Foto mit freundlicher Genehmigung des U-Boot-Archivs, Cuxhaven.

In diesem Augenblick feuerte der Kommandant aus seinen zwei Heckrohren und traf das Schiff in der Mitte. »Der Tanker zeigt nur wenig Wirkung und fährt mit leicht gedrosselter Geschwindigkeit weiter«, berichtete er. »Er funkt, dass er torpediert worden ist und gibt seine genaue Position an, woraufhin der Kommandant des 8. Marinebezirks eine U-Boot-Warnung an alle Schiffe herausgibt.« Würdemann ging wieder in Schussposition und feuerte zwei Bugtorpedos ab, die die hintere Kante der Brücke und den Maschinenraum trafen. Der Tanker stoppte und fing an, nach Steuerbord zu krängen, während die Besatzung in Rettungsboote kletterte. Sobald sie weg waren, begann der U-Boot-Kommandant, das Schiff heftig mit Brandmunition zu beschießen, wobei er ein Feuer auf dem Vorschiff auslöste.

»Weil die Sonne langsam unterging, verließ ich den brennenden und sinkenden Tanker. Da der angegebene Codename KERX lautet, ist dies der US-amerikanische Tanker Aurora«, sagte er. Dann schickte er ein »kurzes Signal«, das seine Position angab, aber erhielt keine Bestätigung.

In der Nacht, am 10. Mai, begann U 506 die Oberwasserfahrt zum Treffpunkt (nicht angegeben). Eine Stunde später schickte der Kommandant die Nachricht, dass er bis zum 9. Mai nichts im Golf gesehen und Schacht nicht gefunden hatte. Er berichtete, dass er am ersten Treffpunkt von einem U-Boot-Jäger unter Wasser gezwungen worden war, die Aurora versenkt hatte und immer noch acht Torpedos übrig hatte. (Zu diesem Zeitpunkt kreuzte Schacht vor dem Mississippi-Delta auf der Suche nach Schiffen.)

Am nächsten Morgen fuhr U 506 zum Treffpunkt. Es gab seine Position mit DA 9690 südöstlich des Deltas an. Eine Stunde später musste Würdemann alarmtauchen, weil seine Brückenwache ein herankommendes Flugzeug nicht gesehen hatte. Das Flugzeug warf sehr nah am Boot eine Bombe ab, die eine gewaltige Detonation verursachte. »Das Boot wurde durch die Explosion wirklich hochgehoben, und sie verursachte verschiedene Schäden«, schrieb Würdemann in seinem Logbuch. Aber bei Überprüfung stellte er fest, dass er nur ein ernsthaftes Problem hatte – Rohr 5 war außer Betrieb.

Am nächsten Tag blieb er etwas westlich des Rendezvousbereichs und kam nicht zum Einsatz. In der Nacht fuhr das U-Boot in Richtung Mississippi und empfing die Nachricht, dass Schacht ihr Treffen »erledigt« hatte, was bedeutete, er hatte es abgesagt. Um Mitternacht sah er einen Lichtschein in der Entfernung und vermutete, dass es der Tanker war, der zwei Stunden früher von Schacht getroffen wurde (die VIRGINIA). »Der Feuerschein konnte dreißig Seemeilen weit gesehen werden«, schrieb er.

Würdemann fuhr getaucht in der Nähe der Südwestpassage und kurz nach Mittag sichtete er mehrere Frachter und Tanker. »Die meisten von ihnen sind in einer ungünstigen Position«, schrieb er. Anderthalb Stunden später feuerte er zwei Torpedos auf einen beladenen Tanker, der nach Osten fuhr, und traf den Maschinenraum. Das Schiff begann schnell zu sinken und war in sieben Minuten verschwunden.

Um 9.00 Uhr abends jagte er einen anderen beladenen Tanker, der nach Osten fuhr. Er setzte sich vor ihn und feuerte zwei »Aale«. Nach vierzig Sekunden trafen sie den Bug und die Mitte des Schiffes »mit einem verheerenden Feuer«. Der Kommandant berichtete, dass sich nach den schweren Detonationen »brennendes Öl mit rasender Geschwindigkeit ins Meer ergoss«.

Wegen der hellen Beleuchtung, die sich auf dem U-Boot spiegelte, lief Würdemann getaucht ab und beobachtete. »Der Tanker ist eine große Fackel«, bemerkte er. »Der Feuerschein ist mehr als fünfundzwanzig Seemeilen weit sichtbar. ... Das Sinken des Tankers ist sicher.«

Im Schutz der Dunkelheit entfernte sich U 506 von der Küste von Louisiana und lud wieder sechs Torpedos vom Deck in die Rohre. »Keine Vorkommnisse«, berichtete der Kapitän.

Am nächsten Tag kam ein Funkspruch, der Würdemann aufforderte, einen kurzen Situationsbericht zu geben. Er antwortete sofort. Er sagte, seine Situation sei die »Gleiche wie die von Schacht« und dass er einen beladenen Tanker »wie eine Fackel« zurückgelassen habe, »wobei sein Sinken garantiert ist«.

Im Quadrat DA 9288, sehr dicht am Mississippi-Delta, sichtete er zwei Schiffe auf westlichem Kurs. Der Kommandant erhöhte seine Geschwindigkeit, um vor dem ersten in Schussposition zu kommen und schoss zwei Torpedos ab – beide gingen daneben. Dann feuerte er zwei »Aale« auf das zweite (einen Tan-

U 506 in Lorient, Frankreich, 25. März 1942. U 506 und U 507 waren die ersten U-Boote im Golf von Mexiko. Foto mit freundlicher Genehmigung des Bundesarchivs, Koblenz.

ker), und beide trafen, woraufhin das Schiff stoppte, Schlagseite nach Steuerbord bekam und am Heck brannte. Würdemann manövrierte U 506 näher heran und gab vierundzwanzig Schüsse aus seinem Artilleriegeschütz auf den Tanker ab und traf die Aufbauten und die Wasserlinie. Weil die Sonne aufging, verließ er den Ort, wo der Tanker mit dem Heck zuerst in »einem Flammeninferno« versank. Er sagte, dass kurz danach nichts mehr vom Schiff zu sehen war.[9]

In einer der Nächte, während derer Würdemann dicht vor der Küste lag, sah er ein Schiff mit eingeschalteten Positionslichtern vorbeifahren und folgte ihm durch das Delta und den Mississippi hinauf. »Der Turm von 506 war voller Jungs, die dienstfrei hatten, und wir beobachteten den Dampfer«, sagte Wilhelm Grap, damals Dieselmaat auf dem U-Boot. Das U-Boot fuhr aufgetaucht, und plötzlich rief Würdemann, dass jemand die Wassertiefe messen solle. »Das Fingerspitzengefühl des Kommandanten hat das Boot gerettet«, erinnerte sich Grap. »Wir hatten nur ein Meter Wasser unter dem Kiel. Deshalb kehrten wir sofort um und verließen den Fluss.«[10]

Am 16. Mai versenkte U 506 um 8.30 Uhr abends einen weiteren beladenen Tanker südlich des Mississippi-Deltas, so dass es insgesamt vier Schiffe versenkt hatte, seit es am 8. Mai in den Golf gekommen war. Würdemann bemerkte, dass das Licht an der Ship Shoal-Leuchttonne westlich der Südwestpassage »offensichtlich gelöscht« war.

Am 19. torpedierte er um 1.00 Uhr morgens einen Frachter (die HEREDIA), und traf ihn mittschiffs und achtern. Er berichtete, dass das Schiff schnell absackte und das Heck in einer Tiefe von etwa fünfundzwanzig Meter auf den Meeresgrund traf. »Im Moment ragt das Vorderdeck bis zur Brücke immer noch aus dem Wasser, aber geht auch unter«, bemerkte er. »Mehrere hell beleuchtete Rettungsboote und Rettungsinseln wurden zu Wasser gelassen.«

Um 11.20 Uhr in der Nacht sichtete Würdemann einen beladenen Tanker und traf ihn an der Brücke und mittschiffs. »Der Tanker begann zu brennen und wurde innerhalb von Minuten zur Fackel«, berichtete er. »Es gab eine mächtige Explosion im Schiff.« Er sagte, der Tanker sei offensichtlich in der Mitte auseinander gerissen worden. Das Vorschiff kenterte und sank. Der Feuerschein war so hell, dass er nichts mehr sehen konnte. So drehte er ab und tauchte.

Nachdem er sein Opfer anderthalb Stunden beobachtet hatte, sah der deutsche Kommandant es sinken und stellte fest, dass Öl eine Zeit lang auf der Oberfläche brannte. (Es handelte sich um den Tanker HALO.)

Am nächsten Morgen feuerte er um 9.20 Uhr einen einzigen Torpedo auf einen unbewaffneten Frachter und verfehlte ihn. Er sah einen anderen Frachter mit Tarnfarbe und einem Geschütz und schoss zwei »Aale« – beide trafen nicht. »Alle Torpedos aufgebraucht«, sagte er, »also begann ich meine Heimreise.«

Würdemann schickte eine Nachricht ans Hauptquartier: »Vor dem Mississippi verkehren ständig viele einzelne Schiffe. Sicherlich lohnt sich das für U-Boote.

Luftüberwachung ist stark, aber keine durch die Marine. ... Insgesamt habe ich
acht Schiffe mit insgesamt 52.700 Tonnen versenkt und einen Tanker von 8.000
Tonnen getroffen.«

U 506 kehrte ohne größere Probleme aus dem Golf zurück – nur ein paar Alarmtauchmanöver, um Flugzeugen keine Chance zu geben. Würdemann hatte alle
acht Schiffe innerhalb weniger Grade bei 28.0 N und 80.0-81.0 W versenkt.[11]

Knapp mehr als ein Jahr später wurde das Boot von Erich Würdemann an der
Oberfläche mit Wasserbomben von einer Liberator im Sturzflug angegriffen.
Der Angriff war eine Überraschung, und die sechs Männer auf der Brücke, die
Rettungswesten trugen, sprangen ins Wasser. Der Kommandant wurde bewusst-
los geschlagen und fiel über Bord, als das Boot sank. Oberleutnant Hans Schult,
einer der sechs, befahl zwei »neuen« Seeleuten, den Kommandanten über Wasser zu halten. Dann schwammen er und drei andere dorthin, wo sie einen gelben
Punkt gesehen hatten, in der Annahme, es sei eine Rettungsinsel. Sie fanden tatsächlich eine Rettungsinsel mit Lebensmitteln und medizinischen Vorräten, die
von der Liberator abgeworfen worden war. Als die vier zu ihren Kameraden
zurückruderten, war Würdemann nirgends zu sehen. Schult fragte sie, wo der
Kommandant sei, und sie antworteten, dass der »Alte« ihnen befohlen habe, ihn
loszulassen. Da sie unerfahrene Seeleute waren, gehorchten sie, und Würdemann schwamm weg und verschwand. Er blieb auf immer verschollen.

»Unser Kommandant war einer der besten der deutschen U-Boot-Männer«, sagte
Wilhelm Grap. »Er war vorsichtig, aber hatte keine Angst, etwas zu unternehmen.
Er war unser Vater und unser Freund, und wir haben ihn immer in Ehren gehal-
ten.«[12]

Erich Würdemann war während der ganzen Laufbahn des Bootes Kommandant
von U 506. Im März 1943 wurde ihm das Ritterkreuz für das Versenken von
geschätzten hunderttausend Tonnen verliehen. Hans Schult, der dreiundzwanzig
und sechs Jahre jünger als Würdemann war, diente während seines gesamten
Kommandos unter ihm. Er erinnerte sich, dass der Kapitän die Angewohnheit
hatte, Dinge für sich zu behalten und selten mit seinen jüngeren Offizieren zu
sprechen. Einmal jedoch bat er während eines Angriffs mit Wasserbomben um
einen Rat, den er dringend brauchte.

U 506 war seit der Indienststellung im Herbst 1941 von Schwierigkeiten geplagt
worden. Einmal rammte es einen Zerstörer vor Anker; ein anderes Mal lief es zu
Beginn eines Luftangriffs auf Hamburg in der Elbe auf Grund. Während einer letzten Generalüberholung auf der Deutschen Werft Anfang 1942 fror es ein, und fünf
Schlepper und ein kleines Schwimmdock mussten es aus dem Eis holen. Das Boot
war so angeschlagen, dass es zur Reparatur nach Helgoland gehen musste. Von
dort fuhr U 506 Anfang März nach Nordamerika, wurde aber zurückgerufen und
ging nach nur achtzehn Tagen auf See nach Lorient zurück.

Auf der Patrouillenfahrt teilte sich U 506 mit U 507 die Auszeichnung, als erstes U-Boot Anfang Mai 1942 im Golf von Mexiko zu operieren. Besatzungs-

mitglieder sagten, dass die Temperaturen extrem hoch waren und dass tagsüber nicht gekocht wurde, wenn sie untergetaucht blieb: Die Hitze der Motoren fing sich in dem Boot, was Kochen unerträglich machte. Mahlzeiten bestanden gewöhnlich aus kaltem Reis und Haferschleim, die in der Nacht zuvor zubereitet wurden. Die Besatzung hielt sich auf jener Patrouille für glücklicher als die, die nach ihnen kamen, weil zu der Zeit die U-Boot-Abwehrkräfte noch schwach waren. Nachdem der Kommandant den Golf verlassen hatte, versenkte er vor der Ostküste Floridas durch Beschuss zwei Handelsschiffe, wobei einer von ihnen ihn hundert Schuss kostete. Er tankte bei einem Siebenhundertfünfzig-Tonnen-»Milchkuh«-U-Boot wieder auf und erreichte am 15. Juni Lorient, wo er zum »Tankerknacker der 10. Flottille« ernannt wurde.

Auf der dritten Patrouillenfahrt von U 506 fuhr Würdemann an die Westküste Afrikas und versenkte fünf Handelsschiffe mit insgesamt dreißigtausend Tonnen. Im September 1942 beteiligte sich sein Boot an der Rettung Überlebender der SS Laconia, einem britischen Truppentransporter, der am 12. September von einem U-Boot etwa dreihundert Meilen vor Ascension Island versenkt wurde. Das Schiff hatte etwa zweitausend italienische Kriegsgefangene an Bord. Viele wurden getötet, als Torpedos in ihren Unterkünften explodierten. Auch britisches Militärpersonal war an Bord sowie einige britische Frauen und Kinder. Vier oder fünf U-Boote wurden geschickt, um die Italiener zu bergen. Aber als ihre Kapitäne die Frauen und Kinder in den überfüllten Rettungsbooten sahen, sorgten sie für sie und die Italiener gaben ihnen zu essen und ließen sie zum Schlafen an Bord kommen.

Nachdem sie den Überlebenden fünf Tage lange, geholfen hatten, wurden U 506 und das U-Boot, das die Laconia torpediert hatte, durch zwei amerikanische Flugzeuge angegriffen. U 506 hatte sich jedoch auf diese Möglichkeit vorbereitet und tauchte. Später übergab Würdemann die Überlebenden auf Rettungsschiffe und verließ den Ort.[13]

Am 17. September 1942 erteilte Admiral Dönitz allen seinen U-Boot Kommandanten folgenden Befehl: »Jegliche Rettungsversuche von Angehörigen versenkter Schiffe, also auch das Auffischen Schwimmender und Anbordgabe auf Rettungsboote, Aufrichten gekenterter Rettungsboote, Abgabe von Nahrungsmitteln und Wasser haben zu unterbleiben. Rettung widerspricht den primitivsten Forderungen der Kriegsführung nach Vernichtung feindlicher Schiffe und deren Besatzungen ... Schiffbrüchige nur dann retten, wenn ihre Aussagen für das Boot von Wichtigkeit sind ... Bleibt hart. Denkt daran, dass der Gegner bei seinen Bombenangriffen auf deutsche Städte keine Rücksicht auf Frauen und Kinder nimmt!«[14]

Wie auch immer, als U 506 und andere im Frühling und Sommer 1942 im Golf von Mexiko Siege erzielten, taten die Kommandanten ihr Bestes, um den Besatzungen der Handelsschiffe zu erlauben zu entkommen, obwohl viele starben. Die U-Boot-Männer hassten die Amerikaner nicht. Sie taten nur ihre Arbeit.

5. Gefahrenzone

MAI – DER GROSSE MONAT IN GALVESTON. Jedes Jahr feierte die Stadt die Eröffnung der Schwimmsaison mit dem so genannten »Planschtag«, der Spaßvögel aus dem ganzen Südwesten anlockte. Tausende versammelten sich an Murdoch's Pier, um die Sonne zu genießen und dem »Glamburger Girl Number One«-Wettbewerb um die Königinnenwürde unter den Kellnerinnen in Drive-In-Restaurants zuzusehen.

Am späten Vormittag des »Planschtages« versenkte Harro Schacht auf U 507 sein erstes Schiff, die Norlindo, und zerstörte am nächsten Tag noch zwei Tanker. Es gab keinen Zeitungsbericht über sein viertes, die Alcoa Puritan, wahrscheinlich, weil niemand getötet wurde. Das Schiff fuhr mit zehntausend Tonnen Bauxit nach Mobile, und der Kapitän steuerte einen geraden Kurs ohne Zickzack. Der erste Torpedo, den Schacht abfeuerte, ging achtern fünf Meter vorbei, und der erste Offizier eilte zur Brücke und schrie »U-Boot-Torpedo!«. Der Kapitän befahl volle Geschwindigkeit voraus (etwa sechzehn Knoten) und drehte das Schiff in dem Versuch, dem U-Boot nur wenig Profil zu zeigen. Das U-Boot von Schacht kam an die Oberfläche, begann dem Schiff mit einer Geschwindigkeit von achtzehn bis zwanzig Knoten zu folgen und überholte es an der Steuerbordseite. Schacht eröffnete mit beiden Geschützen das Feuer aus einer Entfernung von einer Meile und feuerte die nächsten vierzig Minuten mit insgesamt fünfzig Treffern, von denen einer die Steuerung der Alcoa Puritan zerstörte. Das Schiff geriet außer Kontrolle, und der Kapitän befahl seiner Besatzung, das Schiff zu stoppen und zu verlassen.

Die Besatzung ließ die Rettungsboote und Rettungsinseln zu Wasser, und alle entkamen, während das U-Boot wartete. Sobald sie außer Gefahr waren, feuerte Schacht einen weiteren Torpedo in das Schiff. Es sank siebzehn Minuten später. Der Kapitän sagte, dass sein Schiff unbewaffnet war und dass die britischen und amerikanischen Marinecodes beim Sinken untergingen.

Der dritte Offizier des Schiffes erzählte seinen Vorgesetzten, dass er im Rettungsboot viele Löcher feststellen musste, die sofort zu stopfen waren. Er fand einen Segeltuchsack mit einigen hölzernen Stöpseln für das Stopfen von Löchern, »die möglicherweise durch Maschinengewehrkugeln entstanden sind«. Die Stöpsel waren in den unregelmäßigen, gezackten, durch Granatsplitter verursachten Öffnungen nicht zu gebrauchen. Also suchte er nach einigen Knebelschrauben, Unterlegscheiben und Muttern, die er früher ins Boot gelegt hatte, aber sie waren nicht da. Daraufhin schnitzten zwei Matrosen einige größere Stöpsel aus Bruchstücken, umwickelten sie mit Stoffstreifen und stopfte sie in die Löcher, die erheblich leckten. »Das Boot nahm nicht viel Wasser«, sagte der Offizier, »und Kapitän Kranz entschied, den Männern auf der Rettungsinsel zu erlauben, in das

Rettungsboot umzusteigen. Und das taten sie alle auf einmal.« Jetzt hatte das kleine Fahrzeug fünfzig Mann mit nasser Kleidung und sechs Decken an Bord, aber sie schafften es in guter Verfassung, bis sie vier Stunden später von dem Kutter der Küstenwache BOUTWELL geborgen wurden.[1]

Die Besatzungsmitglieder beschrieben das angreifende U-Boot als etwa siebenhundertundfünfzig Tonnen schwer, meergrün gestrichen ohne Streifen oder Striche, mit einem Geschütz vor und einem hinter dem Turm und mit einem Draht, der vom Bug bis zum Heck gespannt war. Sie glaubten, dass es deutsch war. Der kommandierende Offizier des U-Boots – blond, etwa fünfundzwanzig Jahre alt und »offensichtlich deutsch« – rief in ausgezeichnetem Englisch durch ein Megaphon: »Tut mir Leid, dass ich es tun musste. Hoffentlich schaffen Sie es.«[2]

Um Mitternacht in jener Nacht erklärte der Marinefunk in Washington den gesamten Golf von Mexiko und die Florida-Straße zur Gefahrenzone. Sie rieten allen unbegleiteten Handelsschiffen in dem Gebiet, den nächsten Hafen anzusteuern. Vier Schiffe waren in drei Tagen von U-Booten angegriffen worden. Das erste war die NORLINDO, die nächsten beiden waren die Tanker MUNGER T. BALL und JOSEPH M. CUDAHY (Schacht hat sie am selben Tag sechzig Meilen voneinander entfernt in drei Stunden erledigt), und das letzte war die ALCOA PURITAN.[3]

Etwa einen Monat bevor Schacht im Golf erschien, war die Verteidigung der Gulf Sea Frontier durch zwei weitere umgebaute Yachten leicht verstärkt worden. Hinzu kamen zwei 37,5 Meter lange Kutter, BOUTWELL und WOODBURY; vier 49,5 Meter lange Kutter, TRITON, PANDORA, THETIS und GALATEA; zwei Zerstörer, SEMMES und DAHLGREN; eine Flugzeugabteilung der Flotte in Miami und noch einige Armeeflugzeuge. Im Mai und Juni, als die U-Boot-Angriffe im Golf einen Höhepunkt erreichten, traten weitere kleine Kutter der Küstenwache, zwei Minensuchboote, eine andere Yacht und einige umgebaute Motorboote auf den Plan, aber die U-Boote hatten deutlich die Oberhand.[4]

Am 4. Mai forderte Admiral Ernest J. King die Hilfstruppen der Küstenwache auf, sich zu beeilen und eine Flotte privater Patrouillenboote zusammenzustellen, um »Angriffsarbeit oder Rettungsarbeiten zu leisten«. Besitzer großer Yachten hatten die Marine seit 1941 immer wieder gebeten, ihnen zu erlauben, am Kampf gegen die deutschen U-Boote teilzunehmen. Bis zum vierten Monat des Jahres 1942 hatte die Marine ihre Bitten ignoriert, nachdem bereits zweiundachtzig Schiffe an der östlichen Seegrenze verloren gegangen waren. Nun wurde die Lage verzweifelt. Im Mai 1942 änderte der Kongress das Gesetz über die Hilfstruppen der Küstenwache dahingehend, dass die Anwerbung von geeigneten Mitgliedern der Hilfstruppen offiziell erlaubt war, auch wenn sie kleinere körperliche Mängel hatten und zu alt für jeden anderen Dienst waren. Und so lief in der letzten Maiwoche eine Flotte von Jachtbesitzern von Galveston, New Orleans, Miami und anderen Häfen aus, jeder mit vier Wasserbomben, einem Kaliber-50-

Maschinengewehr und einem Funkgerät, um vor den Atlantik- und Golfküsten zu patrouillieren.[5]

Die AURORA (ein 1920 gebauter Tanker, der nach Beaumont, Texas, fuhr), Würdemanns erstes Golftorpedoopfer am 10. Mai, versank nicht. Der Kommandant des U-Boots machte sich offensichtlich keine Gedanken darüber, dass das Schiff in Ballast fuhr (ohne Ladung und mit Wasser als Ballast). Sein erster »Aal« traf den Tanker mit »wenig Wirkung, und [er] fuhr mit leicht reduzierter Geschwindigkeit auf seinem bisherigen Kurs weiter«, schrieb Würdemann in sein Kriegstagebuch.

Die AURORA fuhr keinen Zickzackkurs, ein normales Verfahren in Kriegszeiten, um Torpedos zu vermeiden, und der Kapitän änderte seine Richtung nach dem Angriff nicht, was ein weiterer Fehler war. Der Schiffsfunker setzte einen Notruf ab, und die Geschützmannschaft versuchte, mit ihrem Fünf-Zoll-Geschütz zu schießen, aber das U-Boot fuhr getaucht und sie konnten es nicht sehen. Noch zwei Torpedos krachten in die Steuerbordtanks; danach tauchte U 506 auf und begann, die AURORA mit Drei- und Fünf-Zoll-Geschützen zu beschießen. Die Besatzung verließ das Schiff, aber der Kapitän machte keine Anstalten, die Geheimsachen, die in einer verschlossenen Schreibtischschublade, dem Funkraum und einem Tresor verstreut waren, zu vernichten. (Alle Schiffskapitäne nahmen geheime Codebücher mit, damit sie verschlüsselte Funknachrichten senden und empfangen konnten; sie sollten eigentlich sicherstellen, dass die Bücher nicht in feindliche Hände gerieten.) Ein Schiff der Küstenwache und ein Schlepper bargen alle Besatzungsmitglieder außer einem, der im Rettungsboot gestorben war, und der Schlepper schleppte die AURORA nach Burrwood, Louisiana, wo die Marine einen kleinen Stützpunkt und ein Krankenhaus besaß.

Kein Mitglied der Besatzung oder des bewaffneten Wachpersonals konnte das U-Boot genau beschreiben. Sie sagten, sie sahen »eine dunkle Gestalt«, die wie eine »große grüne Welle« aussah, und keiner konnte eine Silhouette zeichnen, aber mehrere sagten, sie hörten deutsche Befehle. Der Marinebericht hielt fest, dass der Kapitän des Schiffes, Captain William H. Sheldon, »sehr lasch in seiner Handhabung der vertraulichen britischen und amerikanischen Codes« war und dass die Vorschriften auch wieder nicht eingehalten wurden, als einer der Maschinisten um 2.30 Uhr morgens, etwa eine halbe Stunde vor dem Angriff, mit einer Taschenlampe auf dem Deck herumging.[6]

Die Küstenwache schrieb in Zusammenfassung der Operationen am 5. Mai: »Geschwader VP 81, Key West, berichtet über zwei brennende Schiffe. ... Keine Hilfe zur Hand. Überlebende in Booten. Beide Schiffe brennen und werden sinken.« Von siebenunddreißig Besatzungsmitgliedern auf der JOSEPH M. CUDAHY starben siebenundzwanzig in dem Feuer, und die verbleibenden zehn, darunter drei Verletzte, wurden von einem alliierten Flugzeug geborgen. Auf der unbewaffneten, mit Benzin beladenen MUNGER T. BALL starben siebenunddreißig, nur vier Überlebende konnten berichten. Der Kommandant des 8. Marinebezirks benachrichtigte den Kommandeur der Gulf Sea Frontier, dass zwei Patrouillen-korvetten Galveston in Richtung Key West verließen und am 8. Mai ankommen sollten.[7]

»Es muss angemerkt werden«, schrieben Marinehistoriker 1945, »dass der Feind offen am hellichten Tage sowie in der morgendlichen und abendlichen Dämmerung aktiv war. Mindestens zwei der Gebiete, in denen Versenkungen stattfanden, wurden ständig überwacht.«[8]

In der ersten Maiwoche begannen gerade die U-Boot-Aktivitäten in der Nähe der Mississippi-Passage und auch in der Florida-Straße, wo der Golfstrom in den Atlantik fließt. Die Passage, vergleichsweise eng, tief und von dunkelblauer Farbe, hatte eine maximale Strömung von vier Knoten, tausend Mal schneller als der Mississippi. Viele Experten hatten damit gerechnet, dass die Straße zu knifflig für U-Boote sein würde, aber sie hatten Unrecht.[9]

»Die Gulf Sea Frontier schien von U-Booten nur so zu wimmeln«, schrieb die Marine. Die Deutschen torpedierten eifrig Handelsschiffe südlich von Kuba, vor der Ostküste Floridas und im nördlichen Golf von Mexiko. Vom 1. bis 6. Mai zeigten sich sieben U-Boote innerhalb der Gulf Sea Frontier oder in ihrer Nähe: U 108 (Scholtz), U 333 (Cremer), U 109 (Bleichrodt), U 506 (Würdemann), U 564 (Suhren), U 125 (Folkers) und U 507 (Schacht). In dieser Woche suchten die wenigen verfügbaren Kräfte im Golf überall nach U-Booten, versuchten Überlebende zu bergen und erlebten die Hölle.[10]

Drei Tage nach dem Angriff auf die Aurora verfolgte Würdemann in der selben Gegend die GULFPENN, einen Tanker, und Nachrichten über seine Aktivitäten machten Schlagzeilen auf der ersten Seite der *Galveston Daily News*: »Zwei weitere amerikanische Schiffe im Golf versenkt; 33 Seeleute verloren gemeldet.« Laut dem Artikel waren die Schiffe das sechste und siebente im Golf versenkte, aber in Wahrheit waren sie das neunte und zehnte.[11]

Die unbewaffnete GULFPENN, auf dem Weg von Port Arthur, Texas, nach Philadelphia, transportierte neunzigtausend Barrel Schweröl und fuhr »auf wechselnden Kursen« mit Funkstille und vier Ausgucks auf der Brücke. Das Wetter war klar, das Meer ruhig und der Wind leicht. Um 4.50 Uhr nachmittags schlug der erste Torpedo in den Maschinenraum ein. Dabei starben alle zwölf Männer und die Motoren stoppten. Ein automatischer Alarm wurde ausgelöst, aber der Kapitän schickte keine Notrufe. Er packte die geheimen Codebücher sofort in eine beschwerte Tasche und ließ sie mit dem Schiff versinken. Sechsundzwanzig Mann der Besatzung schafften es, in die Rettungsboote zu steigen, in dem einer der Männer starb. Ein Schiff aus Honduras, die TELDE, barg die Überlebenden und brachte sie nach Pilottown, Louisiana.

Keiner der Besatzung sah den Torpedo. Ein amerikanischer Marinebomber hatte im Gebiet patrouilliert, wo das Schiff fast zwei Stunden vor dem Angriff fuhr. Zum letzten Mal kreiste das Flugzeug über der GULFPENN zehn Minuten, bevor das U-Boot seine tödliche Ladung abschickte. Der Pilot sagte, dass das Fahrwas-

ser des Schiffes fleckig mit vereinzelten schlammigen und klaren Bereichen aussah. Er vermutete, dass das U-Boot in einer der dunkelbraunen Stellen gelegen
haben musste.[12]

Am nächsten Tag (14. Mai) traf der mit achtzigtausend Barrel Rohöl beladene
Tanker DAVID MCKELVY dreißig oder vierzig Meilen vor der Mündung des Mississippi auf Erich Würdemann. Es war 11.45 Uhr abends; der allein fahrende Tanker war völlig abgedunkelt, hatte fünf Ausgucke und fuhr Zickzackkurs nach
Osten, etwa dreißig Meilen südlich der Mississippi-Passage. Die Dünung des
Meeres war leicht, der Wind schwach, die Nacht ohne Mond, und weitere Schiffe waren nicht in Sicht. Das U-Boot sichtete die MCKELVY und erhöhte seine
Geschwindigkeit, manövrierte in Schussposition vor das Schiff und schoss dann
zwei Torpedos ab. Einer traf mittschiffs und verursachte sofort eine erdbebenar-
tige Explosion; Sekunden später barst die MCKELVY in Flammen auseinander.
Würdemann beschrieb es so: »Brennendes Öl ergoss sich mit rasender Geschwindigkeit ins Meer«, und das Wasser um das Schiff wurde zum leuchtenden Infer-
no. Der Funker schickte ein SSS-Signal.

Zwei der vier Rettungsinseln und ein Rettungsboot mit sieben Insassen wurden
zu Wasser gelassen. Einige derjenigen, die im Wasser waren, kletterten auf die
Rettungsinsel, eine davon trieb in die Flammen, und alle an Bord mussten das
Schiff verlassen. Die Männer in dem Rettungsboot hatten keine Ausbildung für
den Notfall. In ihrer Panik ließen sie ihr Boot in die flammenden Wellen treiben,
und starben dort. Ein Bericht der Küstenwache sagte aus, dass, »während das
Schiff heftig brannte, die Besatzung ruhig blieb und bei der gegenseitigen Hilfe
außerordentlichen Mut zeigte«.

»Ich sah, wie die Rettungsinsel, die wir über Bord geworfen hatten, Feuer fing«,
sagte der Leitende Ingenieur Petro Waldermarsen. »Ich wusste, dass das zu ris-
kant war, und ich sagte den Jungen, die noch an Deck waren, sie sollten nicht
springen, denn wir könnten hinunter zum Wassertank gehen. Aber [Helmar]
Martin war der Einzige, der bei mir blieb.« Der Leitende Ingenieur hatte sich an
die Geschichte eines Freundes vor dreißig Jahren erinnert. Dieser hatte sein eigenes Leben gerettet, indem er drei Tage im Wassertank des Schiffes blieb.

Die beiden Männer fanden den 12 mal 15 Meter großen Tank etwa halbvoll und
nur ungefähr 1,2 Meter tief vor, so dass sie darin bequem stehen konnten. Aus
Angst es zu verlassen, blieben sie zwölf Stunden im Wasser, und als es ihnen
sicher schien, suchten sie ihren Weg über die heißen Decks zu der Geschütz-
plattform und winkten einem Marineflugzeug zu, das oben kreiste. Die BOUT-
WELL barg sie einige Stunden später, aber siebzehn Besatzungsmitglieder hatten
ihr Leben verloren.[13]

Einer der Überlebenden sagte, er sah das U-Boot durch Rauch und Flammen und
dass es hellgrün gestrichen war. Er konnte den Rumpf und den Turm gerade
erkennen. Das U-Boot tauchte zwischen seinem Rettungsboot und dem Schiff
unter, während er zusah.[14]

Marinehistoriker merkten an, dass »fünfzehn Minuten vor Mitternacht ein weiterer Tanker, die DAVID MCKELVY, in genau demselben Gebiet [Mississippi-Passage] versenkt wurde, … trotz der Konzentration von Überwasserfahrzeugen in dem Gebiet«. Die Situation schien hoffnungslos. Der Mangel an Radar auf amerikanischen Flugzeugen machte die Ortung von U-Booten bei Nacht unmöglich, und während des Tages blieben die Deutschen untergetaucht. Neu rekrutierte amerikanische Piloten, Küstenwache und Marinebesatzungen waren in der Kriegsführung unerfahren und erst recht in der Bekämpfung deutscher U-Boote, die mit Experten besetzt waren.[15]

Am 11. Mai, einen Tag nach der Nachricht, dass Baron von Spiegel in einem U-Boot an den Golf von Mexiko zurückgekehrt war, kündigte die Stadt an, sie werde ein Zentrum für die Zivilverteidigung einrichten, aber aus Angst vor Sabotage gab es nur wenige Einzelheiten. »Es wird eine Zentrale sein … zum Schutz gegen Luftangriffe«, sagte R. E. Fristoe, der Leiter des Projekts. Der Standort wurde nicht bekannt gegeben. Aber laut einer allgemeinen Beschreibung waren etwa einhundert Arbeiterinnen zu Telefonistinnen für die Annahme von Anrufen und die Ausführung verschiedener Aufgaben ausgebildet worden. »Die Frauen sind auf Ruhe, klares Denken, Handschrift, Einsatzverfügbarkeit, auf außerordentliche patriotische Bereitschaft und den Wunsch, ihren Beitrag zu gemeinnütziger Arbeit zu leisten, geprüft worden«, erklärte Fristoe. »Sie können zu jeder Zeit einberufen werden.« Er sagte weiter, dass die Liste der Namen nicht veröffentlicht werden könne, weil die Frauen auf Geheimhaltung über ihre Arbeit verpflichtet worden waren. »Alles wird unternommen, was bequeme Einrichtungen wie Stühle, ausreichendes Licht, Lüfter und guten Lesestoff anbelangt«, sagte er. Die Telefonistinnen sollten auch Kaffee und Toast bekommen, während sie auf Ihren Einsatz warteten.[16]

Zu dieser Zeit begann der Disput über die Pipeline erneut. Im April hatte Ölkoordinator Harold Ickes empfohlen, dass die Texas-Eisenbahnkommission wegen der Transportprobleme im Mai die staatliche Erdölproduktion auf 960.000 Barrel täglich reduzieren sollte. Die Regierung antwortete, sie sei dieser Bitte nicht nachgekommen, weil diese Reduzierung kleine Betreiber in den Bankrott treiben könnte. »Das Öltransportsystem ist enorm gestört worden«, sagte E. DeGolyer im Büro von Ickes. »Die OPC weiß, dass Texas leidet, und glaubt, dass die Lösung eine Pipeline ist.« Er sagte, dass momentan nur 800.000 Barrel pro Tag den Osten erreichten, was eine Verknappung von 520.000 Barrel bedeutete. »Die OPC hat bei der Behörde für Kriegsproduktion beantragt, dass für den Bau einer Vierundzwanzig-Zoll-Pipeline vorrangig Stahl zur Verfügung gestellt wird. … Wir glauben, dass es unerlässlich ist, dass eine Pipeline mit einem 24-Zoll-Durchmesser gebaut wird.«[17]

Am 17. Mai verkündeten die Schlagzeilen in greller Aufmachung: »27 durch kühnes Torpedieren im Golf getötet: Vier Männer aus Galveston unter den Opfern.« Im Bericht hieß es, dass das Schiff (die VIRGINIA) nur anderthalb Mei-

len von der Mündung des Mississippi angegriffen worden war. Der 8. Marinebezirk behauptete, es sei eine der größten maritimen Tragödien der Geschichte
des Golfs von Mexiko gewesen. Siebenundzwanzig der einundvierzig Besatzungsmitglieder starben in den Flammen, und alle anderen erlitten schlimme Ver-
brennungen. »Der Angriff kam von einem deutschen U-Boot, das offensichtlich
in den flachen Gewässern auf dem Meeresgrund lag und darauf wartete, bis das
Schiff in den Fluss fuhr«, berichtete die Marine.[18]

Die VIRGINIA trug 180.000 Barrel Benzin nach Baton Rouge, Louisiana. Der
Tanker hatte an einer Tonne gestoppt, um einen Lotsen aufzunehmen, als er
angegriffen wurde. Es war 3.06 Uhr nachmittags, das Wetter war gut, das
Meer ruhig, eine leichte Brise wehte, und die Sicht war ausgezeichnet. Keiner
sah das untergetauchte U-Boot, und als der erste Torpedo traf, konnte der
Kapitän das Schiff nicht in Fahrt bringen, weil noch zwei Torpedos einschlu-
gen, die sofort Explosionen und Feuer auslösten. Brüllende Flammen umhüll-
ten das Schiff, und brennendes Benzin loderte in einzelnen Bereichen auf beiden Seiten, so dass es für die Besatzung fast unmöglich war, das Schiff zu
verlassen. Alle acht Rettungsboote und Rettungsinseln blieben ungenutzt,
weil es keine Zeit mehr gab, sie zu Wasser zu lassen. Innerhalb von vier Minuten sprangen vierzehn Männer vom Schiff und schwammen etwa dreißig
Minuten lang, bevor ein PT-157-Boot (Torpedoboot) sie barg. »Einige Besatzungsmitglieder zeigten großen Mut und Tapferkeit. Sie retteten das Leben
von zwei oder drei Männern, die das Schiff verlassen konnten, aber so schwer
verbrannt waren, dass sie nicht schwimmen konnten«, hieß es in einem Bericht
der Küstenwache.[19]

Zwei Überlebende empfahlen der Marine, die Rettungswesten aus Kork abzuschaffen und es einfacher zu machen, um Rettungsboote und Rettungsinseln zu
Wasser zu lassen. »Sie hatten die Rettungsflöße mit eineinviertel Inch dicken
Tampen festgemacht, und wenn man nicht gerade ein Messer hatte, konnte man
sie nicht über Bord kriegen«, sagte der Dieselmaat.[20]

Die Marine konnte nur ihre schwachen Kräfte mobilisieren und die Verwüstung
mit ansehen. »Offensichtlich hatten die Amerikaner das Erscheinen von U-Booten in einem solch entfernten Teil der Karibik wie dem Golf von Mexiko nicht
erwartet«, schrieb Admiral Dönitz in seinen Memoiren. »Noch einmal hatten wir
sie an einem wunden Punkt getroffen.«[21]

Der Bürgermeister von Galveston, der wegen der Frustrationen und endlosen Probleme des Krieges sowie dem Bau einer riesigen »Vergnügungspier« völlig erschöpft war, kündigte an, dass er eine zehntägige Reise nach Chicago plane und
sofort abreisen wolle. Er sagte Reportern, dies sei sein erster Urlaub, seitdem er
Bürgermeister geworden sei. Er brauche jetzt Erholung.[22]

Sobald der Bürgermeister zurückgekommen war, kündigte W. J. Aicklen, Leiter
der örtlichen Zivilverteidigung, an, dass wegen der U-Boot-Angriffe auf Schiffe im Golf alle Freiwilligen für »jeden Notfall« zur Verfügung stehen und einsatz-

bereit sein sollten. Die Arbeiter für die zentrale Kommandostelle und die Luftschutzwarte mussten bei einer Probeübung auf ihre Posten eilen. »Es gab etwas Verwirrung, aber der Test war generell zufriedenstellend«, berichtete Aicklen. Die Stadt ließ ihre fünf Luftschutzsirenen zehn Sekunden lang heulen und musste feststellen, dass einige Stadtteile keinen Heulton hören konnten. »Ich war um zwölf Uhr direkt hinter dem Seawall-Café an der Ecke 17th und Avenue O, und ich konnte nichts hören«, sagte Julius Blackman.[23]

Die Geschütze von Fort Crockett donnerten und dröhnten auf den Horizont des Golfs, während die Wachen in Betonkästen auf das Wasser starrten und Sehrohre in den Wellen erwarteten.

6. *Abenteuer von U 106 und U 753*

DIE MENSCHEN IN GALVESTON BEGANNEN die helle Sonne und die Annehmlichkeiten des Sommers zu genießen, während die Schifffahrt im Golf von Mexiko trotz der Anwesenheit der U-Boote in hektischem Tempo weiterging. Die Seeleute auf Handelsschiffen, die für ihre Arbeit gut bezahlt wurden, mussten mit schrecklichen Gefahren fertig werden, wenn sie in See stachen, und die bewaffneten Marinewachen versuchten, mutig zu sein.

»Als ich die Ausbildung beim bewaffneten Wachpersonal beendete, war ich kaum sechzehn und war nie in meinem Leben vorher auf einem Schiff gewesen«, sagte Jim McKaig. »Unser Schiff war die SS KEWANEE, und es wurde im Februar 1942« mit einem Vier-Zoll/Kaliber-50-Heckgeschütz ausgerüstet. Das ist alles, was wir auf dem Schiff hatten.«

Die KEWANEE, ein alter Tanker, der zweiundvierzigtausend Barrel laden konnte, fuhr mit Benzin von Texas City, Texas, nach Tampa und Port Saint Joe, Florida. »Wir fuhren von Februar bis etwa Mai allein über den Golf hin und zurück«, erinnerte sich Jim. »Wir fuhren nicht Zickzack, wir fuhren gerade rüber.« Er sagte, dass der Tanker bei Nacht in verschiedenen Orten entlang der Küste vor Anker gehen musste, als die U-Boote »sich langsam heiß liefen«. »Wir gingen so nah ans Land, wie wir konnten, meistens in kleinen Buchten wie Pilottown vor der Südwestpassage. Wir blieben da über Nacht, dann kamen wir wieder raus.«

Die Geschützbedienung bestand aus sechs Mann einschließlich Jim. Sie sahen nachts riesige Feuer in der Entfernung. »Wir wussten nicht, was den Schiffen geschah, aber wir dachten, dass es Torpedos sein mussten. Wir konnten ihnen auch nirgendwo näher kommen, weil wir sonst selbst das Ziel gewesen wären. Wir mussten halt durch den Golf weiterfahren«, sagte er.

Eines Tages kreuzte die KEWANEE etwa zwanzig Meilen vor der Einfahrt nach Mobile. Es war Mittag. »Ich weiß, dass es Mittag war, weil die Uhr in der Kombüse stehen blieb, als wir mit dem Geschütz schossen«, erzählte Jim weiter. »Es störte unser Mittagessen.« Der Funker empfing eine Nachricht, dass ein U-Boot irgendwo in der Nähe war, und die Geschützbedienung bemannte das Geschütz. »Plötzlich tauchte dieser U-Boot-Turm etwa 300 bis 400 Meter entfernt aus dem Wasser auf«, sagte Jim. »Ich war der Zielschütze, also kriegte ich das U-Boot in das Fadenkreuz des Geschützes und feuerte ein paar Schüsse darauf. Als wir den zweiten Schuss abfeuerten, tauchten sie unter.« Der Grund, weshalb der U-Boot-Kommandant nicht angriff, war, glaubte Jim, dass der Tanker »zu klein war, um darauf einen Torpedo zu verschwenden«.

Nach der Begegnung mit dem U-Boot fuhr der Tanker nach Mobile und ging für die Nacht vor Anker. »Sobald wir ankamen, kamen ein Offizier der Küstenwache und sein Assistent an Bord und wollten wissen, worauf wir geschossen hatten«, erzählte Jim. »Wir waren nicht sehr glücklich über die Küstenwache, weil sie nicht viel taten, um die Angriffe zu verhindern, aber wir sagten ihnen, was los war.«[1]

Bürgermeister Fiorello La Guardia, der als Direktor der nationalen Zivilverteidigung im Januar 1942 entlassen worden war, unternahm den drastischen Schritt, die Nachtbeleuchtung von New York zu regeln. Diese Verordnung kam gerade, als Generalmajor Thomas Terry ankündigte, dass es »eindeutig nachgewiesen« worden war, dass die aktuellen Verdunkelungsvorschriften unbefriedigend waren. Er sagte, dass ein Patrouillenboot der Marine fünfundzwanzig Meilen auf das Meer gefahren war, ohne Schiffe zu sehen, bis es umdrehte und feststellte, dass es durch einen Konvoi gefahren war, der gegen den hell erleuchteten Horizont landwärts sichtbar war.[2]

Die deutsche U-Boote waren die Hauptsorge vieler Politiker, aber keiner schien eine gute Antwort auf das Problem zu haben. Senator James M. Mead von New York dachte, dass eine große Flotte von Torpedobooten und U-Boot-Jägern das beste Mittel sei, die U-Boot-Invasion zu bekämpfen. Er nannte als Beweis die Erfolge des Torpedobootgeschwaders von Leutnant John Bulkley, der vor dem Verlust von Corregidor siebzehn japanische Kriegsschiffe und Handelsschiffe in philippinischen Gewässern versenkte. Der Redakteur der *Galveston Daily News* gab jedoch zu bedenken, dass solche Boote wie sie Bulkley kommandierte, für Angriffe auf Überwasserfahrzeuge vorgesehen waren, obwohl sie für ihre Größe schnell und gut bewaffnet waren. »Die PT-Boote, wie unsere Marine sie nennt, sind eine Entwicklung des gegenwärtigen Krieges, und bis jetzt … haben wir vergleichsweise wenige von ihnen«, schrieb er. Er glaubte nicht, dass die »große Flotte«, die sich Senator Mead vorstellte, existierte. »Wir müssen das Beste aus dem machen, was wir haben, und der Handlungsbedarf muss bei einer Versenkung von 195 Schiffen im Atlantik, in der Karibik und dem Golf seit dem Kriegseintritt Amerikas nicht weiter betont werden.«[3]

Am 21. Mai, drei Tage nach dem Leitartikel, versenkte Kapitänleutnant Hermann Rasch, der mit U 106 in den Golf gekommen war, den Tanker FAJA DE ORO vor dem westlichen Ende Kubas. Am vierundzwanzigsten empfing er einen eingehenden Funkspruch, der ihn anwies, in Quadrat 70 des »großen Platzes«, das wahrscheinlich östlich von Florida lag, aufzutanken. Rasch schrieb in seinem Logbuch: »Da ich vor der Küste Kubas entdeckt worden bin, fahre ich nun nach New Orleans auf der Route von San Antonio nach New Orleans, die als ›Echolotlinie‹ auf der Karte gekennzeichnet ist.« Die Kriegsmarine muss geglaubt haben, dass sie U-Boote irgendwie den Mississippi hinaufschicken könne. Und wenn Handelsschiffe ihn hinauf und hinab fahren konnten, könnten U-Boote das ebenfalls. Weil Kommandant Erich Würdemann es versäumt hatte, in seinem Kriegstagebuch zu notieren, dass er beinahe auf Grund gelaufen war, als er sich in die Südwestpassage wagte, war sich das Marine-Hauptquartier der Gefahren nicht bewusst.

Rasch fuhr er nach Norden ohne etwas zu sehen und tauchte einmal wegen eines Flugzeugs. Er erreichte am 25. Mai das Gebiet südlich der Mississippi-Einfahrt und sichtete am nächsten Tag einen Gegner, der in wildem Zickzackkurs fuhr – manchmal dreimal in einer halben Stunde zu einer Seite und dann wieder eine Stunde auf demselben Kurs. »Es ist kein System darin zu finden«, erkannte er. Die Nacht wurde von einem hellen Mond beleuchtet. Der Kommandant konnte sich dem Schiff nicht nähern, weil er befürchtete, entdeckt zu werden. So war er gezwungen, weiterzuziehen und sich weit seitwärts zu halten. Er befahl Gefechtsstation, nahm aber dann den Befehl zurück, als der Gegner noch einmal Zickzackkurs fuhr. Nachdem der Mond verschwunden war, ging Rasch in Position vor der »Dampfwolke« des Schiffes und griff kurz vor Sonnenaufgang an. Gerade als der erste Torpedo herausdonnerte, drehte das Schiff noch einmal, und der Schuss ging unterhalb des Hecks vorbei. »Der Gegner … hat mich erkannt, er dreht hart und schickt eine Morsenachricht [mit Namen CARRABULLE]«, berichtete Rasch. Das U-Boot fuhr mit voller Geschwindigkeit, und das Maschinengewehr an Deck begann zu feuern. Nach einer Stunde und 193 Schüssen gab das Schiff auf, denn Brücke und Aufbauten brannten lichterloh. Rasch feuerte den Fangschuss, traf das Schiff mittschiffs und verließ es, während es sank und brannte. Da das Tageslicht gerade anbrach, musste der deutsche Kommandant verschwinden.

In der nächsten Nacht sichtete Rasch ein weiteres Schiff, das häufig Zickzackkurs und nach Südosten fuhr. »Da der Mond nicht vor Sonnenaufgang untergehen wird, muss ich versuchen, ihn mit Artillerie zu stoppen«, gab er als Grund an. »Der Mond steht sehr hoch über dem Horizont und ist gleichmäßig hell.« Er legte sich mit dem Heck vor den Dampfer und stoppte. Aus einer Entfernung von fünfzehnhundert Meter legte er mit dem 37-Millimeter-Geschütz los. Dazu bemerkte er: »Der Dampfer ist nicht in Panik geraten – er dreht scharf und eröffnet jetzt das Feuer mit seinem Heckgeschütz, während er ein SOS mit Position für die ATENAS absetzt.« Rasch drehte ab und gab die Verfolgung auf. »Ein Artillerieduell ohne den Vorteil einer Überraschung kann nur in einer dunklen Nacht erfolgreich sein«, schrieb er in seinem Logbuch. Die Atenas fuhr weiter zum Panamakanal, nachdem sie einige Reparaturen gemacht hatte. Sie hatte keine Opfer zu beklagen.

Rasch merkte, dass die Schiffsroute, die er gefunden hatte, ständig Verkehr zu haben schien, und seine letzten beiden Angriffe bewiesen, dass in klaren Nächten mit Mondlicht Verfolgungen lange dauern und viel Treibstoff kosten konnten. Wegen möglicher Flugzeugpatrouillen und Gegenangriffen von Schiffen schien ein Erfolg in flacheren Golfgewässern zweifelhaft. Die Treibstoffreserven von siebzig Tonnen, die Rasch hatte, erlaubten ihm gerade, weitere fünfzehn Tonnen für eine Weiterfahrt in Richtung New Orleans zu nutzen. Von da bis zur

Hermann Rasch, Kommandant von U 106.
Foto mit freundlicher Genehmigung des U-Boot-Archivs, Cuxhaven.

Auftankstation würden fünfzig Tonnen benötigt mit einer Reserve von fünf, vorausgesetzt, man nahm die kürzest mögliche Route von zweitausendfünf-hundert Seemeilen ohne noch einmal anzugreifen. Er entschied sich gegen New Orleans und begann eine Fahrt mit der allerniedrigsten Geschwindigkeit zum Yucatán-Kanal.

Turm von U 106, einem Typ IX-B, am 6. März 1941 in Brest.
Große Flaschen beinhalteten destilliertes Wasser für Batterien.
Foto mit freundlicher Genehmigung des Bundesarchivs, Koblenz.

Während der Kommandant nach Süden fuhr, sah er die Rauchwolke eines Schiffes und näherte sich ihm. Da das Schiff zickzack fuhr, tauchte Rasch unter und beschleunigte für einen Unterwasserangriff. Sein erster Torpedo traf den Dampfer am Heck, und die Besatzung sprang in die Rettungsboote und ruderte davon. Rasch feuerte einen zweiten »Aal«, und nach sechs Minuten war das Schiff gesunken. Er steuerte weiter nach Süden, weil er dachte, dass es im Yucatán-Kanal regelmäßig einlaufenden Schiffsverkehr und weniger Luftpatrouillen geben würde.

»New Orleans nicht erreicht«, funkte er ans Hauptquartier. In seinem Logbuch schrieb er: »Ich hätte berichten sollen, dass ich meine Rückreise verschoben habe, da ich nicht beabsichtige, jetzt nach Hause zu fahren.« Eine eingehende Nachricht wies ihn an, dass eine Rückreise nur erforderlich sei, wenn er weniger als vierzig Tonnen Treibstoff übrig habe. »Sofort den Grund berichten, falls Sie trotzdem zurückkehren«, forderte das Hauptquartier.

Rasch erwiderte, dass er dem Ratschlag wegen der vierzig Tonnen nicht folgen könne. »Meine Treibstoffkalkulation … basiert auf der Erfahrung des U-Boots in $1\frac{1}{2}$ Jahre langen Fahrten an der Front und wurde mit große Sorgfalt errechnet.« Er sagte, dass die einzelnen U-Boote sich hinsichtlich ihres Treibstoffverbrauchs beträchtlich unterschieden und »es den Booten überlassen werden sollte, … selbst klar zu kommen«. Rasch nahm es dem Hauptquartier übel, dass sie ihm übertriebene Vorsicht vorwarfen und schickte die Nachricht zurück: »Laut der Erfahrung des Bootes ist der Verbrauch bis zum Treffpunkt bestenfalls 50 Tonnen. Die verbleibenden 15 sind für die Verfolgung [von Schiffen] am Eingang zur Florida-Straße.«

Die Antwort war: »Möglichkeiten im Golf ausnutzen.« Rasch schrieb, dass er die Golfseite der Florida-Straße gemeint hatte. Er war wütend.

Mittlerweile lag er oberhalb des Westendes von Kuba und sichtete einen Dampfer, der geraden Kurs steuerte. Er fuhr schneller und tauchte, aber als er dicht genug für eine Überprüfung des Schiffes herankam, entdeckte er, dass es ein neutrales portugiesisches Passagierschiff war, die NYASSA, deren Name und Flagge auf die Seite gemalt waren, so dass er abdrehte.

Der letzte Angriff von Rasch im Golf war die Versenkung des amerikanischen Frachters HAMPTON ROADS, sehr nah am westlichen Ufer der Yucatán-Halbinsel. Er verließ den Golf, nachdem er drei Schiffe versenkt hatte. Aber sein U-Boot war nicht das Einzige, das in den letzten zwei Maiwochen im Golf operierte. Ein zweites Boot, U 753, war dort zur gleichen Zeit eingetroffen und fuhr am 18. Mai durch die Florida-Straße.[4]

Am selben Tag erhielt sein Kommandant, Korvettenkapitän Alfred von Mannstein, folgende Nachricht: »Fahren Sie zu dem Einsatzgebiet von Würdemann [Mississippi-Passage]. Weitere Anweisungen folgen.« Von Mannstein kam in die Straße hinein und sah ein Wasserflugzeug, das nach Norden flog. »Ständig Flugzeuge der folgenden Typen in diesem Gebiet: Lockheed Hudson, ein einflügeliges Flugzeug mit einem Motor, ein landgestütztes Flugzeug mit Flügeln auf mittlerer Höhe, ein Flugzeug mit Schwimmern, ein Doppeldecker, ein Amphibienflugzeug, ein Sportflugzeug und Ausbildungsflugzeuge«, berichtete er. Er schrieb, dass Auftauchen wegen der starken Luftpatrouillen nur bei Sonnenuntergang möglich sei.

Korvettenkapitän Alfred von Mannstein, Kommandant von U 753,
bei seiner Rückkehr am 25. Juni 1942 nach La Pallice, Frankreich,
beim Feiern von Erfolgen im Golf von Mexiko.
Foto mit freundlicher Genehmigung des Bundesarchivs, Koblenz.

U 753 verließ Fowey Rock vor der östlichen Spitze Floridas und ging um
17.00 Uhr auf volle Fahrt bei Seerohrtiefe. Zwei Amphibienflugzeuge entdeckten ihn und warfen etwa zweihundert Meter entfernt zwei Bomben ab. Er tauch-

te blitzartig, aber dann fand ihn ein U-Boot-Jäger und warf sieben Wasserbomben ab. Es gab keine Schäden. Die Besatzung hörte noch drei Wasserbomben in der Entfernung, aber das Boot fuhr. Von Mannstein sah etwas, das wie eine Gruppe U-Boot-Jäger aussah, aber sie orteten ihn nicht.

Das U-Boot hatte den Eingang der Florida-Straße erreicht, und der Kommandant vermutete eine Dampferroute etwa sechs bis acht Meilen vor der Küste. Er entschied, dort untergetaucht zu bleiben, kreuzte die Route immer wieder, weil er dachte, es gäbe eine gute Möglichkeit, ein Schiff anzugreifen. Er sah einige Rauchwolken und erkannte mehrere Schiffe in einem Konvoi mit einem Zerstörer, einem Begleitschiff und Luftsicherung. Der Konvoi fuhr in drei Kolonnen mit sehr wenig Zickzackkurs und einer Geschwindigkeit von etwa vier Knoten. Jede Kolonne bestand aus etwa acht Dampfern, die vorne und auf jeder Seite gesichert waren. Er sah ein Amphibienflugzeug und tauchte unter. Der Sonarraum meldete Asdic-(Sonar-)Kontakt, und der Kommandant entschied, auf der Backbordseite anzugreifen, weil er keinen Zickzackkurs entdecken konnte.

»Der Zerstörer vorne kreuzt umher [wahrscheinlich auf der Suche], und der Seitenschutz sind ein U-Boot-Jäger und ein Fischerboot, das etwa 1.800 Meter vom Konvoi entfernt ist«, berichtete der Kommandant. Er habe den U-Boot-Jäger abgehängt, aber hätte achtern immer noch das Fischerboot. Er drehte auf Angriffskurs und plante, vier Schüsse abzugeben, wobei er bemerkte, dass »die dicksten Dampfer leider in der Mitte der Kolonne sind«.

Von Mannstein bemerkte, dass die Backbordkolonne im Zickzack fuhr und eintausend Meter entfernt war. Seine einzigen Möglichkeiten waren entweder ein Heckschuss oder unterzutauchen, um zur mittleren Kolonne zu gelangen. »Ich werde meine Entfernung auf mindestens 800 Meter halten und dann untertauchen«, entschied er.

Er ließ beide elektrischen Motoren mit voller Kraft voraus laufen und tauchte auf zwanzig Meter ab, wo er Propellergeräusche an Steuerbord hörte. Plötzlich wurde das U-Boot um siebzehn Meter nach oben gezogen. »Es hat mir einen leichten Schock versetzt«, sagte von Mannstein. »Ich ging schnell auf dreißig Meter runter und dachte, dass ein Dampfer seine Position verlassen hatte.« Die Schiffspropeller hatten das U-Boot nach oben gesogen, wo es gegen den Schiffsboden schlug, aber »es scheint, dass der Feind nichts bemerkt hat«, berichtete der Kommandant. »Ich fuhr in Richtung Süden weg.«

U 753 tauchte auf, suchte nach Schäden und stellte fest, dass der Netzableiter am Bug gebrochen und die Kanone »völlig verbogen und am Scharnier gerissen war«. Ein Flugzeug kam näher, und das U-Boot tauchte. »Auf jeden Fall will ich mit diesem Konvoi in Kontakt bleiben«, sagte von Mannstein. Nachdem er mehrmals vor Flugzeugen weggetaucht war, berichtete er, dass es sinnlos gewesen wäre, Nachrichten an andere U-Boote in dem Gebiet zu schicken, weil sie alle keine Munition mehr hatten. (Er konnte ihren Funkverkehr hören.)

Der Konvoi dampfte außer Sicht. »Ich folge ihnen«, entschied der Kommandant.
»Wenn ich … innerhalb von zwanzig Meilen vor der Küste fahre, werde ich
bestimmt unter Wasser gedrückt, weil der Feind im Gebiet der Florida-Straße
bleibt. Ich will nach Süden gehen und versuchen, sie bei Nacht südwestlich Key
West wieder einzuholen.«

U 753 fuhr durch die Straße, wobei es durch Flugzeuge ständig unter Wasser
gedrückt und noch drei Mal bombardiert wurde. Von Mannstein schickte dann
eine Nachricht, in der er den Konvoi beschrieb und anmerkte, dass er auf einem
westlichen Kurs mit sehr geringer Geschwindigkeit fuhr.

»Ich kann es mir nicht leisten, dass jemand [Überwasserschiffe] mich hört, weil
der Netzabweiser beschädigt ist und ein klapperndes Geräusch macht. Ich muss
so bald wie möglich weg von hier«, erklärte der Kommandant. Er beobachtete,
dass Flugzeuge dort kreisten, wo er zuletzt untergetaucht war, dass sie sich ver-
ständigten und auf Schiffe warteten. »Die Ausbildung der amerikanischen Luftwaffe wird besser«, bemerkte er. »Ehrgeiz und Fähigkeit nehmen zu. Allein
heute hatte ich wegen der Flugzeuge zwölf Alarmtauchmanöver.«

Als es dunkel wurde, sicherte die Mannschaft den Netzabweiser und zurrte die
Kanone fest. Von Mannstein meldete per Funkspruch, dass der Konvoi mit acht
Knoten fuhr und außer Sicht war. »Ich bin durch Flugzeuge verjagt worden«,
bemerkte er. Er sagte, dass der Kurs des Konvois möglicherweise zum Yucatán-

*Turm von U 753 in Saint-Nazaire, Frankreich, 26. März 1942. Totenkopfemblem mit dem Motto
»Noch und Noch«. Foto mit freundlicher Genehmigung des Bundesarchivs, Koblenz.*

Kanal führte und dass er ihm nachfahren wollte. Sollte er ihn verpassen, plante im Norden zu suchen in der Annahme, dass der Konvoi das Mississippi-Delta angesteuert hatte. Einige Stunden später hörte er eine Funknachricht von Suhren auf U 564, der berichtete, dass am 20. Mai ein Konvoi vor der östlichen Floridaküste gesichtet wurde. Der Kommandant vermutete, dass es der gleiche war, den er jagte.

Dann sah er die Spitze eines Mastes, einen Einzelläufer, und von Mannstein erhöhte seine Geschwindigkeit, um vor das Schiff zu kommen. Während das U-Boot vorwärts stürmte, sah er die Rauchwolke eines Schiffes und bemerkte: »Muss das gerade jetzt sein?« Zwei auf einmal waren zu viel. Er fuhr dem zweiten Schiff nach, das mit dreizehn Knoten lief – und plötzlich streikte der Kreiselkompass des U-Boots.

Von Mannstein ignorierte das, feuerte zwei Torpedos und schoss daneben; er feuerte noch zwei und beide trafen. »Das Heck wurde abgerissen«, berichtete er, und »es hat aber sehr wenig Schlagseite«. Nach einem präzisen Fangschuss begann das Schiff zu sinken. »Das hat mich leider zwei wertvolle Torpedos gekostet«, notierte er. Das U-Boot tauchte auf, und der Kommandant schrie zu den Besatzungsmitgliedern in den Rettungsbooten hinüber. Er fragte nach dem Namen des Schiffes. Sie sagten, es sei die GEORGE CALVERT unterwegs nach Kapstadt, Südafrika, obwohl ihr Ziel eigentlich der Persische Golf war. Die Überlebenden berichteten später, dass sie einen auf den Turm gemalten weißen Totenkopf gesehen hätten und dass ein Drei-Zoll-Geschütz beschädigt und auf das Deck vor dem Turm gelascht war. »Der Kapitän«, sagten sie, »hatte einen durchschnittlichen Körperbau mit dunklen Haaren und Bart und die ganze Mannschaft trug kurze Hosen. Der Kommandant sprach zuerst auf Deutsch und tat so, als ob er Englisch nicht verstand, aber dann fing er doch an fast akzentfrei zu sprechen.«[5]

Am 20. Mai marschierte U 753 nach Norden, und um 20.00 Uhr sichtete der Kommandant ein Schiff mit Positionslichtern. Er schlich sich langsam heran, um es zu untersuchen. Völlig unerwartet gab es auf dem Schiff eine Explosion und eine Feuersäule, die einhundertundfünfzig Meter erreichte. »Ich vermute, dass das Rasch war«, schrieb von Mannstein. (Er hatte Recht – Rasch hatte die FAJA DE ORO angegriffen.) Eine zweite Explosion krachte durch die Nacht; dann sah der Kommandant einige Boote mit Lichtern. »Ich bleibe etwa drei Meilen entfernt, weil ich mich wegen des anderen U-Boots nicht einmischen will«, erklärte er. In seinem Logbuch vermerkte er, dass der Tanker brannte und abtrieb und »wenn nicht von einem U-Boot torpediert worden war, … dann durch eine gigantische Explosion, und sein Verlust ist sicher«.

Nachdem er das Wrack verlassen hatte, schickte er eine Funknachricht, in der er berichtete, er wisse, dass Würdemann in U 506 keine Munition mehr habe und dass sein eigener Plan sei, zur Südwestpassage hinaufzufahren. Er fragte das Hauptquartier, ob er versuchen solle, U 506 neu zu versorgen.

Als nächstes begegnete das U-Boot einem kleinen Dampfer nahe Key West. Ein Torpedo aus dem Heckrohr ging daneben. Von Mannstein erklärte das damit, dass das U-Boot sich leicht nach unten geneigt hatte, wobei sein Schuss schief gelaufen war. Er befahl, einen zweiten abzufeuern, und diesmal startete der Motor des »Aals«, als er sich noch im Rohr befand. Das zwang von Mannstein, ihn so schnell wie möglich loszuwerden. Der Torpedo lief eine Zeit lang an der Oberfläche und raste dann nach unten.

Ein Kriegsschiff kam in Sicht, ein Kanonenboot der Erie-Klasse. Es hielt mehrmals an, um zu horchen, fuhr dann weiter außer Sicht. Der Kommandant nahm an, dass es zum Ort der Versenkung gerufen worden war. Plötzlich kam ein leichtes Flugzeug aus der Richtung des Wracks in Sicht und flog in zweihundert Meter Höhe über dem U-Boot. »Er hatte geschlafen«, sagte von Mannstein, der erstaunt war, dass der Pilot sein U-Boot, das dicht unter der Wasseroberfläche stand, nicht sah. Um 22.08 Uhr in der Nacht des 22. Mai sah der Kommandant ein Segelschiff und plante einen Artillerieangriff, um die Besatzung ein bisschen üben zu lassen. »Wir warteten, bis der Mond unterging, versuchten dann, uns zu nähern, aber das Schiff änderte seinen Kurs. Wir schlichen uns von Luv aus an.« Als das Schiff mit Maschinengewehren angegriffen wurde, stoppte es, und von Mannstein befahl ein Boot. Der Leitende Ingenieur und zweite Wachoffizier stiegen mit einer Ladung Sprengstoff ein und ruderten zum Schiff. Als sie zurückkehrten, begann das Feuer, das sie in der Kajüte angezündet hatten, sich auszubreiten. Dann gab es mehrere Detonationen, und das Schiff begann zu sinken. Aus den Papieren, die sie mitgenommen hatten, erfuhr von Mannstein, dass er einen britischen Dreimast-Schoner, die E. P. THERIAULT, mit dreihundertundfünfzig Tonnen und einer Ladung Holz versenkt hatte.

Bevor sie zum Mississippi starteten, nahm die Besatzung das Geschütz auseinander, entfernte es von Deck und verstaute es. Die Logbucheintragung besagte, dass die Temperatur auf der Brücke 46 Grad Celsius betrug.

Von Mannstein berichtete, dass er ein Schiff sah und dass es wegdrehte. »Wahrscheinlich ein deutsches U-Boot. Würdemann?«, vermutete er. Er hatte Recht. U 506 hatte ihn im selben Moment gesehen, und Würdemann schrieb in seinem Logbuch, dass er »einen Schatten, der vielleicht ein U-Boot war – U 753?«, sah. Sie hatten sich flüchtig erblickt, als U 506 den Golf verließ.

U 753 erreichte die Gewässer vor der Südwestpassage und griff die HAAKON HAUAN auf dem Weg nach Galveston an. Das U-Boot schaffte es aber nicht, den Fangschuss abzugeben, weil ein PC-Boot aufkreuzte, und der Mond so hell war, dass das U-Boot sich nicht wieder nähern konnte. Nach einigen Motorproblemen entschied sich von Mannstein, sich vor die Südwestpassage zu setzen und zu warten, bis der beschädigte Tanker sich zeigte. Aber er hatte kein Glück.

»Ich werde von Süden her an der ausgehenden Passage des Fahrwassers operieren und den Verkehr auskundschaften«, entschied er. Er bemerkte mehrere Dampfer, die Abendgruppe, und sagte, er würde so bald wie möglich an die Oberflä-

che gehen, um die westwärts (nach Galveston) fahrenden einzuholen. »Ich beabsichtige, westlich von Ship Shoal zu operieren, je nachdem wie intensiv das
Mondlicht ist.«

Seine abgehende Nachricht berichtete, dass der Verkehr Richtung Westen morgens
und nachmittags von der Südwestpassage aus in Wellen kam. »Trotz des erneuten Erscheinens eines U-Boots gestern hat der Verkehr nicht aufgehört. Wir können annehmen, dass der Verkehr weitergehen wird«, erklärte er. Der Bericht sagte,
dass Schiffe, die südwärts fuhren, etwas Luftsicherung durch Wasserflugzeuge
und landgestützte Flugzeuge (»gut bis mäßig«) hatten. Die Sicherung auf See
bestand aus PC-Booten, Küstenpatrouillen und Motorbooten. »Die Ausbildung
wird besser«, sagte er und bemerkte weiter: »Sie fahren jetzt in Konvois, ... am
19. Mai sog mich beim Tauchen eine Seitenkolonne eines Konvois, der zickzack
fuhr, ... hinauf. Der Angriff misslang; die Kanone wurde beschädigt.«

An der Ship Shoal-Tonne sah von Mannstein nicht weit entfernt nordwärts eine
große Fischereiflotte mit Lichtern. Dann sichtete er einen ankommenden Tanker
und steuerte auf vierzehn Meter Wassertiefe in Richtung Flotte. »Ich werde ihm
folgen«, berichtete er, aber dann: »Ich breche den Angriff ab, weil es im Südosten schnell hell wird.«

U 753 kroch nach Norden und prüfte vorsichtig die Wassertiefe, weil es flacher
und flacher wurde. Sie hatten gerade zweiundzwanzig Meter unter dem Boot,
eine gefährliche Situation, in der sie von Flugzeugen gesehen werden konnten
und keine Möglichkeit hatten, zu tauchen oder zu manövrieren. Ein großer Tanker kam um 2.00 Uhr nachmittags in Sicht; der Kommandant feuerte einen Torpedo und traf daneben. In der Nacht versuchte von Mannstein einen anderen Tanker anzugreifen, aber der Mond war zu hell und das Schiff steuerte »direkt durch
die Fischereiflotte hindurch«.

In seinem nächsten Bericht sagte der Kommandant, dass es eine große Gruppe
Fischerboote mit Lichtern westlich von Ship Shoal und zwischen den Booten drei
abgedunkelte, langsam fahrende Begleitfahrzeuge gab. »Wie gut, dass ich dem
Tanker nicht folge«, bemerkte er. Diese veränderte Situation veranlasste von
Mannstein, eine Karte der Küste Louisianas mit der Frachter- und Tankerroute
und der Fischereiflotte mit den darin versteckten U-Boot-Jägern zu zeichnen.

Er fuhr nach Süden und beabsichtigte, sich in der Nähe der Fischer aufzuhalten
sobald der Mond unterging und in zwanzig Metern untergetaucht zu bleiben. Das
U-Boot hatte begonnen, um eine Gruppe von Fischern zu kreisen, als der Ausguck einen ankommenden Tanker sah. »Immer noch zu hell für Angriff«, vermerkte der Kommandant. Der Gegner änderte seinen Kurs und Wolken verdeckten den Mond. Von Mannstein feuerte einen Torpedo, der nah am Bug traf und
einen kleinen Brand verursachte. Er schoss wieder und daneben; dann kam der
Fangschuss – eine gewaltige Flammensäule stieg brüllend auf. Er feuerte noch
einen »Aal«, und das sinkende Schiff sank mit dem Heck auf den Meeresboden,
wobei das andere Ende des Schiffes fast vertikal in der Luft stand. Er hörte den

Funkspruch des Schiffes, der den Namen des norwegischen Tankers HAMLET nannte, dann verließ er das brennende Wrack.

Die nächste Nachricht des Kommandanten ans Hauptquartier besagte, dass der Golf sich als Hauptroute für Tanker lohne. »Wasserfarbe und Wasserschichten sind günstig.« Er berichtete, dass er keine Munition mehr habe und dass es unterhalb der Südwestpassage »heftigen Druck« gebe, vermutlich ein Hinweis auf Luftpatrouillen.

Besatzungsmitglied von U 753 beim Genießen eines Becks Biers im U-Boot Stützpunkt La Pallice, 25. Juni 1942, nach einer Patrouille im Golf von Mexiko. Foto mit freundlicher Genehmigung des Bundesarchivs, Koblenz.

Am nächsten Tag entdeckte ihn ein viermotoriges Flugzeug, das eine »Abschreckungsbombe« abwarf, ein paar Mal kreiste, dann eine Rauchbombe dort abwarf, wo U 753 untergetaucht war. »Ihre Hartnäckigkeit wächst«, bemerkte von Mannstein.

Der Kommandant entschied, dass Auftanken jetzt unvermeidbar war und plante seine Rückreise an der westlichen Seite des Yucatán-Kanals. »Ich beabsichtige, jede Gelegenheit zu nutzen [unterwegs]. … Ich habe Rasch, der immer noch mit Torpedos im Golf ist, über den lohnenden Verkehr in den Quadraten DA 91 und 92 [in Ship Shoal] informiert.«

Auf der Rückreise stieg die Laune der Besatzung. Sie fuhren an einem irgendwie umgebauten Schiff mit einer Bugschutzvorrichtung vorbei, das die Westseite der Florida-Straße bewachte, und wurden nicht gesehen und nicht gehört. »Der Dampfer schläft«, frohlockte von Mannstein. Als sie so fröhlich dahinfuhren, erblickte der Ausguck etwas im Wasser, und der Kommandant befahl, die Motoren zu stoppen. »Wir fischten einen nagelneuen Lkw-Reifen aus dem Ozean«, sagte er. »Ich möchte ihn mit zurücknehmen, um die deutsche Rohstoffsituation anzukurbeln.«

Die Reise durch die Florida-Straße war ein Spaziergang. »Die Luftaufklärung ist gering, weil es Sonntag ist und ein Gewitter aufzieht«, bemerkte der Kommandant.

In seinem Schlussbericht sagte er, dass die Crew die fünfundsechzig Tage ihres Einsatzes trotz der tropischen Bedingungen, besonders im Flachwasser und der zusätzlichen Anforderungen an die Besatzung, »mit Wachsamkeit und Humor bewältigt« habe. Der Gesundheitszustand war sehr gut, die technischen Systeme hatten keine großen Ausfälle, und die Kommunikation war »im Schnitt ziemlich gut«. Von Mannstein empfahl, Nachrichten bei Nacht zu schicken« und dass die Nacht im Golf von Mexiko von etwa 04.00 Uhr bis 11.00 Uhr deutscher Standardzeit dauerte. Er sagte, sie hätten zwei Waffendefekte gehabt: einmal einen Rohrkrepierer und zum anderen ihre Kanone, die leider »nicht genutzt werden konnte, da sie bei einer Kollision abgerissen wurde«.

Über die Feindlage berichtete er, dass im Mai in der westlichen Florida-Straße und im Old-Bahama-Kanal der Wechsel vom Einzelverkehr zu einem Konvoisystem auffiel, dass es aber im Golf immer noch einzelne Schiffe gab. »Die stark befahrene Dampferroute Mississippi–Galveston befindet auf einer Karte, die in Anlage 2 erklärt wird.« Er sagte, dass der Konvoi, den er gesehen hatte, sehr wenig Zickzack fuhr und eine Formation aus drei Kolonnen mit Zerstörern weit vorne und U-Boot-Jägern an den Seiten bestand. »Der Seeschutz war insgesamt schwach, und die Ausbildung war nicht sehr gut. Er bestand in der nördlichen Florida-Straße hauptsächlich aus PC-Booten und vom Zoll rekrutierten Patrouillenfahrzeugen.« Er sah keine Zerstörer, hörte aber »ohne Frage« Asdic. Über die Luftsicherung sagte er: »Die amerikanische Luftverteidigung wird sich nach meiner Einschätzung wahrscheinlich schneller als die Seeverteidigung zu einem Gegner entwickeln, den wir ernst nehmen müssen.« Seiner Beschreibung nach wurde die Route von der Südwestpassage nach Westen von durchschnittlicher Luftaufklärung kontrolliert, und in Nächten mit Mondlicht wurden keine Flugzeuge gesichtet. »In allen Fällen war es möglich, unentdeckt zu bleiben.«[6]

Hermann Rasch und Alfred von Mannstein beendeten ihre Patrouillen im Golf Ende Mai 1942. In diesem Monat verzeichneten die deutschen U-Boote ihre größten Erfolge während des gesamten Krieges. Sie versenkten einundsiebzig Schiffe mit über dreihundertundfünfzigtausend Tonnen in den Gewässern des Golfküstenkommandos und der Karibik. Die ersten fünf U-Boote, U 507, U 506, U 106, U 103 und U 753, erledigten sechsundzwanzig Schiffe im Golf von Mexiko. Der Großteil der Versenkungen innerhalb der Gulf Sea Frontier fand hauptsächlich nahe der Mississippi-Passage, vor der Ostküste Floridas und im Yucatán-Kanal statt – und kein Ende in Sicht.[7]

Am 25. Mai, eine Woche nachdem Bürgermeister La Guardia angeordnet hatte, dass die Lichter in New York verdunkelt werden sollten, schrieb der Bürgermeister von Galveston, Harris, einen Brief an Bob Nesbitt und teilte ihm mit, dass es für eine Verdunkelung an der Golfküste noch keinen Bedarfsfall gegeben habe. »Natürlich könnte das kommen. Aber ganz unter uns, ein Gremium des Marineministeriums fuhr neulich Nacht hinaus und beobachtete einen Tanker, der an Galveston Island vorbeifuhr, wobei sich der Tanker zwischen den Lichtern der Stadt und dem Boot befand. Sie erstatteten Bericht, dass das Schiff von den Küstenlichtern nicht angestrahlt wurde, so dass ein U-Boot dazwischen stehen und es versenken könnte. Diese Information wurde mir vom Leiter des Gremiums, Commander Maher, gegeben, und das könnte der Grund sein, weshalb wir noch keine Befehle bekommen haben.«[8]

7. *Nieten*

DIE TODD WERFT, gegenüber von Galveston auf Pelican Island, arbeitete Nacht und Tag an der Reparatur torpedierter Schiffe und an der Bewaffnung von Handelsschiffen. Die Werftmanager sorgten sich, dass U-Boote in den engen Kanal zwischen Bolivar Peninsula und der Insel einlaufen könnten. Sie glaubten, dass die U-Boote beim Umdrehen furchtbare Schwierigkeiten haben würden. Das würde sie zwingen, auf derselben Route auszulaufen, und die Werft wiederum der Gefahr eines Angriffs auszusetzen.

Am Kriegsanfang war es eine Männerwelt. Alle Mitarbeiter bei Todd, einschließlich der Sekretäre, waren Männer. Dann aber begann die Firma, jeden, den sie fin-

Todd Shipyards auf Pelican Island, Galveston. Dort wurden Handelsschiffe
zu ihrem Schutz bewaffnet und nach Torpedoschäden repariert.
Foto mit freundlicher Genehmigung des U.S. National Archives.

den konnte, einschließlich Frauen, anzuheuern. Die Werftarbeiter hatten strikte Anweisung, nicht über das, was passierte, zu reden, nicht einmal nebenbei Bemerkungen über das Tagesgeschehen an ihren Arbeitsplätzen zu machen. Gelegentlich drohten die Manager, ihre Angestellten zu entlassen, weil sie eine lockere Zunge hatten. Überall gab es Anschläge mit dem Slogan »Ein lockeres Wort versenkt Schiffe sofort« [»A slip of the lip could sink a ship.«].

Die Regierung versuchte, Amerikas Moral mit glühenden Artikeln über die »Macht« der amerikanischen Streitkräfte zu heben. Am 18. Mai 1942 lud die Marine Zeitungsreporter zum Besuch einer Schule für das bewaffnete Wachpersonal der Marine am Lake Michigan ein, um die Fortschritte, die gegen deutsche U-Boote gemacht wurden, zu zeigen. »Die heute abgefeuerten Vier-Zoll-Geschütze äußerten lautstark ihre Missachtung gegen Achsen-U-Boote, die 1.000 Meilen entfernt im Salzwasser lauern«, schrieben die Journalisten. Die Marine hatte den Mantel der Geheimhaltung über die Geschützbedienung für Handelsschiffe gelüftet und sagte den Reportern, dass das Kommando eines Artillerieoffiziers je zehn Männer, darunter Lader, Aufklärer, Einrichter, Ausbilder und Granatennachlader, umfasste.

Kurz nach Sonnenaufgang verließ die USS Wilmette das Chicago-Marinearsenal und fuhr sieben Meilen hinaus zum Schießgebiet. Ein Drachen mit einem Zielballon wurde hochgezogen, und die jungen Wachposten feuerten mit Kaliber-30-Browning-Maschinengewehren, die am Heck installiert waren, auf sie. »Leuchtkugeln zeigten, dass die Burschen über etwa 800 Meter gut zielten«, berichteten die Nachrichten. Als Nächstes wurde eine gelbe, 91 mal 91 Zentimeter große Fahne an einem Drei-Meter-Mast auf einem Holzfloß ausgesetzt. Seeleute brachten die Munition aus den Magazinen; der wachhabende Offizier rief aus: »Position einnehmen«; und die erste Mannschaft stand bereit zu feuern. Sie peilten das Ziel an, das mittlerweile ein weit entferntes Pünktchen war, und die Schiffspfeife ertönte: »Feuer eröffnen.« Die Mannschaft justierte das Maschinengewehr, und »der erste Schuss donnerte los«. Mehr Schüsse folgten, während die Offiziere ausriefen: »runter auf 300 [Yard]«, »keine Änderung«, »rauf auf 200«, »rechts zwei« oder »links drei«.

Der Artillerieoffizier beobachtete die Einschläge und befahl Änderungen, bevor der nächste Schuss gefeuert wurde, und der Geschützführer schrie: »fertig zwei« oder »fertig drei«, während wieder ein Geschoss von den Ladern in das Geschützrohr gerammt wurde. Nachdem jede Mannschaft ihre Runde hinter sich gebracht hatte, kehrte die Wilmette ins Schießgebiet zurück, wobei die Geschütze zuerst an Steuerbord feuerten, dann an Backbord. Die Ergebnisse der Übung wurden nicht bekannt gegeben. Aber die Zuschauer sahen »viele Einschläge in gefährlicher Nähe zum Ziel, das nicht größer als ein Fliegendreck war«. Bei einer Entfernung von zweitausendfünfhundert bis dreitausend Metern wurde ein Treffer anerkannt, wenn er nicht mehr als fünfzig Meter zu kurz fiel oder zweihundert Meter darüber oder fünfundzwanzig Meter nach jeder Seite. Dabei wurde behauptet, dass innerhalb dieses Bereichs ein feindliches U-Boot oder Schiff direkt getroffen oder durch Erschütterung beschädigt sein würde.[1]

Die Regierung bemühte sich zu zeigen, dass sie angesichts der überwältigenden Erfolge der deutschen U-Boote etwas tat. In Galveston plante die Seemannsgewerkschaft einen Gedenkgottesdienst zu Ehren der Männer, die ihr Leben bei U-Boot-Angriffen verloren hatten. Die Gewerkschaftsmitglieder entschieden, keine Parade zu veranstalten, aber eine Gedenkstunde vor Murdochs Strandpavillon abzuhalten. Sie brachten einen Kranz mit den Worten »Damit wir niemals vergessen« in ein Rettungsboot und verankerten es nicht weit vom Land. Die Veteranen von Auslandskriegen feuerten einen Salut, und ein Trompeter spielte den Zapfenstreich. Gewerkschaftsfunktionäre verliehen silberne Torpedos an die vierzig Matrosen in der Handelsmarine, die U-Boot-Angriffe überlebt hatten und die an diesem Tag im Hafen waren. Viele von ihnen würden sofort danach in See stechen.[2]

In derselben Woche kündigte die Zeitung an, dass dreißig Handelsschiffe anlässlich des Nationalen Maritimen Tages vom Stapel laufen würden – es war der größte Massenstapellauf in den letzten fünfundzwanzig Jahren. Die Stapelläufe sollten in neunzehn Werften an allen Küsten und den Great Lakes stattfinden, aber der Zeitplan wurde aus Sicherheitsgründen nicht veröffentlicht. Das amerikanische Handelsschiffbauprogramm, das größte in der Weltgeschichte, führte bis Ende 1943 zur Fertigstellung von zweitausenddreihundert Schiffen.[3]

Am 20. Mai verließ der amerikanische Tanker HALO den Hafen von Galveston und fuhr mit dreiundsechzigtausend Barrel Rohöl durch den Golf von Mexiko nach New Orleans. Die HALO, die abgedunkelt und im schnellen Zickzack fuhr, erreichte in einer ruhigen, klaren Nacht mit Mondlicht und keinen anderen Schiffe weit und breit einen Punkt fünfzig Meilen vom Mississippi-Delta entfernt. Da traf ein Torpedo mit enormer Wucht die Steuerbordseite unter der Brücke und zertrümmerte diesen Teil des Schiffes. Zehn Sekunden später traf ein zweiter Torpedo dieselbe Seite hinter der Brücke und riss das Schiff auseinander. Die Motoren des Tankers liefen immer noch, als das Schiff auf den Grund sank, alles innerhalb von drei Minuten.

Dreiundzwanzig der zweiundvierzig Besatzungsmitglieder, die sich im Maschinenraum und im hinteren Teil des Schiffes befanden, verließen den Tanker. Sie packten ihre Schwimmwesten, sprangen über die Reling und schwammen weg, während das Wrack auf den Meeresgrund krachte. Das Feuer brannte sechs Stunden lang, und die Männer drängten sich die ganze Nacht und den nächsten Tag hindurch im Wasser dicht zusammen. Dann begannen sie zu sterben. Am dritten Tag erschienen Schiffstrümmer auf der Oberfläche, und die sieben verbliebenen Überlebenden banden Bretter mit aus den Schwimmwesten gerissenen Segeltuchstreifen zusammen. Rohöl blubberte hoch und schwamm als vier Zoll dicker Film auf der Oberfläche. Während der fünf Tage, die die Männer fünfzig Meilen südlich der Mississippi-Passage im

Wasser kämpften, sahen sie jeden Tag bis zu zwei Patrouillenflugzeuge, aber die Flugzeuge kamen nie herunter, um den riesigen Ölteppich zu untersuchen. Auch ein Zerstörer umkreiste die Männer dreimal, fuhr aber weiter. Am fünften Tag kam schließlich ein mexikanisches Frachtschiff, OAXACA, und barg drei Männer auf einer der Rettungsinseln. Einer war tot, daher übergaben sie ihn dem Meer. Die OAXACA brachte die anderen zu einem Krankenhaus in Tampico, Mexiko. Der britische Tanker SS ORINA barg noch zwei Männer und brachte sie nach New Orleans.

Die überlebenden Besatzungsmitglieder sagten aus, dass nach der Versenkung des Schiffes zwei U-Boote auftauchten, zu einer Position etwa hundert Meter von ihnen entfernt fuhren und Blinksignale austauschten. In der Dunkelheit konnten sie keine Einzelheiten der U-Boote erkennen. Diese beiden Boot waren U 506, das die HALO versenkte, und U 106, ein anderes U-Boot, das sich damals im Golf befand.[4]

Während die U-Boote weiter Unheil anrichteten, befahl die Marine den aus Richtung Panamakanal kommenden Handelsschiffen, den Old Bahama-Kanal zu benutzen und die Westküste Floridas hochzufahren, um den nördlichen Golf zu erreichen. Mehrere Schiffskapitäne missachteten diese Anweisungen und fuhren statt dessen durch den Yucatán-Kanal; sie wurden versenkt. Die Marine schickte deshalb eine Abteilung B-25-Bomber nach Havanna, die am 21. Mai begann, über dem Yucatán-Kanal zu patrouillieren.

Historiker der Gulf Sea Frontier schrieben, dass sich am nächsten Tag »ein Vorfall ereignete, der gewiss einzigartig in der U-Boot-Jagd und das Ergebnis ziemlich hektischer Verzweiflung eines Kommandos war, dessen schwache Kräfte längst über die äußerste Grenze der Belastung hinaus beansprucht waren«. Am 22. Mai um 1.00 Uhr nachmittags wurde die SS SAN PABLO mit Granaten von einem U-Boot direkt südlich des Yucatán-Kanals beschossen. Das unbewaffnete Handelsschiff versuchte dem U-Boot zu entkommen. Nachdem die Verfolgung fünfunddreißig Minuten gedauert hatte, entschied die Gulf Sea Frontier, einen ungewöhnlichen Trick zu versuchen. Sie schickte eine Funknachricht in einfachem Englisch, die besagte, dass Flugzeuge unterwegs waren, um dem Schiff zu helfen, und »wie gehofft, wurde diese Nachricht prompt durch das U-Boot abgefangen. Es brach den Angriff ab und tauchte.«[5]

Während Handelsschiffe im Golf wie eine Kette von Feuerwerken explodierten, kam Präsident Roosevelt mit den Führern des Kongresses zusammen und sie entschieden, noch einmal die Idee einer großen Ölpipeline zu diskutieren. Es widerstrebte ihnen immer noch, wichtigen Stahl für den Bau zu nutzen, und sie erwogen die Möglichkeit, ungenutzte Leitungen auszugraben und eine Pipeline vom Südwesten nach Florida oder zum Ohio zu legen. Das Öl könnte dann in Leichtern nach Osten weiterverschifft werden. Naturgemäß musste diese Idee von mehreren Regierungsbehörden genehmigt werden. Aber entschieden wurde nichts.[6]

Auf Todd Shipyards wurde mit Hochdruck gearbeitet. »Am Anfang der Kampf-handlungen gab es auf der Werft nur zwei Piers mit zwei hölzernen Trocken-docks, die im Ersten Weltkrieg gebaut wurden«, sagte H. A. Suhler, ein ehema-liger Werftarbeiter. »Aber sie waren in einem guten Zustand.« Er fügte hinzu, dass sie einen weiteren Pier bauten und ein neues Trockendock anschafften, das autark war. »Sie konnten dieses Trockendock raus auf See nehmen, es versenken, es leerpumpen – und es hatte seine eigene Stromversorgung, Pumpen, Rohr- und Stahlwerkstatt.«

»Wir hatten gleichzeitig bis zu zwanzig Schiffe auf der Werft«, erinnerte sich H. A. Suhler. »Es gab LCIs [Landungsboote für Infanterie], LSMs [Landungs-boote für Truppen und Fahrzeuge] und Zerstörer, die woanders gebaut wurden. Sie klatschten sie zusammen und schickten sie uns unfertig, und wir bauten die Munitionsräume ein, machten die Unterkünfte fertig und erledigten den ganzen Krimskrams.« Die Landungsschiffe hatten Bugklappen, die sich öffneten, und die Schwimmpanzer fuhren einfach mit den Männern darauf aus dem Schiff.

Todd hatte ein neues Trockendock, das zwei Schiffe gleichzeitig aufnehmen konnte. Als die Marine herausfand, dass Zerstörer die aufgetauchten U-Boote rammen konnten, begann die Werft, »Rammbugs« auf ihnen zu installieren, so dass das Schiff das U-Boot zerstören konnte, ohne selbst Schaden zu nehmen. Die Werft baute auf den Handelsschiffen auch Entmagnetisierungssysteme ein, um magnetische Torpedos und Minen abzulenken.

»Natürlich hatten wir viele Schiffe hier, die torpediert worden waren«, sagte Suh-ler. »Wir hatten ein Schiff, das von drei japanischen Torpedos getroffen wurde: zwei auf einer Seite und ein anderer auf der anderen Seite, und das richtete das Schiff wieder auf. Wir machten es wieder betriebsfähig.« Suhler erklärte, dass sie nicht nur torpedierte Schiffe reparierten, sondern auch welche, die auf Grund gelaufen waren, um den U-Booten zu entkommen.

»Während des Krieges brachten sie viele Frachtschiffe, und wir bauten sie zu Truppentransportern um«, sagte Suhler »Sie nahmen sich zum Beispiel einen Laderaum vor und bauten überall Etagenkojen ein, von oben bis unten, vielleicht drei Etagen, und da würden sie nun genau wie Ratten schlafen.« Nach dem Krieg kehrten die Schiffe auf die Werft zurück und wurden für den Frachttrans-port zurückgebaut.

Auf der Todd Werft in Houston lief ein großes Programm für den Bau von Liber-ty-Schiffen, die Werft in Galveston dagegen führte nur Änderungen oder Repa-raturen aus. »Wir brachten Splitterschutz an den Ruderhäusern an, um zu verhin-dern, dass Maschinengewehre sie durchlöchern konnten. Die amerikanischen Handelsschiffe waren mit einem Drei- oder Vier-Zoll-Geschütz am Heck und Maschinengewehren neben dem Ruderhaus und am Bug ausgerüstet, um feind-liche Flugzeuge oder U-Boote zu bekämpfen, wenn sie nah genug herankamen.« H. A. Suhler erinnerte sich, dass es damals keine Stapellaufzeremonien gab – sie bauten die Schiffe nur um und die fuhren ab. »So schnell sie konnten, fuhren sie einfach weg.« Er sagte, manchmal arbeiteten die Männer in drei Schichten, und die dritte Schicht sandstrahlte und malte nur. Die beiden anderen führten Reparaturen, Schweißarbeiten und sonstige Gelegenheitsarbeiten aus. Das Nieten war eine andere wichtige Aufgabe. »Einmal hatte ich acht Nietenkolonnen im Einsatz; sie schlugen etwa eintausend Nieten pro Nacht. Das ist echt gutes Geld.« Eine Nietenkolonne hatte einen »Heizer«, einen Mann mit einem Nietwärmeofen voller Koks. Er entfachte das Feuer, heizte den Koks, dann legte er die Nieten um das Feuer. Wenn sie heiß waren und alle auf einmal glühten, griff er mit einer langen Stahlzange hinein, packte eine Niete und warf sie 12 oder 15 Meter in die Luft. »Es gab einen Mann, der dort mit einem kleinen Eimer stand«, erklärte Suhler, »oben rund und in einem spitzen Dreieck nach unten zulaufend, mit einem Henkel daran. Er fing diese Niete in dem Eimer und reichte oder warf sie hinunter zu dem ›Treiber‹ im Laderaum, der sie auffing und in das Nietenloch steckte, während der ›Abschneider‹ auf der anderen Seite sie mit einer großen Stahlstange und Presslufthammer flach klopfte.«

Die ganze Mannschaft bestand aus einem Heizer, zwei Werfern, einem Dreher und einem Abschneider. »Es war hart für die Nieren und andere Organe, Nieten einzurammen, wenn man nicht wusste wie. Das ist etwas, was ich nie tun wollte«, sagte Suhler.

Die Zeit, die der Heizer brauchte, um die Niete aus dem Feuer zu holen, sie zum Werfer zu werfen, der sie zum Treiber warf, der sie in das Loch steckte, betrug fünf Sekunden. »Man konnte bis fünf zählen, und schon saß die Niete. Sie kam immer heiß zum Treiber«, erklärte H. A. Suhler Nachdem die Nieten eingetrieben und gekühlt worden waren, ging ein Mann mit einem kleinen »Testhammer« genannten Hammer herum und klopfte auf alle Nieten. Falls sich einige bewegten, mussten sie herausgezogen und nachgesetzt werden.

Er sagte, dass zum ersten Mal in der Geschichte Frauen auf der Werft arbeiteten. »Eine Frau, die eine gute Schneiderin war, konnte sehr leicht eine Schablone für ein Stück Stahlblech herstellen. Sie arbeiteten auch als Isolierer, aber nicht viele führten Schweißarbeiten aus, es sei denn, sie waren äußerst gut.«

»Die Werft hatte überhaupt keinen Schutz, na und?«, kommentierte Suhler. »Es gab Geschütze am Ende von Galveston und auf Bolivar, also hatten wir Schutz.« Er sagte, sie hatten nur einen Sicherheitsposten am Tor an der Landseite, denn alle Arbeiter und Lieferungen mussten mit dem Boot von Galveston über das Wasser kommen.[7]

Während die Werftarbeiter rund um die Uhr nieteten und schweißten, erschienen in der Galvestoner Zeitung Berichte über neunzehn Matrosen der Handelsschifffahrt, die die Torpedierung ihres Tankers (GULFOIL) überlebt hatten. Das Schiff, auf der Reise von Port Arthur nach New York mit mehreren Sorten Eröl an Bord, fuhr vollkommen abgedunkelt und hielt geraden Kurs. Um 10.41 Uhr abends traf ein Torpedo den Tanker mittschiffs und riss die Brücke vom Hauptmast bis zum Deckhaus mittschiffs herunter. Das Schiff bekam vierzig Grad

Schlagseite. »Ich wurde wie eine Erbse in einer Hülse herumgeworfen«, sagte Kapitän A. Henry Rowe. Ein zweiter Torpedo traf den Maschinenraum fünfzehn Sekunden später, bevor der Kapitän an Deck gelangen konnte. »Der dritte Offizier versuchte mich durch die Tür zu ziehen, aber seine Hände waren ölig und glitschig und er konnte mich nicht festhalten.« Als das Schiff Schlagseite bekam, rutschte der Kapitän aus und klammerte sich Brückenreling fest, als hinge sein Leben davon ab, bis er unter Wasser gezogen wurde, als das Schiff sank. Etwa vier Minuten später wurde er von den Männern in einer der zwei Rettungsinseln geborgen.

Der dritte Offizier John Chalmers war zur Zeit des Angriffs auf Wache und befand sich auf der Brücke, als er sah, wie der Torpedo herankam. »Er raste im rechten Winkel zum Schiff mit einem breiten weißen Kielwasser heran«, erinnerte er sich. »Es gab keine Chance, Alarm auszulösen. Der Torpedo traf … und riss mich innerhalb von Sekunden, nachdem ich ihn gerade gesehen hatte, von den Füßen.«

Chalmers erzählte, dass er hinunter zum Brückendeck ging nachdem der zweite Torpedo explodiert war, den Kapitän fand und ihn fragte, ob er in Ordnung sei. Das beantwortete der Kapitän mit Ja. Das Schiff neigte sich schnell nach Steuerbord, und so der Kapitän glitt hinüber zur Reling und Chalmers fiel über die Seite in eine Rettungsinsel im Wasser. »Gerade als ich darauf landete, kam die Backbordrettungsinsel herunter und landete auf mir, wobei sie mich im Rücken traf. Dann stieg ich in die Rettungsinsel, die mich getroffen hatte«, sagte er. Bei Chalmers waren zwei andere Männer, die zu rudern begannen, um nach Überlebenden zu suchen. Sie bargen den Kapitän und mehrere andere. »Es gab überall Männer, die um Hilfe riefen. Manchmal hörten wir sie rufen, und wir ruderten und ruderten, bis wir sie schließlich in der Dunkelheit verloren. Ab und zu hörten wir Pfeifen«, sagte einer. Sie ruderten etwa vier Stunden, solange sie Hilferufe hörten und hatten schließlich neun Männer. Eine andere Rettungsinsel hatte zehn.

Chalmers sagte, dass die Sogwirkung des sinkenden Schiffs Männer unter Wasser zog; einige gingen etwa drei Meter unter und schossen wieder nach oben, während andere nie wieder auftauchten. Alle auf den Rettungsinseln besaßen Schnittwunden und Prellungen und hatten Salzwasser mit dem Schweröl, das das Wasser um sie herum bedeckte, geschluckt. Während des langen, darauf folgenden Tages hatten sie in den Rettungsinseln genug zu essen, aber der Appetit war ihnen durch das Öl vergangen.

Am nächsten Morgen erspähten sie ein Rauchwölkchen am Horizont und hissten als Notruf schnell eine Unterhose auf einem Bootshaken, da ihre gelbe Flagge geschwärzt war. Für einen schrecklichen Moment schien der Kapitän des Bergungsschiffes (SS Benjamin Brewster) zu zweifeln, ob er sie bergen sollte, da er eine U-Boot-Falle befürchtete. Aber er drehte bei und kam, sie zu holen. Dann brachte er die müden Männer zum Marinestützpunkt in Galveston. Die

Überlebenden sagten, dass sie keine Patrouillenboote, Flugzeuge oder irgendwelche Schiffe gesehen hätten, bis die BENJAMIN BREWSTER erschien. Alle waren sich einig, dass sie trotz ihres Missgeschicks so schnell wie möglich wieder zur See fahren würden. Der Tanker, der sie barg, wurde torpediert und sank sieben Wochen später.[8]

Die SS CARRABULLE, die mit emulgiertem flüssigen Asphalt beladen war und den Golf von Good Hope, Louisiana, aus überquerte, entkam einem Torpedo, den von Rasch auf U 106 abfeuerte, bevor sein U-Boot in der richtigen Position war. Danach feuerte Rasch einen Warnschuss vor den Bug der CARRABULLE und ließ seine Sirene aufheulen. Der Frachter setzte vier Funksprüche mit Hilferufen ab, während das U-Boot das Schiff eine Stunde lang verfolgte und es mit einem Granatenhagel aus dem nur eine Schiffslänge entfernten Deckgeschütz eindeckte. Die Granaten rissen die Brücke und Aufbauten auf, und der Kapitän befahl der Besatzung, das Schiff zu verlassen. Ein Rettungsboot mit sechzehn Mann wurde zu Wasser gelassen. »Als wir uns vom Schiff entfernten«, erzählte einer der Überlebenden, »ich würde sagen etwa 60 Meter, kam das U-Boot vorbei und jemand schrie: ›Haben Sie alle das Schiff verlassen?‹« Ein Besatzungsmitglied schrie zurück: »Nein, ein anderes beladenes Boot ist noch nicht weg.« Das U-Boot beschleunigte auf große Fahrt und umkreiste das Schiff, wobei es offensichtlich nach dem anderen Rettungsboot suchte. In dem Moment feuerte U 106 einen Torpedo ab, der die CARRABULLE mittschiffs traf. Die Explosion geschah zur selben Zeit wie das Zuwasserlassen des zweiten Rettungsboots mit vierundzwanzig Männern, darunter der Kapitän. Zweiundzwanzig von ihnen starben auf der Stelle, und zwei überlebten, so dass es insgesamt achtzehn Überlebende gab, die von einem vorbeifahrendem Handelsschiff, der SS THOMPSON, geborgen wurden. Die Überlebenden sagten, das U-Boot war »groß, hellgrau gestrichen, ohne Striche oder Streifen, hatte etwa 1.200 Tonnen, ein Geschütz vor und eines hinter dem Turm und wurde für deutsch gehalten«.[9]

Sie hatten vier SOS geschickt, aber nichts von der amerikanischen Marine oder Küstenwache gehört. Hilfe gab es nicht.

Bevor die CARRABULLE und GULFOIL ihre Katastrophe erlitten, kam eine Krabbenfischerflotte der HEREDIA, die Kaffee und Bananen nach New Orleans brachte, und der WILLIAM C. MCTARNAHAN zu Hilfe. Beide wurden von U 506 versenkt. Am Wrack der HEREDIA sah ein Patrouillenflugzeug zwei Masten über dem Wasser und zwei behelfsmäßige Rettungsinseln mit Überlebenden, darunter ein Mädchen und ein Junge. Der Pilot ließ Notizblöcke in die Rettungsinsel fallen, die ihnen sagten, dass er Hilfe bringen würde. Er flog dann zu einer Gruppe von sechs Fischerbooten in der Nähe und warf Zettel mit Nachrichten ab, auf denen er sie anwiesu beobachten, wo das Flugzeug steil herunterging, um den Standort der Überlebenden zu markieren. Die Fischerboote zogen ihre Netze ein und folgten dem Flugzeug, das sie zu den Menschen in den Rettungsinseln führte. Ein

Bericht der Küstenwache sagte: »Die intelligente Zusammenarbeit und das prompte Handeln der Fischerboot-Kapitäne war hoch zu loben und rettete wahrscheinlich das Leben der meisten, die geborgen wurden. Sie waren fünfzehn Stunden lang im Wasser, und Hilfe von anderen Schiffen hätte den Ort nicht vor Einbruch der Nacht erreicht.«[10]

Als die WILLIAM C. McTARNAHAN von einem Patrouillenflugzeug der Küstenwache entdeckt wurde, hatte sie ein großes Loch an der Wasserlinie und brannte, aber nicht sehr stark. Der Pilot entdeckte siebenundzwanzig Menschen in zwei Rettungsbooten und einer Rettungsinsel, als er ihre beiden Leuchtsignale sah. Das Flugzeug flog dann nach Nordwesten und führte fünfzehn Fischerboote zum Ort des Wracks, und die Fischerleute bargen umgehend alle Überlebenden.[11]

Der Historiker Samuel Eliot Morison bemerkte: »Unbegleitete Handelsschiffe bekamen das ganze Gewicht dieses U-Boot-Blitzkrieges zu spüren. Das brachte der Gulf Sea Frontier die traurige Auszeichnung ein, im Mai die meisten Versenkungen (41 Schiffe, 219.867 Bruttotonnen) von allen Gebieten und in allen Monaten während dieses Krieges zu verzeichnen … Und das Traurige dabei ist, dass man mindestens die Hälfte dieser Versenkungen mit Maßnahmen, die später eingeführt wurden, hätte verhindern können – Küstenkonvois für alle Handelsschiffe und ausreichende Luftsicherung.«[12]

8. Die Verdunkelung

EINES MORGENS MITTE MAI 1942 fuhr Tom Leech den Seawall Boulevard hinunter und sah, wie einige Arbeiter des Bezirks Trümmer vom Strand entfernten. Er parkte sein Auto, ging die Treppe hinunter und beobachtete die Männer, um zu sehen, was sie taten. Einer hatte eben gerade einen mit Öl und Muscheln überzogenen Riemen [Anm.: Ruder] aufgehoben und wollte ihn auf den Müllhaufen werfen. »Warum waschen Sie das nicht ab«, schlug Leech vor, »mal sehen, von welchem Schiff er kam.«

Als die Arbeiter ihn in das Flachwasser tauchten und etwas Öl abwischten, erschien der Name WILLIAM C. MCTARNAHAN. Leech konnte seinen Augen nicht trauen; John G. Leech, sein Sohn, war Kapitän dieses vom Pech verfolgten Tankers und einer der jüngsten Kapitäne, der je aus einem Golfhafen ausgelaufen waren. Vor einem Monat war die WILLIAM C. MCTARNAHAN, die Dieselöl transportierte, von einem deutschen U-Boot getroffen und versenkt worden. Leech hatte das Martyrium überlebt und entkam in einem Rettungsboot. In der nächsten Nacht benachrichtigte die Marine Tom Leech, dass sein Sohn in einem Krankenhaus in Houma, Louisiana, lag. Leech zeigte den Riemen seinem Sohn, der das Wochenende in Galveston verbrachte, und der Kapitän bestätigte, dass dies in der Tat ein Souvenir seiner Versenkung war.[1]

Neue U-Boot-Angriffe vor der Küste Brasiliens und das Torpedieren eines amerikanischen Zerstörers, der BLAKELEY, bei Saint Lucia veranlassten einen Nachrichtenredakteur in Galveston zu dem Kommentar, dass die Deutschen geheime Stützpunkte in amerikanischen Gewässern haben müssten. »Obwohl es keine offizielle Bestätigung gibt, ist der Verdacht, dass feindliche U-Boote Treibstoff und vielleicht andere Versorgungsgüter auf dieser Seite bekommen, schwer zu widerlegen«, schrieb er. »Präsident Roosevelt sagte neulich, dass das U-Boot-Problem gelöst wird«, fuhr er fort. Im Artikel kam man zu dem Schluss, dass der Präsident Recht haben könnte, aber dass ein Nachlassen der Verwüstungen schwer festzustellen war. »Angesichts der Ergebnisse können die aktuellen Methoden für die Bekämpfung von U-Booten, die Schiffe in Sichtweite unserer Küsten versenken, kaum für wirkungsvoll gehalten werden. Ist es nicht an der Zeit, etwas anderes zu probieren?« fragte er.[2]

Die Amerikaner fragten sich tatsächlich, wie die U-Boote lange Fahrten über den Atlantik unternehmen, sechs Wochen in westlichen Gewässern verbringen und dann zweitausend Meilen nach Frankreich zurückfahren konnten. Keiner wusste, dass im April 1942 die Kriegsmarine die gewaltigen »Milchkühe« oder U-Tanker, die 720 Tonnen Dieseltreibstoff, Torpedos, Lebensmittel, Werkzeuge und andere Versorgungsgüter mitführten, in Dienst gestellt hatte. Die Tanker verbesserten den Wirkungsgrad der U-Boote deutlich trotz der verbesserten Schutzmaßnahmen der Vereinigten Staaten. Jede »Milchkuh« konnte zwölf der kleineren VII-C-Boote mit Treibstoff für vier Wochen und fünf der größeren IX-C- Boote mit Treibstoff für acht Wochen versorgen. So konnten sie in den abgeschiedensten Teilen des Golfs und der Karibik weiterhin operieren.

U 459, der erste U-Tanker, der gebaut wurde, war Ende März 1942 mit Dieseltreibstoff, Lebensmitteln und anderen Gütern unterwegs. »An Bord unseres Schiffes können ungefähr achtzig frische Brote gebacken werden«, sagte Korvettenkapitän von Wilamowitz-Möllendorf. »Etwa 800 Brote wurden bei Nacht gebacken und an verschiedene Boote verteilt und mit großer Freude empfangen. … Das Roggenbrot, das wir produzierten, hat einen ausgezeichneten Geschmack, ist nahrhaft und hält sich gut.« Er berichtete, dass er seit dem Verlust seines Schlauchbootes eine ausgezeichnete Methode erdacht hatte, um Versorgungsgüter zu kleineren Booten zu bringen, und zwar bei jedem Wetter. Mit Hilfe einer Signalpistole würde er zunächst eine Leine hinüberschießen, die am anderen Boot festgemacht wurde. Dann würde er Hängematten aus Maschendraht oder verpackte Metallbehälter mit verderblichen Waren an Haken an den Leinen hinüberschicken. Der Treff fand außerhalb der Reichweite feindlicher Luftaufklärung immer in der Mitte des Atlantiks statt, und zunächst waren die Verluste, trotz des langwierigen, beschwerlichen Verfahrens niedrig. Während der Übergabe von Treibstoff und Versorgungsgütern befanden sich

Das Versorgungs-U-Boot 459 (links) tankt U 571 auf See wieder auf.
Die »Milchkühe« operierten erfolgreich bis Spätsommer 1943, als alle versenkt wurden.
Dieses Foto wurde irgendwann zwischen März und Mai 1942 aufgenommen.
Foto mit freundlicher Genehmigung des Bundesarchivs, Koblenz.

beide U-Boote mehrere Stunden lang ungeschützt und Luftangriffen ausgesetzt auf der Oberfläche.[3]

Diese geheimnisvolle Versorgung der U-Boote gab Anlass zu vielen Gerüchten, etwa dass deutsche Besatzungsmitglieder bei Nacht an Land ruderten und am nächsten Tag in der Stadt herumspazierten, um Brot zu kaufen und ins Kino zu gehen.

Es wurde sogar erzählt, dass einige der Golfküstenfischer mit den Deutschen unter einer Decke steckten, ihnen frischen Fisch und Auskunft über Schiffsrouten gaben. Solche Geschichten vermehrten sich von New Jersey bis Galveston, und alle behaupteten, dass Brotverpackungen und Theaterkarten bei gefangen genommenen deutschen U-Boot-Männern gefunden worden seien. Tatsächlich gab es in den Vereinigten Staaten keine derartigen Abenteuer. Samuel Eliot Morison jedoch kommentierte, dass die U-Boote sich zweifellos frischen Proviant von einheimischen Schonern in der Karibik, die von feindlichen Agenten betrieben wurden, beschafften. Aber diese beeinflussten ihren Erfolg nur unwesentlich.[4]

Weil gegen die trickreichen U-Boote nichts zu helfen schien, wurde auf Trinidad ein Treffen der Angloamerikanischen Karibischen Kommission veranstaltet, um mögliche Maßnahmen zu diskutieren. Zwei der Mitglieder, Charles Taussig und Rexford Tugwell, Gouverneur von Puerto Rico, glaubten, dass eine Art Autobahn auf den Westindischen Inseln über Land und Wasser, mit Fähren, die die Lücken zwischen den Inseln überbrückten, »die Antwort auf die U-Boote sein könne«. Sie sagten, es müsste möglich sein, Flotten von schutenähnlichen, vielleicht von Automotoren angetriebenen Fähren zu bauen, die am Tag über die Wasserläufe preschen und den Hafen lange vor Einbruch der Nacht erreichen könnten, wenn die lauernden U-Boote an die Oberfläche kämen. Dort angekommen, könnten Lebensmittel und Versorgungsgüter auf Eisenbahnwaggons oder Lkws umgeschlagen werden, und die Fähre würde erneut Meeresfrüchte und Zucker für die Vereinigten Staaten laden.

Taussig und Tugwell gaben zu, dass der Plan einige Nachteile hatte. Zum Beispiel, dass es auf einigen der Inseln schlechte Straßen und keine Eisenbahn gab und dass an möglichen Fährterminals die Hafenanlagen fehlten. Die Mitglieder der Kommission glaubten jedoch, dass radikale Maßnahmen ergriffen werden müssten, um mit dem Lebensmittelnotstand der Inseln fertig zu werden, es sei denn, die Kampagne gegen die U-Boote würde effektiver.[5]

Am 1. Juni verkündeten Schlagzeilen, »in Galveston werden Verdunkelungsbefehle erteilt«. Um die Schiffe vor dem Risiko zu schützen, sich gegen die Küstenlichter abzuheben, erteilte Major General Richard Donovan, Gebietskommandant des 8. Korps, mit Wirkung vom 2. Juni Befehle für die Verdunkelung von Lichtern entlang der Küste von Texas und Louisiana. Die Zeitung schrieb, dass Galveston in den vergangenen Nächten die Beleuchtung bereits etwas reduziert habe, um die Schifffahrt zu schützen. Die neuen Vorschriften verboten Schilder, Flutlichter, Stadionbeleuchtung, jede äußere Beleuchtung außer Straßenlichtern innerhalb von fünfhundert Metern von der Küste und alle Lagerfeuer an den Stränden. Vom Meer aus sichtbare Straßenbeleuchtung sollte zur See hin verdunkelt, von oben abgedeckt und die Wattleistung reduziert werden. Die Bevölkerung wurde ermahnt, mit Lichtern extrem vorsichtig zu sein und jeden Verdacht eines Signals zu vermeiden; die Verdunkelungszeit sollte von dreißig Minuten nach Sonnenuntergang bis dreißig Minuten vor Sonnenaufgang dauern. Die Marine würde weiterhin Leuchtfeuer kontrollieren und mit Patrouillen vor der Küste beginnen, um jede unerwünschte Beleuchtung zu überwachen. Die Anweisungen galten nicht für Houston und New Orleans.[6]

Am nächsten Tag diskutierte der Redakteur der *Galveston Daily News* die Verdunkelungsvorschriften. Er sagte, dass die Stadt »beträchtliche Unannehmlichkeiten« haben würde, dass es aber gute Gründe dafür gab. »Wir können nur hoffen, dass die Unannehmlichkeiten auf jenes Minimum beschränkt werden, das für die Erfüllung des gewünschten Zweckes notwendig ist. … zu verhindern, dass sich Schiffsumrisse auf See abzeichnen können … Wir sind sicher, dass die Bewohner in Galveston die Verdunkelungsvorschriften mit Freude einhalten werden, wenn sie richtig verstanden werden.« Er bemerkte, dass Galveston die größte Kommune direkt am Golf war und dass die Vorschriften am drastischsten in einem Gebiet bis zu fünfhundert Metern hinter der Küstenlinie gelten würden, »was natürlich ein beträchtliches Stück dieser Stadt einnimmt«. Er sagte, jeder würde das »glitzernde Diadem der Lichter« entlang des Uferdamms auf Treasure Isle (in Galveston) vermissen und dass »altehrwürdige Vergnügen wie nächtliche Treibholzfeuer am Strand« bis auf weiteres vorbei seien. Der Redakteur hoffte, dass ein Weg gefunden werden könne, um die Innenbeleuchtung abzuschirmen, so dass die Geschäfte am Strand bei Nacht weiter arbeiten könnten. »Es wäre schade, die Öffentlichkeit um ihre Abenderholung am Strand zu bringen, wenn ein sicherer Weg gefunden werden kann, das zu vermeiden.«[7]

Am 4. Juni wurde Bürgermeister Harris von Washington benachrichtigt, dass der Bau der zu 85 Prozent fertigen Vergnügungspier aufgeschoben werden musste. Äußerst niedergeschlagen telefonierte er sofort mit Generalmajor Donovan in San Antonio und bot der Armee die Pier an. »Wie die Armee den Pier nutzen würde, ist aufgrund der Kriegsbedingungen nicht bekannt. … General Donovan wird den Vorschlag prüfen.« Harris erkläret weiter, er hoffe für den Fall, dass die Armee die Pier nicht übernehmen wolle, dass die Gesellschaft für Wiederaufbaufinanzierung [Reconstruction Finance Corporation] den Befehl für die Aussetzung der Arbeiten hinauszögern könne, bis alle Fundamente der Pier an Ort und Stelle und die Betondecke auf dem Deck fertig seien, um das Bauwerk vor Orkanen zu schützen.[8]

Ein paar Tage zuvor waren Nachrichten eingetroffen, dass vierzig »Achsenausländer« zwischen Tampico, Mexiko und Laredo, Texas, verhaftet worden waren, »darunter einige, die Informationen an U-Boot-Kommandanten geben konnten«. Ein Deutscher und ein Japaner, die in Matamoros (Mexiko) lebten, wurden verhaftet und in ein Lager gebracht. Bei einer Reihe überraschender Razzien fing die FBI einen »Sportler, der eine seetüchtige Yacht besaß«, einen deutschen Arzt und einen Apotheker. Ein Agent berichtete, dass ein »hochrangiger Offizier der japanischen kaiserlichen Marine, der sich als einfacher Fischer ausgab«, in einem mexikanischen Erholungsort verhaftet worden sei. Die Städte der gesamten Gulf Sea Frontier waren von »Achsenausländern gesäubert« worden, und das FBI hatte Geheimdienstler in allen Grenzstädten und in ganz Mexiko sitzen.[9]

Kapitänleutnant E. C. Whitfield von der Küstenwache warnte die Bewohner von Galveston, dass das Verbreiten falscher Gerüchte über feindliche U-Boote ein ernsthaftes Problem geworden war. »Es gibt für niemanden eine Rechtfertigung, solche Gerüchte beiläufig im Gespräch zu verbreiten«, sagte er. Wo es angemessene Verdachtsgründe gab, sollten die Fakten an die Behörden berichtet werden. »Es gibt nichts, was ein feindlicher Propagandist lieber sieht, als dass treue Amerikaner zu Unrecht beschuldigt werden und Amerikaner sich gegenseitig verdächtigen«, erklärte Whitfield. Der Kapitänleutnant sagte auch, dass das Wiederholen unbegründeter Vorwürfe eine unverzeihbare Verleumdung war und dass »jeder etwas Besseres tun kann, um beim Gewinnen des Krieges zu helfen«.[10]

Gleichzeitig warb das FBI Einheimische an, die ihnen beim Ausspionieren ihrer Nachbarn halfen, wobei sie ihnen sagten, dass ihre Bemühungen beim Aufgreifen von Saboteuren sehr helfen würden. Eine vornehme Dame aus Galveston saß jeden Nachmittag auf der Verandaschaukel einer Bekannten, um das Haus auf der anderen Straßenseite zu beobachten, und berichtete dann an FBI- Agenten, wer im Haus ein- und ausging.[11]

Nachrichten über weitere U-Boot-Erfolge im Atlantik, Golf von Mexiko und Mittelmeer veranlassten den Kongress zu handeln. So entschied ein Unterausschuss des Senats für Marineangelegenheiten, eine Voruntersuchung der U-Boot-Abwehrkampagne der Marine vorzunehmen. Senator Allen J. Ellender aus Louisiana, der Vorsitzende, sagte, dass Marineoffiziere zu einer öffentlicher Anhörung einbestellt werden könnten. Sechzehn Schiffe waren in den letzten fünf Tagen im Atlantik verloren gegangen, und die Gesamtzahl der Verluste vor Nord- und Südamerika hatte seit Kriegsbeginn 244 erreicht.[12]

»Es gibt keinen Grund, an einer Lösung des U-Boot-Problems zu zweifeln«, schrieb der Redakteur der *Galveston Daily News*. Er meinte, dass die kürzliche Ernennung von Konteradmiral James Kauffman zum Kommandeur der Gulf Sea Frontier hoffen ließ, dass sich die Lage im Golf und der Karibik bald verbessern würde, weil Kauffman ein erfahrener Experte für U-Boot-Abwehr war. Admiral Kauffman sagte: »Wir müssen dieses Gebiet solange als Schlachtfeld betrachten, bis jedes feindliche U-Boot, das es betritt, zerstört ist.« Die Marinebehörden erklärten, dass die nächsten vier oder fünf Monate kritisch sein würden und dass die U-Boot-Jagd mit Schiffen und Flugzeugen die U-Boote südwärts zum Golf von Mexiko und in die Karibik getrieben hätten. Ferner erinnerten sie jeden daran, dass die amerikanischen Marine- und Luftstreitkräfte das Problem immer noch nicht lösen könnten. Es sei »Aufgabe der amerikanischen Werften und Fabriken, die erforderlichen Schiffe und Flugzeuge zu produzieren«.

Marinebeamte erklärten, dass das deutsche U-Boot wegen seiner Geschwindigkeit und Bewaffnung die Merkmale eines Zerstörers und eines U-Bootes in sich vereine und dass das Problem viel kritischer als im letzten Krieg sei. »Sie benutzen U-Boote mit einer Überwasser-Geschwindigkeit von zwanzig bis zweiundzwanzig Knoten, und sie nehmen zwölf bis sechzehn Torpedos mit«, sagten sie. Der Vorsitzende Ellender drohte in Washington, »wenn wir nicht völlig zufrieden gestellt werden und alles mögliche getan wird, um diese Versenkungen zu stoppen, werden wir die ganze Angelegenheit in der Öffentlichkeit diskutieren«.[13]

Zwei Tage später sagte der Vorsitzende des Marine-Hauptausschusses, Carl Vinson, »die U-Boot-Abwehrorganisation hat jetzt die Anfangsschwierigkeiten hinter sich, ist gut etabliert und funktioniert effektiv«. Vinson berichtete, dass der Feind mehr U-Boote baue, aber er könne sie nicht in dem Ausmass bauen, wie die Vereinigten Staaten die Mittel zu ihrer Bekämpfung erhöhten. »Der Marineausschuss ist sehr zuversichtlich, dass wir das U-Boot schlagen werden«, verkündete er.

»Bei der Bekämpfung von U-Booten haben wir einen zähen und cleveren Feind, und es zahlt sich nicht aus, über Gebühr optimistisch zu sein«, warnte er. »Jedoch … die Tatsache bleibt, dass sich das U-Boot in den letzten Wochen von unserer östlichen Küste größtenteils zurückgezogen hat und weiter draußen auf See operiert.« Er sagte, dass die Marine stolz auf ihr Schiffbauprogramm sei, aber leider lägen gerade die Schiffstypen, die am dringendsten zur U-Boot-Bekämpfung benötigt würden, nicht gut im Terminplan. Der Bau der Schiffe gehe aber so schnell wie möglich voran.

Vinson ging auf die Kritik ein, die ihre Nahrung aus dem Erfolg der Briten bei der Vertreibung der U-Boote aus ihren Heimatgewässern bezog. Er sagte: »Diese Kritiker mögen sich daran erinnern, dass die Briten drei Jahre Erfahrungen mit dem Problem gesammelt haben und dass die Britischen Inseln bequem in den Golf von Mexiko passen«.[14]

Galveston verdunkelte seine am Meer gelegenen Lichter am 1. Juni, als Alfred von Mannstein mit U 753 aus dem Golf fuhr, nachdem er erfolgreich vier Handelsschiffe erledigt hatte. In den nächsten zehn Tagen gab es eine leichte Flaute bei den Versenkungen; dann trat Erwin Rostin mit U 158 auf. Am 7. Juni versenkte er zwei panamaische Schiffe – den Frachter HERMIS und den Tanker SHEHERAZADE – in der Nähe des Yucatán-Kanals.

Ein anderes Opfer von Rostin, die CITIES SERVICE TOLEDO, ein 1918 gebauter Tanker mit einer Ladung von dreiundachtzigtausend Barrel Rohöl, hatte Corpus

Christi verlassen und steuerte auf direktem Kurs nach Portland, Maine. In der zweiten Nacht der Fahrt, um etwa 2.00 Uhr morgens, schlugen zwei Torpedos mittschiffs in das Schiff ein, und die Explosionen zerstörten das Rettungsboot an Steuerbord. »Die Geschützbedienung bis auf zwei Mann auf Wache schliefen in unserer Unterkunft in der Nähe des Geschützes«, sagte James Handy, ein Besatzungsmitglied. »Wir zogen sofort unsere Kapokschwimmwestenwesten an und bemannten unsere Geschütze.«[15]

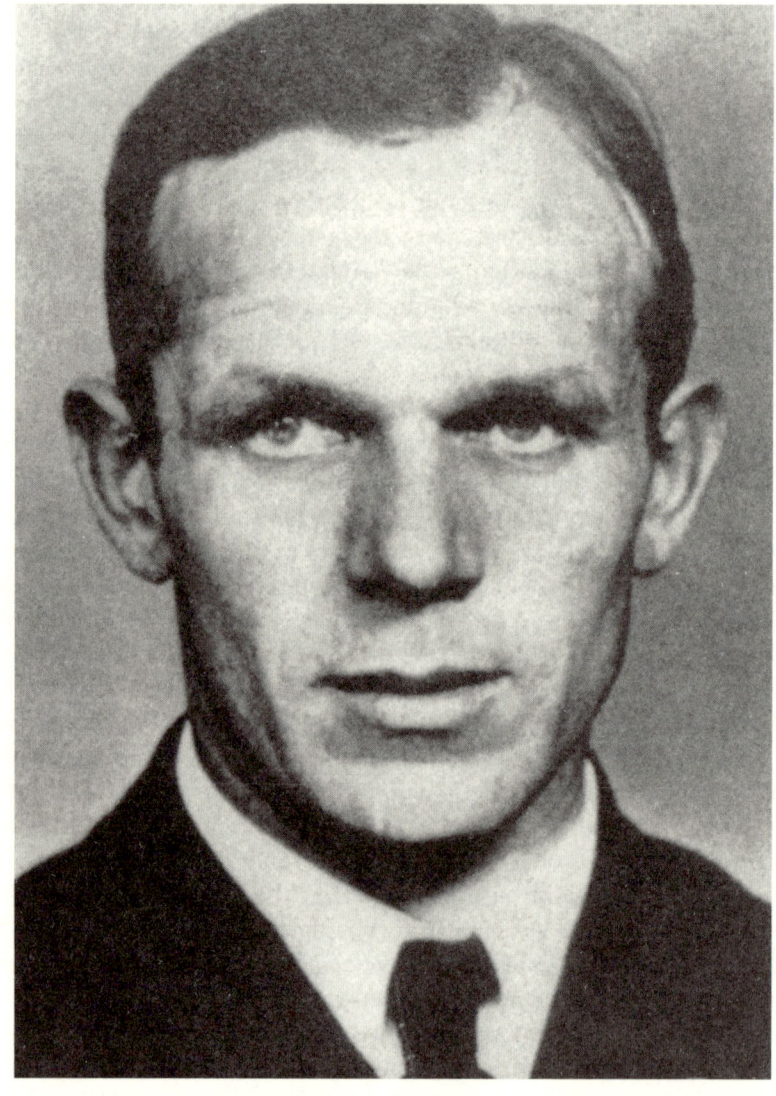

Erwin Rostin, Kommandant von U 158.
Foto mit freundlicher Genehmigung des U-Boot-Archivs, Cuxhaven.

»Die Sicht war extrem schlecht, da es eine stockdunkle Nacht ohne Mondlicht war, und es dauerte eine Weile, bis die Augen sich an die Dunkelheit gewöhnten«, fuhr er fort. Handy sagte, dass die Schiffsoffiziere das vordere Rettungsboot an Backbord zu Wasser ließen und hinunterkletterten, um hineinzukommen. Die Besatzung des Handelsschiffes versuchte, das hintere Rettungsboot an Steuerbord zu Wasser zu lassen, aber es kenterte dabei. Sie liefen hinüber zum anderen achteren Rettungsboot und brachten es nach langem Kampf zu Wasser. »Das Schiff hatte schwere Schlagseite nach Steuerbord, und sie mussten das Boot von der Seite des Schiffes wegdrücken, um es ins Wasser zu bekommen«, sagte Handy. Seine Geschützbedienung nach dem ersten Torpedotreffer war bereit, zu feuern; dann begriff sie, dass das U-Boot nur fünfhundert Meter entfernt aufgetaucht war. Sie konnten es nicht sehen, aber hörten die Dieselmotoren und sahen ein Licht, das immer heller wurde. Die Mannschaft wartete ab, ob das U-Boot eine Leuchtgranate abfeuern würde, um das Gebiet zu beleuchten und dann den Tanker mit einem Deckgeschütz zu erledigen.

Inzwischen wartete der Rest der Besatzung des Handelsschiffes auf die Geschützbedienung, weil das Rettungsboot, das sie im Wasser hatten, das letzte war. Das Schiff bekam immer mehr Schlagseite, und »wir mussten unser Geschütz fast bis zur Überhöhung ausrichten, um auf das U-Boot halten zu können«, sagte Handy. »Wir entschieden uns, nicht länger zu warten und einfach zu schießen, weil wir annahmen, dass sich sein Licht auf dem Turm befand.« Handy sagte, dass sie dann drei Salven feuerten, aber keine Treffer landeten, da das U-Boot untertauchte und noch zwei Torpedos in den sinkenden Tanker feuerte.

»Dieser letzte Torpedo schien anders zu sein, … da er nicht so viel Sprengkraft hatte und Feuer dreißig oder mehr Meter in alle Richtungen streute«, erklärte Handy. Sofort fing das ganze Rohöl, das sich an Deck verteilt hatte, Feuer, der hölzerne Mast kam in Stücken herunter und erschlug zwei Männer der Geschützbedienung. »Das Feuer loderte schnell das Deck hinauf, und die Geschützbedienung konnte das Rettungsboot nicht erreichen, also rutschten wir die Seite des Schiffes hinunter und schwammen weg.«

»Ich beschloss, vom äußersten hinteren Ende des Schiffes zu springen, das etwa neun oder zwölf Meter aus dem Wasser hinausragte«, fuhr er fort. »Ich hielt den Kragen meiner Rettungsweste richtig fest, um zu verhindern, dass er mein Genick brach, und sprang mit den Füßen zuerst in die öligen Wellen.« Handy sagte, es kam ihm wie eine Ewigkeit vor, bis er auf die Wasseroberfläche traf, und noch eine Ewigkeit, bevor er wieder heraufkam. »Ich schwamm zum Rettungsboot und zog mich hinein, und ein anderes Mitglied der Geschützbedienung, Haddad, stieg von der anderen Seite ins Boot. Wir nahmen Stücke der hölzernen Riemen und versuchten, vom Schiff wegzukommen, aber wir konnten das nicht, weil das Feuer zu schnell um das Heck des Tankers herumkam.«

Handy und Haddad sprangen aus ihrem Rettungsboot und begannen, von dem Schiff und brennenden Öl wegzuschwimmen. Durch die kabbeligen, schmierigen

Wellen zu kommen war so schwierig, dass sie sich nicht wirklich vom Feuer entfernen konnten. »Man schluckte viel Öl und Wasser und einem wurde sehr übel. Dann erbrach man sich und fühlte sich eine Weile ziemlich gut«, erinnerte sich Handy.

Die zwei schafften es etwa hundert Meter weit in die Dunkelheit, als die See rauer wurde. »Haddad und ich wurden getrennt, und ich sah ihn nie wieder«, sagte Handy. Nachdem sein Schiffskamerad verschwunden war, konnte Handy hören, wie die anderen Besatzungsmitglieder einander zuriefen. Als die Sonne aufging, begannen seine Augen von dem Meerwasser und vom Reiben, um das Öl zu entfernen, stark zu brennen. »Die Sonne tat den Augen auch weh, so sehr, dass ich sie die meiste Zeit geschlossen hielt, während ich auf meinem Rücken trieb«, sagte er. Ein paar Mal zog ein großer Fisch an seinen Hosen, aber Handy sah nie Haie. Er fasste eine portugiesische Galeere an, dabei wusste er nicht, dass ihre Tentakel ihn schwer verbrennen konnten.

Bei Tageslicht überflog ihn eine PBY (Patrouillenbomber, Y-Klasse) der Marine; dann erschien ein Luftwaffenbomber im Tiefflug über dem Wasser, umkreiste das brennende Schiff und zog ab. »Ich sah dann, wie ein Tanker etwa drei Meilen entfernt das Rettungsboot mit allen Offizieren darin barg, und das Schiff verschwand danach im Osten. Das war die BELINDA«, sagte Handy.

»Um neun Uhr morgens begann ich mir ein wenig Sorgen zu machen, da meine Kapokrettungsweste immer mehr durchweichte und mich nicht gut trug. Um etwa zehn Uhr kam ein anderer Tanker [GULFKING] etwa eine halbe Meile von mir entfernt und sehr nah an den anderen Jungs im Wasser vorbei. Die Wachoffiziere hörten sie rufen.« Das Schiff ging vor Anker und ließ ein Rettungsboot für sie zu Wasser, während die Strömung Handy zum Rettungsschiff trug. Er schaffte es bis zur Jakobsleiter und bekam seine Füße auf die unterste Sprosse und seine Arme darum herum, »aber ich war mittlerweile zu schwach, um die Leiter hinaufzuklettern«. Da kletterte ein Mann der Tankerbesatzung ihm auf halbem Weg entgegen und half Handy, auf das Schiff zu kommen. Etwa eine Stunde später wurde das Rettungsboot mit den restlichen Kameraden von Handy und dem Körper von einem der Geschützbedienung an Bord gezogen. Die GULFKING, die unbewaffnet und mit Öl beladen war, fuhr ostwärts nach Burrwood, Louisiana, und Handy erwartete, dass er ein zweites Mal ein Schiff verlassen musste. »Wir hatten keine Schwierigkeiten, aber wir fuhren in jener Nacht und am folgenden Tag an zwei oder drei torpedierten und brennenden Schiffen vorbei«, erinnerte er sich.

Als sie die Einfahrt des Mississippi erreicht hatten, lag ein brennender Tanker zwischen ihnen und dem Land und verhinderte, dass die Küstenwache einen Lotsen hinausschickte, um die GULFKING hereinzuholen, so dass sie die übrige Nacht vor Anker lagen. Eine Barkasse der Küstenwache kam nach Tagesanbruch und brachte die Überlebenden nach Burrwood. »Ein paar Tage später musste ich als das älteste Mitglied der Geschützbedienung nach Morgan City fahren, um bei der

Identifizierung der Leichen, die man von verschiedenen gesunkenen Schiffen im Golf hereingebracht hatte, zu helfen«, erklärte Handy. »Es war ein ziemlich qualvolles Erlebnis, da einige der Leichen eine Woche oder noch länger im Wasser gelegen hatten.« Er konnte ein Mitglied einer Marinegeschützbedienung und ein Schiffsbesatzungsmitglied identifizieren. Zwei oder drei Tage später wurden die vier überlebenden Artilleristen mit dem Zug zum Zentrum für bewaffnetes Wachpersonal in Brooklyn, New York, geschickt.

»Ich habe nie unter dauerhaften Auswirkungen der Torpedierung gelitten, aber mehrere Monate lang hat es mich fast krank gemacht, brennendes Öl, wie z. B. den Auspuff eines Autos, zu riechen«, sagte Handy.[16]

Nachdem Kommandant Rostin auf U 158 Handys Schiff, die CITIES SERVICE TOLEDO, vernichtet hatte, versenkte er am 17. Juni den norwegischen Tanker MOIRA südöstlich von Matamoros, Mexiko, und den panamesischen Tanker San Blas in derselben Gegend. Sein letzter Erfolg war die Henry Gibbons am 23. Juni südlich von New Orleans.[17]

In Galveston fragten sich alle, warum sie die lästigen neuen Verdunkelungsvorschriften einhalten mussten. Als sie ihre Morgenzeitung lasen, begriffen sie, dass die Angelegenheit ernst war. »Es mag ja viele Unannehmlichkeiten verursachen, … aber daran hat nur Adolf Hitler Schuld; Effektivität ist für die Seeleute eine Sache von Leben oder Tod«, hieß es auf der Titelseite. Der Journalist G. C. Grif-

U 158 mit Besatzungsmitgliedern, die der Flagge des Dritten Reichs salutieren.
Foto mit freundlicher Genehmigung des U-Boot-Archivs, Cuxhaven.

fin erklärte, dass die Armee begonnen hatte, mit Barkassen im Golf Inspektionen durchzuführen. Nach genauer Beobachtung der Situation hatten sie die Schlussfolgerung gezogen, dass Galveston mit noch weniger Licht auskommen müsse als zu Beginn der Verdunkelung. Die Beamten sagten auch, dass es ausreichend Grund gab zu glauben, dass die Verdunkelung für die Dauer des Kriegs anhalten werde.

Die neuen Maßnahmen würden von der Polizei konsequent durchgesetzt. »Jeder, der sich in Friedenszeiten Galveston auf der Straße näherte, hat lange, bevor er den Damm erreichte, den Lichtschein am Himmel bemerkt«, sagte Griffin. »Wenn die Stadt … bei Nacht beleuchtet ist, ist dieses Licht auf See aus großer Entfernung sichtbar, … und wenn ein Teil des Horizonts auf See so beleuchtet ist, … kann ein U-Boot-Kommandant die perfekte Silhouette von jedem Schiff, das zwischen ihm und dem Licht liegt, erkennen.«

Die Armee sagte, sie wolle die totale Verdunkelung für die ganze Küste vermeiden, weil die Probleme mit Verbrechen und Verkehrsunfällen überwältigend sein würden. Die Beamten forderten deshalb, dass Autos entlang dem Seawall Boulevard und fünf Wohnblocks weit vom Strand nur Parklicht benutzen sollten und überhaupt keine Autos auf dem Strand erlaubt sein sollten.

»Es gibt viele Personen, die gern mit den Behörden zusammengearbeitet haben, … es gibt andere, die absichtlich die Verdunkelungsvorschriften umgangen oder sich ihnen widersetzt haben«, sagte Griffin. Er wiederholte, dass es darauf ankam, sich nicht zu beschweren, aber »wenn jemand … jemanden finden will, um ihm die Schuld zu geben, dann soll er sich an Adolf Hitler wenden«.[18]

Zwei Tage später kam die Nachricht, dass U-Boote der Achsenmächte zum Golf vom Mexiko zurückgekehrt seien. »Tödliche … U-Boote sind in den Golf zurückgeschlichen … nach zwei Wochen ohne Unterwasserpiraten«, berichtete die Marine nach der Versenkung der SAN BLAS durch U 158. Die Versenkung dieses Schiffes und noch vier weiterer anderswo erhöhte die Zahl der Versenkungen seit Pearl Harbor auf 270. Im Bericht hieß es, dass ein U-Boot-Besatzungsmitglied ins Wasser sprang und eine Rettungsweste packte, um den Schiffsnamen herauszufinden, nachdem ein U-Boot einen kleinen Frachter vor der Küste Südkubas versenkt hatte. Vor der Ostküste sagten dreizehn Überlebende eines zerstörten Frachters aus, dass die U-Boot-Männer sich für den Tod einiger Männer der Schiffsbesatzung entschuldigten und ausriefen, »Deutschland und Amerika sollten sich einander nicht bekämpfen«. Bevor er untertauchte, plauderte der Kommandant mit den Überlebenden über die Vorteile von amerikanischem und deutschem Bier. Die Amerikaner waren von den U-Booten fasziniert.[19]

Im Monat Juni operierten sieben deutsche U-Boote in den Golfgewässern: U 158, U 506, U 504, U 753, U 67, U 129 und U 106. Nur vier davon hatten Erfolg: U 158, U 67, U 129 und U 106. Die fünfundzwanzig Schiffe, die sie im Mai torpedierten, gaben jedoch Admiral Dönitz die enorme Zuversicht, dass weitere Erfolge in dem Golf zu erzielen waren.[20]

9. *Mehr U-Boot-Erfolge*

DIE FÜNFTE KRIEGSFAHRT brachte U 67 die meisten Siege seiner Karriere. Kapitänleutnant Günther Müller-Stockheim marschierte am 20. Mai 1942 von Lorient zum Golf von Mexiko und kehrte im August mit acht Wimpeln zurück, wobei jeder eine Versenkung (bis auf ein beschädigtes Schiff) bedeutete. Müller-Stockheim gelang es, im Juni drei Handelsschiffe – die Managua (nikaraguanisch), RAWLEIGH WARNER (amerikanisch) und EMPIRE MICA (britisch) – zu versenken und eines zu beschädigen, die NORTIND (norwegisch). Im Juli versenkte er vier weitere und wurde von neun weiteren deutschen U-Booten unterstützt, aber keines davon übertraf seinen Rekord. Es waren U 134, U 154, U 157, U 509, U 171, U 129, U 84, U 166 und U 571.[1]

In der Tat gab es in diesem Monat so viele deutsche U-Boote im Golf, dass es ein Wunder war, dass sie sich nicht gegenseitig torpedierten. Gerade nachdem U 67 in den Golf gekommen war, ging der Kommandant südlich von Mobile auf Position. »Ich werde auf der Schifffahrtsroute von Pensacola nach Mobile operieren, weil ich bei Nacht nicht zu nahe an die Küste gehen will. Es gibt zu viel Licht [Mondlicht]«, vermerkte er. Das Hauptquartier schickte ihm einen Funkspruch und forderte ihn auf, zu wiederholen, was er eben gesagt hatte, und er notierte in seinem Logbuch, er werde das nicht tun, weil die Signale zu schwach waren.

Der Mann am Horchgerät hörte ein sehr leises Schraubengeräusch. Der Kommandant dachte daher, dass in der Nähe ein weiteres U-Boot auf der Pirsch war. Er hatte die gleichen verdächtigen Geräusche zweimal vorher gehört, und um Ärger zu vermeiden, fuhr er mit voller Kraft voraus, um den Ort zu verlassen. »Mir reicht es«, sagte er.

Als sich U 67 Mobile näherte, dröhnte ein großes Flugzeug auf sie zu und warf eine Bombe ab. Aber sie fiel zu weit entfernt und verursachte keinen Schaden. »Ich ärgere mich sehr, dass ich jetzt entdeckt worden bin«, schrieb der Kapitän. »Zweifellos werde ich untergetaucht bleiben, bis es dunkel wird.« Er entschied sich dann, nach Osten unterhalb von Port Saint Joe, Florida, zu fahren, weil er dachte, dass die Schiffe nicht ihrer gewöhnlichen Route folgten, sondern sich nahe an der Küste hielten. Er fand eine leere Rettungsinsel und einen Ring und untersuchte sie, fand aber keinen Namen auf ihnen.

In seinem nächsten Bericht sagte Müller-Stockheim, dass er ein Schiff vor der Nordküste Kubas (die MANAGUA) und ein anderes vor der südlichen Passage, nahe am Mississippi-Delta, versenkt hatte. Tatsächlich aber beschädigte er den zweiten, den norwegischen Tanker NORTIND nur. Am 23. Juni versenkte er den Tanker RAWLEIGH WARNER nahe der südlichen Passage.

U 67 bezog am 27. Juni Position sehr nah bei Port Saint Joe und entdeckte das Licht, das Cape San Blas markierte. Der Kommandant erkannte ein Schiff in der

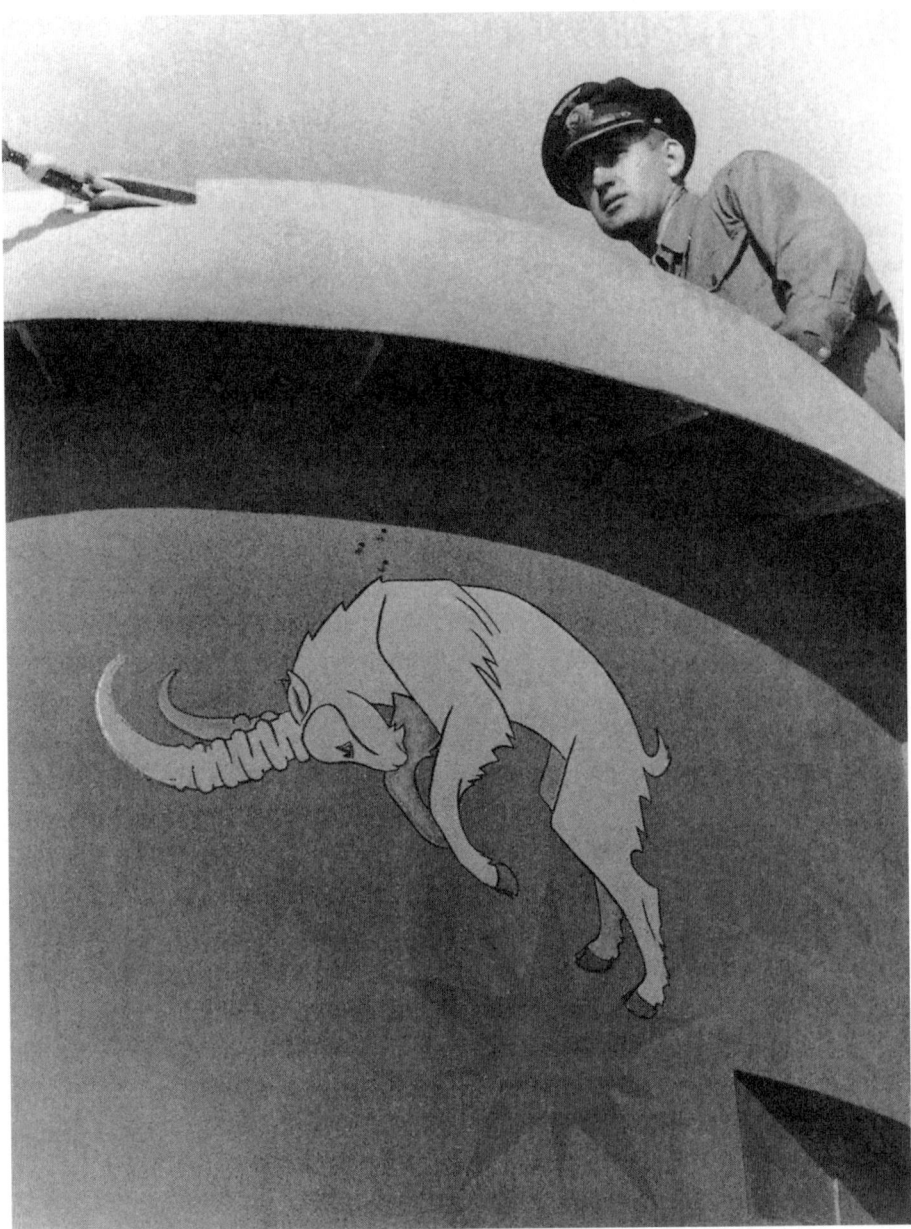

Kapitänleutnant Günther Müller-Stockheim, Kommandant von U 67, auf seinem Turm.
Deutsche U-Boote zeigten keine Nummern, sondern ihre Embleme.
Foto mit freundlicher Genehmigung des Bundesarchivs, Koblenz.

Entfernung und verfolgte es so schnell er konnte. »Ich fahre mit voller Fahrt, aber ich kann ihn kaum einholen, weil der Kerl sehr schnell ist«, bemerkte er. Dann verlor er sein Opfer in einer Nebelbank.

Plötzlich sah er etwas Seltsames. »Ich sehe etwas sehr Langes im Mondlicht, und es blinkt irgendwie, dann verschwindet es wieder. Ich weiß nicht, was ich davon halten soll, deshalb drehe ich ab.« Der Kommandant sagte, dass er aufgrund seiner Beobachtungen nicht glaubte, dass es ein Tümmler sei, sondern vielleicht ein Sehrohr. Das Nächste, was er erkannte, war ein Schlepper, der einen Lastkahn schleppte. Er feuerte aber nicht, weil er seine Position geheim halten wollte.

In der nächsten hellen Mondnacht sah er einen Schatten über seinen Bug wandern. Als er näher schlich, konnte er etwas besser sehen. »Man kann es jetzt wirklich als U-Boot identifizieren, das wie ein deutsches Boot vom Typ IX aussieht, aber ich bin mir nicht völlig sicher«, schrieb er. Deshalb tauchte er für einen möglichen Angriff unter. Dann hörte er ein »singendes« Geräusch, wahrscheinlich das eines Propellers. »Das andere U-Boot ist offensichtlich getaucht, und nach dem, was ich gesehen und jetzt erfahren habe, könnte es sicher ein deutsches U-Boot sein, eventuell Korvettenkapitän Henne, weil sein Radio vielleicht nicht betriebsfähig ist und er sich nicht identifizieren kann«, schrieb Müller-Stockheim. Um eine Kollision zu vermeiden, drehte er nach Backbord.

Der Kommandant sagte, dass er tagsüber auf dem Grund in einer Tiefe von über fünfundvierzig Metern untergetaucht blieb. »Die Temperatur dort ist sehr angenehm [kühl]«, schrieb er in seinem Logbuch.

Am 29. Juni gerade nach Mitternacht torpedierte er den britischen Tanker EMPIRE MICA, sehr nahe bei Port Saint Joe.

Das Schiff brannte heftig, nachdem die beiden Schüsse eingeschlagen waren, dann brach das ganze Schiff in zwei Teile auseinander. In dem Moment erschien ein Fischerboot, das auf Kollisionskurs mit dem U-Boot zu sein schien. Dann erschien ein anderes Schiff. »Sehr niedrige Silhouette«, sagte Müller-Stockheim, »etwa wie ein Quadrat mit einer kleinen Brücke. Es ist gut möglich, dass es ein U-Boot ist. Könnte es Henne sein? Ist er in diesem Gebiet?«

Nachdem er eine Weile bei Cape San Blas geblieben war und nichts als Fischereifahrzeuge gesehen hatte, fuhr er hinauf bis Santa Rosa Island direkt vor Pensacola. »Ich habe Land in Sicht«, berichtete er. »Es gibt sechs Scheinwerfer an Land, und sie haben ein Flugzeug in einem der Lichter. Ich denke, es ist vielleicht Scheinwerferausbildung, weil nachher eins der Flugzeuge in einen Sturzflug geht.« Es konnte auch ein Feuer an der Küste sehen. »Es sieht fast wie in Friedenszeiten aus«, sagte er.

Am 7. Juli fuhr Müller-Stockheim zur Südwestpassage, wo er die PAUL H. HARWOOD traf und versenkte. Er hörte zufällig, wie eine Funkstation in Pensacola berichtete, dass ein U-Boot auf 30.14 N, 87.27 W gesichtet worden war. »Das kann nur Korvettenkapitän Henne sein, da [es] in diesem Gebiet kein anderes Boot auf Position [gibt]«, merkte der Kommandant an. Falsch – es war Erwin Rostin mit U 158.

Von seiner Position mehrere hundert Meilen südlich der Mississippi-Passage aus bemerkte er mehrere »Schnellläufer mit vielen Zickzacks«. Offensichtlich versuchten jetzt die Schiffskapitäne, die U-Boote so gut sie konnten auszumanövrieren. Am 8. Juli hörte Müller-Stockheim heftige Detonationen, nachdem er einen Dampfer, der im Zickzack fuhr, in der Entfernung gesehen hatte. »Sehr

Besatzungsmitglieder von U 67 beobachten den Untergang des Tankers EMPIRE MICA
am 29. Juni 1942 dicht vor der Küste von Florida bei Apalachicola.
Foto mit freundlicher Genehmigung von Hans Burck, ehemaliges Mitglied der Crew von U 67.

wahrscheinlich von Torpedos getroffen«, vermutete er. »Wahrscheinlich ein U-Boot. Auch hier könnte Korvettenkapitän Henne sein.«
Jeden Morgen legte der Kommandant sein Boot auf Grund, und blieb dort tagsüber. Bei Nacht tauchte er auf, um Beute zu machen. Von einer Position unmittelbar südlich von Mobile, Alabama, berichtete er dem Hauptquartier: »Hier verläuft der Verkehr in Gruppen in beide Richtungen, tagsüber starke Luftsicherung, nachts mit leichter Seedeckung [Geleitschiffe].«
Er hörte das leise Geräusch zweier Schrauben, die im gleichen Rhythmus klopften, und stoppte seine Maschinen, aber das Geräusch blieb und verschwand auf wechselnden Kursen. »U-Boot?« fragte er sich.
Am nächsten Tag feuerte der Kommandant zwei Torpedos auf einen vorbeifahrenden Tanker ab, aber nichts geschah. »Ich kann diesen Fehlschuss nicht verstehen«, sagte er, »da die Entfernung über 1.000 Meter lag … und der Tanker sei-

nen Kurs und seine Geschwindigkeit nicht änderte.« Er schrieb in sein Logbuch, dass das Schiff vorne ziemlich hoch schwamm und eine zusätzliche Vorrichtung hatte, eventuell einen Wasserbombenwerfer. »Sehr enttäuscht«, bemerkte er und steuerte zum Grund zurück. Kurze Zeit später hörte er laute Explosionen
und vermutete wieder, dass es ein Angriff von U 157 war.

U 67, eines der erfolgreichsten U-Boote im Golf von Mexiko.
Foto mit freundlicher Genehmigung des U-Boot-Archivs, Cuxhaven.

In der Nacht vom 9. Juli positionierte sich U 67 genau vor der Mississippi-Einfahrt. Um 10.30 Uhr sah Müller-Stockheim mehrere Fischerboote, dann
erblickte er einen Tanker vor Anker »oder auf Grund gelaufen, ... letztere Ver-
mutung bestärkt durch das Vorhandensein eines Schleppers«.
Er feuerte zwei Torpedos aus den Heckrohren, die die BENJAMIN BREWSTER
nach zweiunddreißig Sekunden trafen. »Eine hohe, außergewöhnliche, starke
und grelle Flammenzunge und eine zweite Detonation nach jedem der zwei
Treffer«, trug er in sein Logbuch ein. »Teile des Schiffes fliegen durch die Luft,
einige davon in der Nähe unseres Bootes ins Wasser. Es scheint, dass Munition hochgegangen ist.«
Er konnte den Geruch von Pulver wahrnehmen, und es gab relativ wenig Rauch-
entwicklung. Dann dachte er, es könnte eine Ladung Benzin sein. »Abgelaufen
mit zweimal AK«, sagte der Kommandant.
Er stoppte auf Distanz und beobachtete, wie ein Wasserflugzeug über dem brennenden Tanker kreise, während weitere Explosionen die Luft erfüllten. Dann
wurde ein Scheinwerfer an der Küste von Louisiana eingeschaltet. Er schickte

einen Funkspruch ans Hauptquartier: »Intensiver Tagesverkehr nach Osten und Westen, … inzwischen auf der Suche westwärts.« Fünfundeinhalb Stunden später merkte er, dass der Tanker immer noch hell brannte.

Am nächsten Morgen nahm U 67 seinen Weg entlang der Küste in der Nähe von Trinity Shoal. Sein Funkspruch am 13. Juli sagte, dass es tagsüber sehr viel Verkehr vom Osten nach Westen gab und »erkennbare Schiffe, die bei Nacht im flachen Wasser vor Anker lagen«.

In der gleichen Nacht griff Müller-Stockheim die R. W GALLAGHER mit Torpedos an und erzeugte eine »hohe Explosionssäule, … Brücke und Vordermast brennen sofort«. Er sagte, dass der Tanker seine Sirene heulen ließ, als er zu sinken begann, und dabei steil nach Steuerbord sackte. Er beobachtete, wie die Besatzung Rettungsboote zu Wasser ließ, und fast alle außer der Geschützbedienung verließen das Schiff. »Der Tanker ist mit vier Flugabwehrwaffen, Maschinengewehren, Flakgeschützen und einer Kanone schwer bewaffnet.« Er konnte einige Besatzungsmitglieder auf dem Bug und Heck sehen, als er einen weiteren »Aal« feuerte und sein Ziel verfehlte. Er feuerte einen zweiten und hörte den dumpfen Aufschlag eines Blindgängers. Während der Kommandant Rohr 5 erneut lud, sank das Schiff weiter.

Besatzungsmitglied von U 67, das Schildkrötenpanzer nach einer Einsatzfahrt in der Karibik untersucht. Lorient, Frankreich, März 1942. Foto mit freundlicher Genehmigung des Bundesarchivs, Koblenz.

In diesem Moment erschien plötzlich ein Geleitschiff, so dass er den Ort des Geschehens sofort verlassen musste. Das Boot folgte ihm und brachte ihn auf den Gedanken, dass sie ihn gesehen hatten oder von Rettungsbooten dirigiert worden waren. Müller-Stockheim beschleunigte auf zweimal AK und sagte: »Der Dieselqualm ist sehr willkommen, weil uns das Begleitschiff jetzt sehr wahrscheinlich nicht weiter orten kann.« Das U-Boot wurde wieder langsamer, um zu versuchen, aus dem Schein des brennenden Schiffs zu kommen. »Alles vorbei, erfahrungsgemäß muss man aber mit Flugzeugen rechnen«, schrieb der Kommandant.

Er hörte noch mehrere Explosionen und sah hohe Flammenzungen am Horizont. »Es ist erstaunlich, aber es kommen keine Flugzeuge.«

Während U 67 das Wrack verließ, entschied Müller-Stockheim, die Rückfahrt zu verschieben. »Das Boot und die Besatzung werden die Fahrt an der Oberfläche begrüßen, weil es überall schimmelt und es Kurzschlüsse an Bord gibt. Ich hoffe, dass ich den letzten Aal zusammen mit der Artillerie in der Florida-Straße nutzen kann, wenn der Mond abgenommen hat.«

Das U-Boot steuerte nach Süden und verließ den Golf von Mexiko. Um den 1. August herum näherte es sich ohne Torpedos und mit geringem Ölvorrat der

Empfang für U 67, das gerade aus dem Golf von Mexiko angekommen ist.
Acht Wimpels, zeigen acht Versenkungen. Der Kommandant trägt eine weiße Mütze.
Foto mit freundlicher Genehmigung des Bundesarchivs, Koblenz.

Biskaya, als ein Flugzeug es entdeckte und angriff. U 67 tauchte gerade, als die Bomben fielen, und erlitt nur geringen Schaden – ein paar Instrumente gingen zu Bruch. Es lief am 8. August 1943 in Lorient ein. Dort wurde die Besatzung mit klingendem Spiel, Grußworten von Admiral Dönitz und einer Menge aufgeregter Bürger mit Blumensträußen wie Helden empfangen.[2]

Nach Rückkehr in den Golf hatten im Monat Juni U 67 und drei andere U-Boote dreizehn Schiffe beschädigt oder versenkt.[3]

Korvettenkapitän Wolf Henne auf U 157 erreichte sein Ziel vor der Mississippi-Passage nie. Am 10. Juni wurde Henne, der westwärts durch den Old Bahama-Kanal fuhr, von Funkpeilern geortet. Admiral Kauffman, Kommandeur der Gulf Sea Frontier, befahl »allen verfügbaren Kräften, sowohl in der Luft als auch zu Wasser, … das U-Boot bis zur Erschöpfung zu jagen und zu zerstören«. Henne, der sich der Lage nicht bewusst war, griff an und versenkte in dieser Nacht einen amerikanischen Tanker vor der Nordküste Kubas. Wenig später fuhr er aufgetaucht weiter, weil er wie alle anderen Deutschen annahm, dass alliierte Flugzeuge kein Radar hatten. Gerade vor Sonnenaufgang fand eine B-18 mit Radar U 157, schwenkte in niedriger Höhe über die Köpfe der erstaunten Besatzungsmitglieder und versuchte, einige Bomben abzuwerfen. Die Bombenschächte des Flugzeugs waren beim ersten Anlauf aber nicht ganz offen, daher drehte die B-18 und kam zurück und warf vier Wasserbomben ab, während Henne sein Schiff so schnell wie möglich tauchen ließ.

Henne entkam diesem Angriff, aber das Schlimmste sollte noch kommen. Noch drei weitere Flugzeuge kamen, um nach dem U-Boot Ausschau zu halten, und zwölf Patrouillenboote der Küstenwache erschienen, um auch zu suchen, und schließlich die Zerstörer NOA und DAHLGREN.

Am nächsten Tag, dem 11. Juni, sah der Pilot eines Flugzeugs der Pan American Airways U 157 auf der Oberfläche, und weitere Flugzeuge wurden losgeschickt sowie eine zweite B-18. Am Morgen des 12. Juni beobachtete eine B-18, wie das Boot in der Florida-Straße schnell tauchte. Der Kutter THETIS fand Henne, warf sieben Wasserbomben ab und wartete. Eine riesige Wasserblase durchbrach die Oberfläche; dann trieben einige zerbrochene Holzstücke und zwei Paar Lederhosen hoch. Es gab keinen Zweifel: U 157 würde nie wieder auf Patrouille gehen, und amerikanische Militärbeamte jubelten.[4]

»Alle genossen die Jagd, und Ausbildung und Moral haben sich ausgezahlt«, schrieb Samuel E. Morison, »aber das Experiment wurde nicht wiederholt, und zwar aus zwei Gründen. Die große Anzahl Luft- und Überwasserfahrzeuge, die mehrere Tage lang für nichts anderes verwendet werden konnte, ließ die Schifffahrt ungeschützt, und man glaubte bessere Resultate erzielen zu können, … indem man den Begleiteinheiten Gruppen zur Unterstützung und zur Vernichtung zuordnete.«[5]

Die Gulf Sea Frontier berichtete, dass »im ganzen Juli die Aktivitäten immer noch intensiv waren. … Überlebende wurden fast täglich geborgen, und häufig wurden verdächtige Schiffe gesichtet.« Der Kommandeur schätzte, dass während des ganzen Monats sogar neun U-Boote im Golf aktiv waren. Er lag fast richtig – es gab zehn. Armee- und Marineflugzeuge sowie Pan-American-Piloten, Handelsschiffe und Funkpeiler machten wiederholt Ziele aus. »Eine andere Quelle für Zielerfassung ist nicht erwähnt worden«, wurde in einer Fußnote der Geschichte des Gulf Sea Frontier erwähnt. »Ältere Damen mit Fernglas auf ihren Veranden waren besonders gut im Erspähen von U-Booten in flachen Gewässern.«[6]

Weiter wurde berichtet, dass feindliche U-Boote in vier Hauptgebieten operierten: der Florida-Straße; nordwestlich der Dry Tortugas; dem Yucatán-Kanal und südwärts davon sowie der Mississippi-Passage und westwärts davon. »Das Gebiet zwischen Morgan City, Louisiana und Galveston blieb die ganze Zeit das einzige Gebiet, das wegen seiner flachen Gewässer nicht betroffen war.«[7]

Am nächsten Tag begannen die Leute in Galveston mittags ihre große Kampagne für Siegeranleihen und Briefmarken mit einem Konzert der Musikkapelle im Menard-Park und dem symbolischen Hängen von Adolf Hitler. Tausende von Menschen versammelten sich an der Ecke 23rd und Postoffice Street und schauten zu, wie Jeeps aus Fort Crockett mit Soldaten, hübschen Mädchen und der ausgestopften Hitler-Puppe ankamen.

L. B. Valadie zog »Hitler« an einem Seil hoch und hängte ihn über der Straßenecke auf, während die Menge jubelnd Beifall klatschte. Diejenigen, die fünf Dollar für Anleihen und Briefmarken gezahlt hatten, begannen einen Revolver mit Platzpatronen auf den Führer abzufeuern. Die ersten waren Jungen und Mädchen, die ihr Geld für diesen Anlass gespart hatten; dann kamen ein Mann und seine Frau, die Anleihen im Wert von 600 Dollar gekauft hatten. Sie wechselten sich beim Verschießen von sechsunddreißig Platzpatronen ab, obwohl sie 120 Schüsse gekauft hatten. Andere drängten hinzu, um auf »Hitler« zu zielen. In diesem Moment kam eine lange Reihe Jeeps und »Peeps« mit Soldaten aus Fort Crockett und Camp Wallace an, und eine Maschinengewehreinheit stieg auf das Dach des Gebäudes von E. S. Levy & Company, um den deutschen Tyrannen »einzudecken«. Ein Feldwebel gab ihm den Todesschuss aus einem echten Revolver, der einen Ballon im Hemd der Puppe durchschlug, woraufhin aus dem »Herzen« eine schwachrote Flüssigkeit drang, während die Menge brüllte.[8]

Mitte Juni entschied sich Kongress für die Pipeline von Ickes, weil die U-Boote Rohöl- und Benzinlieferungen im Golf zu Flächenbränden machten. »Auf lange Sicht gesehen wird das Ergebnis des Krieges vom Ergebnis des Wettlaufs zwischen Versenkungen und Neubauten abhängen«, schrieb Admiral Dönitz im April 1942. »Aber das Zentrum des Schiffbaus und der Rüstungsproduktion liegt in den Vereinigten Staaten. Wenn ich folglich das Zentrum angreife, insbesondere die Öllieferungen, packe ich das Übel an den Wurzeln.« Bisher hatte der

Admiral immer zu seinem Wort gestanden. Er wusste, dass die Vereinigten Staaten dringend Erdölprodukte brauchten, um den Krieg zu gewinnen, und dass Amerika zuversichtlich war, dass keine U-Boote in den Golf von Mexiko oder in die Nähe der östlichen Küsten kommen würden. Nach fünf Monaten Verwüstung wachte der Kongress endlich auf.[9]

Jetzt gab es endlich Pläne, zuerst der Bau einer riesigen Pipeline von den östlichen Ölfeldern in Texas nach Salem, Illinois, dann der Anschluss von zwei Pipelines nach Philadelphia und New York. Als Kompromiss mit dem Plan von Ickes sollte die Vierundzwanzig-Zoll-Leitung aus nahtlosen Stahlrohren statt aus knappen Stahlplatten gebaut werden. Sie würde 30 bis 40 Millionen Dollar kosten. Die Pipeline müsste neu gebaut werden, da keine der alten Leitungen mehr als zwanzig Zoll Durchmesser maß. Sie würde täglich dreihunderttausend Barrel Rohöl befördern. Eine zusätzliche Acht-Zoll-Pipeline würde von Port Saint Joe, Florida, durch den Staat nach Jacksonville gebaut werden, um Benzin zu transportieren. Am 19. Juli brachte die National Tube Company die erste Zugladung mit nahtlosen, 12 Meter langen Vierundzwanzig-Zoll-Stahlrohren nach Little Rock, Arkansas.[10]

Die Bewohner von Galveston lasen am 6. Juli, dass ein panamesisches Schiff am 16. Juni im Golf torpediert worden war. Es war die SAN BLAS, die Galveston auf dem Weg nach Guatemala allein auf einem Zickzackkurs verlassen hatte. »Alles war normal«, sagte der Erste Offizier Ralph Strong aus Philadelphia, »als der Torpedo unsere Backbordseite traf, das Heck wegriss und die Maschinen zertrümmerte. Zwei Torpedos wurden in einem Fünfundvierzig-Grad-Winkel auf uns gerichtet, aber einer ging daneben.« Er sagte, dass er in seiner Kabine las, als er die Explosion hörte. Der Kapitän und mehrere andere wurden getötet, als das Schiff kenterte und sie zerquetschte, während sie versuchten, ein Rettungsboot zu Wasser zu lassen. Andere starben, weil sie ihre Rettungswesten nicht schnell genug anziehen konnten. Die San Blas sank innerhalb von drei bis vier Minuten, und vierzehn Überlebende, darunter der Erste Offizier, konnten in zwei Rettungsinseln, die sie zusammenbanden, entkommen.

Sie trieben langsam in der Nacht, während Haie ihre Rettungsinseln umkreisten, und einer der Männer starb an seinen Wunden. »Wir begruben ihn auf See«, sagte Strong. »Wir beteten ein Vaterunser und segneten ihn, so gut wir es konnten.« Die Rettungsinseln trieben zusammen dahin, und die Männer ernährten sich von den Vorräten an Milchtabletten, Schokolade und Graham-Keksen. Jeder bekam zwei Tassen Wasser täglich. Sie hängten Flaggen und Segel als Schutz auf und wechselten sich beim Rudern ab. Sie schätzten, dass sie in etwa sechs Tagen Land erreichen würden.

An ihrem dritten Tag auf See wurden sie von zwei Patrouillenflugzeugen überflogen, die offensichtlich die dümpelnden Rettungsinseln nicht sahen. Am dreizehnten Tag fand eine Marine-PBY sie und landete in ihrer Nähe. Als die Marinebesatzung sich auf die Bergung der Männer vorbereitete, sahen sie ein U-Boot. »Wir mussten uns beeilen, an Bord zu kommen, weil wir befürchteten, dass das U-Boot das Flugzeug angreifen könnte«, erzählte Strong. Alle Männer auf den Rettungsinseln überlebten diese Tortur, aber dreiunddreißig der anderen Besatzungsmitglieder gingen mit dem Schiff unter.[11]

»Der Glaube, … dass U-Boote der Achsenmächte, die weiterhin den amerikanischen und alliierten Schiffen im Golf und der Karibik schwere Verluste zufügen, von geheimen Stützpunkten auf den karibischen Inseln aus und von unbewohnten Abschnitten der zentral- und südamerikanischen Küsten operieren

Günther Pfeffer, Kommandant von U 171.
Foto mit freundlicher Genehmigung des U-Boot-Archivs, Cuxhaven.

und dass sie Informationen durch ein gut organisiertes Spionagesystem erhalten, scheint durch die neuerliche Verhaftung von zwanzig verdächtigen Spionen in Britisch-Honduras und der Panamakanalzone bestätigt zu sein«, verkündete der Redakteur der *Galveston Daily News*. Als Antwort auf Berichte, Armee- und Marinepatrouillen würden ihre Suche nach diesen »Verstecken« intensivieren, machte der in der Ölindustrie in Fort Worth tätige Jack Danciger, Konsul von Mexiko und der Dominikanischen Republik, einen Vorschlag, wie man die »Seeratten der Achsenmächte« ausmisten könnte. Er sagte, dass es entlang der Küsten Nord- und Südamerikas zahllose Sportler gab, die dort segelten, jagten, angelten, die »mit jedem Meter dieser Küsten vertraut sind«. Danciger glaubte, dass man sie unter der Führung der Marine oder Küstenwache zu einer Patrouille organisieren könnte, »die diese Betankungspunkte bald aufstöbern und die Etablierung anderer verhindern würden«. Er schlug auch vor, dass die Marine Tausende kleiner, bewaffneter Schnellboote für Küstenpatrouillen bauen sollte. Der Redakteur dachte, dass dieser Vorschlag für eine »Bürgerwehr auf U-Boot-Jagd« beträchtliche Vorzüge hatte und geprüft werden sollte.[12]

Zwei Wochen später verließ U 171 unter seinem Kommandanten Günther Pfeffer den Atlantik und fuhr in den Golf von Mexiko, nachdem es an einer unbekannten Position aufgetankt hatte.

»Ich fahre jetzt zu meinem Einsatzgebiet DA 80 und 90 [zwischen Galveston und New Orleans] mit Schwerpunkt vor Galveston«, schrieb er in sein Logbuch. Auf dem Wege dorthin wurde er von einem Wasserflugzeug mit zwei oder drei Bomben bombardiert, aber erlitt keinen Schaden. Er merkte, dass die Lichter an Turk's Island und den Tortugas hell brannten, »wie zu Friedenszeiten«.

Am 23. Juli trat Pfeffer in dem ihm zugeteilten Gebiet zwischen Galveston und New Orleans ein. Ein paar Tage später schickte er einen Bericht über seine Beobachtungen zurück: Der Schiffsverkehr verlief durchschnittlich bis stark in Gruppen kleiner Konvois nahe der Küste. Er wurde von korvettenähnlichen Geleitfahrzeugen und ständiger Luftsicherung geschützt, und wegen der geringen Wassertiefe gab es keine Möglichkeit, in Schussposition zu kommen. »Ich versuchte Angriffe auf sechs Dampfer, hatte aber wegen der großen Schussweite kein Glück«, berichtete er.

Da er erkannte, dass die Gewässer vor Galveston zu flach waren, um große Schiffe zu versenken, und nachdem er viele wertvolle Torpedos verschwendet hatte, rückte Pfeffer zur Mississippi-Einfahrt vor. Am 13. August sichtete er einen Tanker (R. M. PARKER, JR.) und feuerte zwei Schüsse ab. Der Kommandant hörte zwei Detonationen, dann feuerte seine Artillerie noch vier Mal ab – mit einem Fehlschuss, und er sah, wie der Tanker schwere Schlagseite bekam. »Der Bug ragt immer noch ein bisschen aus dem Meer«, notierte er. Die Tiefe betrug fünfunddreißig Meter.[13]

Die R. M. PARKER, JR. fuhr in der Nacht allein und auf geraden Kurs, ohne Licht und mit abgestelltem Funk, als U 171 sie traf. Kurz nach Mitternacht sahen zwei Ausgucks eine phosphoreszierende Bahn direkt achtern, etwa fünfundzwanzig Meter vom Schiff entfernt. Sie bemerkten zwei Lichtpunke, die sich auf das Schiff zu bewegten. Aber die zwei Torpedos schlugen ein, bevor Alarm gegeben werden konnte. Beide explodierten auf der Backbordseite etwa mittschiffs. Dadurch wurden zwei Tanks geflutet und das Deck verbogen.

Ein Notsignal konnte nicht gesendet werden, weil der Hauptmast bei der ersten Explosion umfiel und die Antennen zerstörte. Die Parker war bewaffnet, aber die Männer konnten wegen der schweren Schlagseite des Schiffes und der Dunkelheit keinen Gegenangriff machen. Nachdem die Besatzung das Schiff in drei Rettungsbooten verlassen hatte, tauchte das U-Boot etwa zweihundertfünfzig Meter entfernt auf und feuerte fünf Granaten in das Schiff. Die erste traf die Munitionskiste an der Geschützrampe und ließ das Magazin explodieren, und die anderen trafen das Deck und die Brücke.

»Wir rutschten die Rettungsleine hinunter, gingen ins Wasser und schwammen dann die kurze Strecke zum Rettungsboot«, sagte Edward Haake, einer der bewaffneten Marinewachen. Nachdem sie ins Boot gestiegen waren, vermutete einer von ihnen, dass er Haie sehen konnte, und schlug mit seinem Riemen auf das Wasser.

Die Männer entschieden, die Führung dem Zweiten Offizier zu übertragen. Während der Nacht nahm er seine Erkennungsmarken und Kaliber-45-Pistole ab und legte sie auf den Boden des Bootes für den Fall, dass die U-Boot-Besatzung zurückkam und sie befragen sollte. »Wir hatten die Anweisung, bei Fragen zu sagen, wir seien Seeleute der Handelsmarine. Vielleicht würde das verhindern, zu Kriegsgefangenen zu werden«, erklärte Haake. »Nach Anbruch des Tages hängte ich meine Erkennungsmarke um und reinigte die Pistole.« Jeder Seemann hatte eine Tasse Wasser und ein Stück Schiffszwieback zum Frühstück. »Als die Sonne aufging, sahen wir den Schiffsbug bis zur Brücke und mit Schlagseite aus dem Wasser ragen. Ein Tanker mit leeren Tanks kann nämlich schwimmen«, sagte er.

Ein anderes Rettungsboot näherte sich ihnen, und die Männer beschlossen, alle zusammen zu bleiben. Dann überflog sie ein PBY-Patrouillenflugzeug, und alle auf den Rettungsinseln standen auf, winkten wild mit den Armen und schrien, so laut sie konnten. Das Flugzeug warf eine Nachricht ab, die besagte, dass Hilfe unterwegs war, und kurz danach kam ein Krabbenfischerboot, um sie zu bergen.[14]

Kapitänleutnant Pfeffer erzielte noch einen Sieg: die Versenkung des mexikanischen Tankers AMATLAN nahe der Nordküste Mexikos am 4. September. »Rückreise gestartet«, schrieb er in seinem Logbuch. »Ich fahre Richtung Quadrat DE 35 [im Atlantik östlich von Florida] um die Vorräte zu ergänzen.«

Am 10. September, als Pfeffer durch die Biskaya gefahren und Land in Sicht war, musste er stoppen, um auf ein Geleitschiff zu warten, gewöhnlich ein Minensucher, das sie in die Bunker geleiten sollte. Er bemerkte fünf deutsche Flugzeuge, die entlang der Küste flogen. Unter ihnen war eine Ju-52 mit Minensuchgerät, die mehrmals in fünfzig Meter Entfernung an ihm vorbeiflog. »Hier unterzutauchen … stand außer Diskussion«, sagte Pfeffer. (Zu viele Minen.) Er befahl vier Männern, Wache auf der Brücke zu halten, später dann weiteren. »Da ich auf Position bleiben musste, entschied ich mich, in der Nähe im Zickzack mit geringer Fahrt hin und her zu fahren, bis mich das Begleitschiff erreicht hat.« Wenig später, gerade als die Ju-52 in kurzer Entfernung vorbeigeflogen war, gab es eine Explosion im Vorschiff des U-Boots. »Ich vermutete eine Mine und befahl, beide Maschinen zu stoppen«, berichtete der Kommandant. »Zuerst dachte ich, dass ich das Boot an der Oberfläche halten könnte.« Aber sein Befehl erreichte den Maschinenraum nicht, und er hörte, wie die Dieselmotoren weiterliefen.

»Ich befahl ›alle Männer raus‹ [zum Deck], … und da das Boot jetzt vorne immer schwerer wurde, rief ich ›alle Mann von Bord‹. Ich hörte, wie der Leitende Ingenieur, der auch auf der Brücke war, schrie, ›Rettungswesten an‹ und wiederholte den Ruf.« Pfeffer sah, dass die Bugtorpedoluke offen war und dass zwei Männer versuchten, hinaus zu gelangen. Er rief mehrmals ›Luke dicht!‹ und unterstrich den Befehl mit einer schwungvollen Handbewegung. Sie schafften es, die Luke zu schließen, aber das Boot wurde immer buglastiger und begann zu sinken.

»Ich habe das Turmluk nicht geschlossen, weil noch immer Männer aufstiegen. Als die Vorderkante der Brücke unterging, sprang ich.« Das Heck ragte noch aus dem Wasser, und Pfeffer konnte die laufenden Dieselmaschinen hören. »Als ich wieder an die Oberfläche kam, war von dem Boot nichts mehr zu sehen.« So schnell wie möglich versuchte er allen, die im Wasser schwammen, mitzuteilen, alle sollten zusammen bleiben, um besser gefunden zu werden. Der Erste Offizier schlug vor, zur Isle de Croix zu schwimmen, und während sie versuchten, dorthin zu gelangen, erschien ein Dinghi der deutschen Küstenwache, um sie zu retten. Von der Besatzung mit zweiundfünfzig Männern an Bord U 171 starben zweiundzwanzig und dreißig überlebten, um wieder zur See zu fahren.[15]

Handelsschiffe, die 1942–43 in der Gulf Sea Frontier angegriffen wurden

Nr. auf Landkarte	Verband	Schiffsname
1942		
1	a	PAN MASSACHUSETTS
2	a	REPUBLIC
3	a	CITIES SERVICE EMPIRE
4	b	W. D. ANDERSON
5ᴳ	b	O. A. KNUDSEN
6	b	BENWOOD
7ᴳ	b	DAYTONIAN
8ᴳ	b	ATHELQUEEN
9	a	LESLIE
10	b	KORSHOLM
11	b	LA PAZ
12	b	SAMA
13	b	OCEAN VENUS
14ᴳ	b	LAERTES
15	b	ECLIPSE
16	a	TUSCALOOSA CITY
17	b	MUNGER T. BALL
18	b	JOSEPH M. CUDAHY
19	b	NORLINDO
20	a	DELISLE
21	a	JAVA ARROW
22	b	AMAZONE
23	a	HALSEY
24	a	GREEN ISLAND
25	a	ALCOA PURITAN
26	b	EMPIRE BUFFALO
27	b	ONTARIO
28	b	TORNY
29	a	CRIJNSSEN
30	b	LUBRAFOL
31	b	CALGAROLITE
32	a	AURORA
33	a	VIRGINIA
34	a	GULFPRINCE
35	a	GULFPENN
36	a	DAVID MCKELVY
37	b	POTRERO DEL LLANO
38	a	EASTERN SUN
39	b	AMAPALA
40ᴳ	a	NICARAO
41	a	SUN
42	a	WILLIAM C. MCTARNAHAN
43	a	MERCURY SUN
44	a	WILLIAM J. SALMAN
45	a	GULFOIL
46	a	HEREDIA
47	a	OGONTZ
48	a	HALO
49	b	GEORGE CALVERT
50	a	CLARE
51	a	ELIZABETH
52	b	FAJA DE ORO
53	b	SAN PABLO
54	a	SAMUEL Q. BROWN
55	b	HECTOR
56	b	HAAKON HAUAN
57	a	CARRABULLE
58	a	ATENAS
59	b	HAMLET
60	b	MENTOR
61	a	NEW JERSEY
62	b	ALLISTER
63	b	BUSHRANGER
64	b	HAMPTON ROADS
65	a	KNOXVILLE CITY
66	b	NIDARNES
67	a	VELMA LYKES
68	b	HERMIS
69	a	SUWIED
70	b	CASTILLA
71	b	TELA
72	b	ROSENBORG
73	a	MERRIMACK
74	b	CRIJNSSEN

75	b	SHEHERAZADE	101	a	ANDREW JACKSON
76	a	CITIES SERVICE TOLE-	102	a	PENNSYLVANIA SUN
DO			103	b	GERTRUDE
77	b	GUNVOR (Mine)	104	b	BAJA CALIFORNIA
78	b	MANAGUA	105	b	PORT ANTONIO
79	b	SAN BLASS	106	a	WILLIAM CULLEN
80	a	MILLINOCKEt			BRYANT
81	b	MOIRA	107	b	OAXACA
82	b	BOSILIJKA (Mine)	108	a	ROBERT E. LEE
83	b	NORTIND	109	b	SANTIAGO DE CUBA
84	a	RAWLEIGH WARNER	110	b	MANZANILLO
85	a	HENRY GIBBONS	111	a	R. M. PARKER, JR.
86	b	TUXPAN	112	b	AMATLAN
87	b	LAS CHOAPAS		c	NORWALK
88	b	EMPIRE MICA	*	b	E. P. THERIAULT
89	a	CADMUS	+	b	LALITA
90	b	EDWARD LUCKENBACH	❑	c	4 Frachter
		(Mine)	●	c	1 Tanker
91	b	GUNDERSEN			
92	b	BAYARD	**1943**		
93	b	UMTATA	113	b	OLANCHO
94	b	PAUL H. HARWOOD	114	b	LYSEFJORD
95	b	TUAPSE	115	a	GULFSTATE
96	a	J. A. MOFFETT, JR.	116	a	TOUCHET
97	b	NICHOLAS CUNEO			
98	a	BENJAMIN BREWSTER			
99	a	TACHIRA			
100	a	R. W. GALLAGHER			

Anmerkung:
a = U.S. Register, b = Alliiertes Register, G = Schiff außerhalb des Golfs gesunken (Nicht auf der Karte)

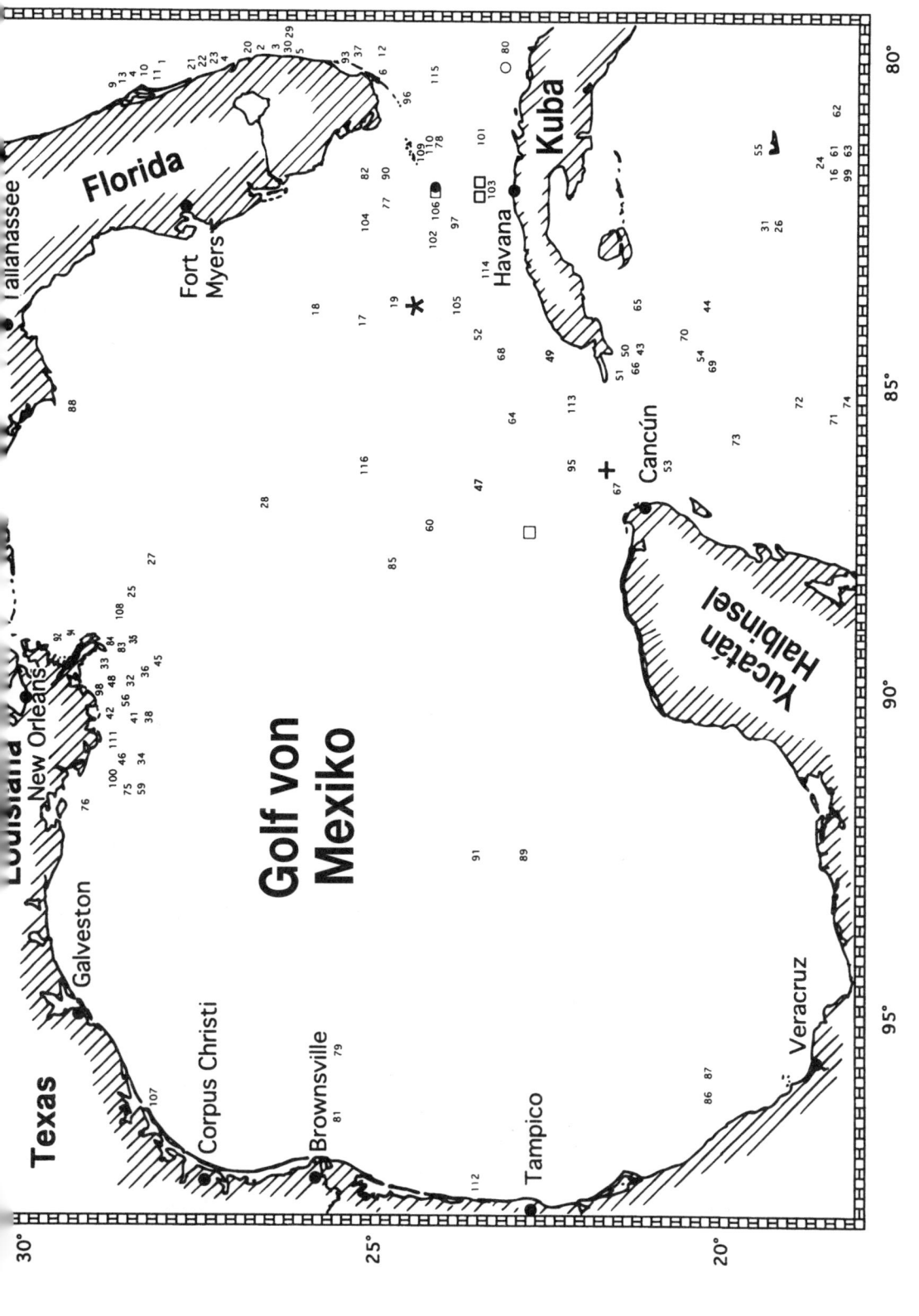

10. Festungen

DER GALVESTON-BEZIRK des Ingenieurkorps der US-Army hatte seit den frühen 1920ern auf der Insel keine Verteidigungsanlagen gebaut, aber im Jahr 1941 richtete es eine neue Abteilung für Befestigungen ein, die von Edwin Pearson geleitet wurde. Seine erste Aufgabe Mitte 1942 erschien auf einem Blatt Papier mit der Zeichnung einer Kasematte (befestigter Raum aus Mauerwerk für Kanonen mit einem Schlitz zum Schießen) um die Geschütze der Batterie Hoskins in Fort Crockett herum. Die alte Batterie hatte zwei Zwölf-Zoll-Barbette-Geschütze, die unter einem erd- und betonbedeckten Überstand im Freien standen. Die Räume für die Zielauswertung und die Pulvermagazine lagen zwischen den beiden Geschützen. Die Aufgabe der Abteilung für Befestigungen bestand darin, ein schweres Betonschild für die Geschütze zu bauen, das einem Bombardement von 5.000 pound schweren Granaten widerstehen würde, und spezielle mechanische und elektrische Ausrüstungsgegenstände hinzuzufügen, um die großen Waffen zu modernisieren.[1]

Das ganze Unterfangen wurde in einen Deckmantel der Geheimhaltung gehüllt. »Wenn ich zum Hauptbüro hinuntergehen musste, war es genau wie im Stadtge-

San Luis Hotel, Galveston, oberhalb der Batterie Hoskins gebaut, dem ehemaligen Geschützstand in Fort Crockett. Foto aus der Sammlung der Autorin.

fängnis«, sagte Adolph Johnson, ein ehemaliger Mitarbeiter. »Ich musste eine Ausweiskarte vorzeigen, und alles in der Abteilung für Verteidigungsanlagen befand sich hinter verriegelten Türen, wobei eine Wache mit Flinte am Eingang stand. Jeder wurde angewiesen, draußen über alles den Mund zu halten.« Johnson erzählte weiter, dass sie für den Job riesige Stapel an Plänen hatten. Die Arbeit war ziemlich kompliziert, weil der Bau 15 Meter unter der Erde begann und bis über die Geschütze reichte. Nur wenige Leute hatten Zugang zu den Plänen. Um daran zu gelangen, mussten sie in ein provisorisches Gebäude gehen, sich Notizen über die erforderlichen Informationen machen und später die Notizen verbrennen.

»Die Arbeit war hart, aber damals war ich jung, und wir arbeiteten fünfzehn bis achtzehn Stunden ohne Unterbrechung pro Tag. Man arbeitete die ganze Zeit weiter«, erinnerte sich Johnson. Untereinander waren sich die Bauarbeiter einig, dass das ganze Projekt »in Bezug auf den Schutz für die Insel oder die Golfküste ein potenzielles Desaster« war.[2]

Zur gleichen Zeit baute das Ingenieurkorps 30 Meter hohe Türme für »militärische Instrumente«, ausgerüstet mit Suchgeräten für Überwasserfahrzeuge, um

Arbeiter des Ingenieurkorps beim Betongießen an der Batterie Hoskins, Fort Crockett, 1942.
Foto mit freundlicher Genehmigung des Archivs des U.S. Army Corps of Engineers,
Galveston, Texas.

feindliche Schiffe zu orten und den Küstenartilleristen Hinweise zu geben. Diese Metalltürme besaßen auf ihrer Spitze ein kleines Haus für die Instrumente und an der Seite eine Leiter. Sie wurden in Fort Crockett, Fort San Jacinto und Fort Travis auf der Bolivar-Halbinsel aufgebaut. Langfristig wurden entlang der Golfküste noch mehr errichtet.[3]

Die Türme wurden mit Beobachtern, die über die Golfgewässer Ausschau hielten, bemannt.

»Sie erwarteten die größte Invasion, die man je gesehen hat, in Galveston«, sagte Johnson. »Mit den Instrumenten konnten sie Kreuzpeilungen vornehmen – falls sie überhaupt etwas sahen. Indem sie zwei dieser Türme nahmen und den Standort bestimmten, konnten sie die Winkel ausrechnen, auf einer Karte punktgenau eintragen, wo sich das feindliche Schiff befand, und die Information an die Küstenartilleriebatterien weiterleiten. Sie standen bereit, an der Abschussleine zu ziehen und sie aus dem Wasser zu sprengen.«

Die zwei Hoskins-Geschütze wurden in eine untertassenähnliche Mulde gesetzt, und zwischen ihnen befanden sich betonierte Fahrwege von den Lagerräumen.

»Sie hatten diese kleinen Karren, die große Säcke mit Pulver und Geschosse tru-

Verdecktes Küstengeschütz, Fort Crockett, Juni 1942.
Foto mit freundlicher Genehmigung des U.S. National Archives.

gen. Diese Granaten waren ziemlich groß – zwölf Zoll im Durchmesser«, erklärte Johnson. Er sagte, dass die Geschütze die ganze Zeit bemannt wurden, und wenn die Artilleristen die Karren zu den Geschützen schoben, mussten die Bauarbeiter aus dem Weg gehen. »Sie haben ein Geschütz geladen und standen einfach da und warteten darauf, dass etwas von einem der Türme kam, das ihnen sagte, worauf sie achten sollten, aber da draußen gab es nichts. Na, verstehen Sie mich nicht falsch, aber heute, wenn man daran zurückdenkt, war es ein bisschen wie bei den Keystone-Cops«, bemerkte Johnson.

Die größten Geschütze der Forts in der Umgebung standen in der Batterie Hoskins. Bevor die Ingenieure anfingen, daran zu arbeiten, konnten die Geschütze um 360 Grad gedreht werden. »Als wir fertig waren, wurden die Winkel nur auf den Golf vor dem Uferdamm begrenzt«, sagte Johnson. »Der Feind hätte einfach hinten hereinkommen und es mit größter Leichtigkeit einnehmen können. Das erforderte gründliches Nachdenken und Planung.«[4]

Über genau dieses Thema hatte sich ein Kongressabgeordneter 1921 beschwert: In den vergangenen zehn Jahren seien 1.897.000 Dollar ausgegeben worden für »die so genannte Küstenverteidigung, die aus Kanonen besteht, die die Küste herauf und herunter aufgestellt sind, … aber sie können ein militärisches Objekt nicht so gut treffen wie ein Bomber in Kampfreichweite. … Diese großen Küstenartilleriestellungen aus Mauerwerk und Stahl, die Millionen Dollar verschlingen, sind eigentlich überhaupt keine Verteidigung. Alle Staaten verstehen diese wichtigsten militärischen Tatsachen bis auf unsere eigenen.«[5]

Jedoch machte sich niemand die Mühe, den *Congressional Record* zu lesen, und so gingen die Pläne für Batterie Hoskins in Galveston voran. Zuerst bauten sie 4,5 bis 6 Meter dicke Wandabschnitte; dann legten sie 2,4 bis 4,2 Meter dicke Dachplatten über die Geschütze und Magazine. »Mensch, wir gossen Abermillionen Meter Beton da hinein. Wir stapelten das Zeug unten auf der 53rd und 57th Street nördlich vom Broadway, und wir sperrten die 53rd Street mit Militärpolizei aus Fort Crockett ab. Sie sperrten den Verkehr, als diese Beton-Lkws kamen«, erzählte Johnson. Die Arbeiter fingen um etwa zwei oder drei in der Früh an und gossen den ganzen Tag. Nachdem der Betonhügel fertig war, bedeckten sie das Ganze mit Sand. »Dann gossen wir über dies Ganze eine 60 Zentimeter dicke ›Sprengdecke‹ aus Beton. Die Theorie war, dass Bomben auf dieser Decke explodieren und nicht in die Pulvermagazine eindringen würden, wenn die Deutschen über den Teich kämen und die Bomben hier abwerfen würden.«

Johnson sagte, dass allein das Hinaufschaffen des Betons auf den Gipfel des großen Hügels eine furchtbare Arbeit war. »Nachher bedeckten wir es wieder mit Sand, etwa 150 oder 180 Zentimeter dick, und pflanzten alle möglichen schnell wachsenden Unkrautarten, um irgendwelche Wurzeln darein zu kriegen. Jedes Mal, wenn es regnete, wurde alles an den Fuß des Hügels gespült, und wir mussten alles wieder rauf schieben, und das war schwer. Mensch, wir haben diesen Sand nie oben behalten.« Johnson gab zu, dass er sich hinsetzen und lachen musste, wenn er ab and zu darüber nachdachte. Aber damals war das kein Grund zum Lachen.[6]

Im Juli 1942 stellten die Bewohner von Galveston sich noch einmal geschlossen mit erneuten Bemühungen, Blechdosen und ungenutztes Fett zu sammeln und noch mehr Gummiwaren aufzustöbern, hinter die Kriegssache. Hausfrauen wurden dringend gebeten, Fettreste in Ein-Pfund-Dosen aufzusparen und es an Fleischhändler abzugeben, die vier Cent das Pfund zahlen würden. Sie wiederum würden das Fett an den nächsten Betrieb für Seifenproduktion verkaufen.[7]

Zwei Tage später berichtete der Kongressabgeordnete Dave E. Satterfield in Washington, dass bei einem gefangen genommenen feindlichen U-Bootsfahrer ein Brief gefunden worden war, der bestätigte, dass Fracht-U-Boote die U-Boote versorgten, die Handelsschiffen in amerikanischen Gewässern auflauerten. Satterfield, der kürzlich bei der Marinereserve seinen Dienst als Beobachter an der amerikanischen Botschaft in London geleistet hatte, empfahl den Vereinigten Staaten, mit dem Bau solcher Versorgungs-U-Boote zu beginnen. Er sagte, dass er sich mit den Behörden über das Thema beraten habe und dass zweifellos der Bau eines Unterwasserschiffes, das siebentausendfünfhundert Tonnen laden konnte, denkbar war. »Außerdem wäre ein solches Fahrzeug vor U-Boot-Angriffen mit Geschützen oder Torpedos vergleichsweise sicher, weil es untergetaucht in einer Tiefe von 30 Metern fahren würde«, erklärte der Kongressabgeordnete. »Zudem«, sagte er, »braucht diese Art von Boot, voll beladen und auf dem Weg zu einem Treffen, nie aufzutauchen, außer im Schutz der Dunkelheit, daher seien die Chancen, es zu orten und zu zerstören … minimal.« Zum Schluss sagte Satterfield, die Vereinigten Staaten sollten nicht überrascht sein, wenn der Feind »riesige Unterwasserflugzeugträger« benutzen würde, sollte die große Seeschlacht mit Japan stattfinden.[8] Sie waren es in der Tat.

Die Marine erklärte, dass die neuen U-Boot-Abwehrtechniken in der Karibik »sehr effektiv« gewesen seien. Die Sprecher sagten nicht genau, was unternommen wurde, aber sie deuteten an, dass die Verwendung von Konvois hilfreich war. In den letzten Tagen hatte es in der westlichen Karibik keine Versenkungen gegeben. Die verbesserten Schifffahrtsbedingungen konnten an den Militärläden der Kanalzone abgelesen werden, die frische Lieferungen von Kartoffeln, Käse und frischem Gemüse auf vorher leeren Regalen zeigten. Auf den Speisekarten der Restaurants auf der Insel standen auch neue Angebote.[9]

Wegen des U-Boot-Schreckens ordneten die Offiziere in Fort Crockett an, dass die Bevölkerung die meisten Strände im Gebiet von Sabine-Galveston-Freeport weder tagsüber noch nachts betreten durfte. Sie warnten davor, dass bewaffnete Patrouillen mit Schießbefehl eingesetzt würden und dass Personen, die in die gesperrten Gebiete liefen, ein Risiko für Leib und Leben eingingen. Ein paar kleine Strände, darunter Stewart Beach, und zwei andere auf der Insel würden offen bleiben.

Der Grund für diese Maßnahmen war ohne Zweifel die Angst vor Saboteuren, und der Unterhaltungsteil in der letzten Sonntagszeitung verwies auf das Thema im Comic »Jane Arden«. Fräulein Arden und ihr Chef gingen an Bord eines Flugzeugs, und sie fragte, wohin sie flögen. »An die Golfküste – Sie haben von den U-Boot-Versenkungen dort gehört«, erwiderte er.

»Selbstverständlich – kann man irgendwie helfen, damit es aufhört?«

»Man kann«, antwortete er. »Weil Nazi-Spione den U-Booten jedes Mal über Funk mitteilen, wann eines von unseren Schiffen abfährt. Daher gehen wir dorthin – jeder Agent, den wir kriegen können, wird dort gegriffen. Die Spione müssen geschnappt werden, schnell!«[10]

Das Kriegsministerium, das besorgt darüber war, wie verwundbar die Küste von Louisiana durch deutsche U-Boote und Saboteure war, organisierte im Stillen die Strandpatrouilleneinheit der amerikanischen Küstenwache, in Louisiana inoffiziell bekannt als die »Cajun-Küstenwache«. Die Militärbeamten glaubten, dass das Gebiet mehr als routinemäßige Patrouillen vor der Küste brauchte und waren in Sorge, dass die primitiven Fallenstellerhütten überall in den Küstensümpfen als nützliche Orte für Feinde, die sich verstecken wollten, dienen könnten. Im Juli 1942 begriff die Küstenwache, dass die einzigen Menschen auf der Welt, die solch einen gewaltigen Sumpf patrouillieren konnten, die Cajuns waren und dass sie mit ihren Erfahrung besonders wertvoll waren. Sie verzichtete auf alle körperlichen und altersbezogenen Erfordernisse und nahm jeden, der sich freiwillig zum Dienst meldete. So bildete sich eine Gruppe von einhundert Männern, die zwischen achtzehn und fünfundsechzig Jahre alt waren. Sie stammten aus dem Chenière-Gebiet, dem fruchtbaren Ackerland neben den niedrigen, sandigen Hügelketten, die das Land von den tückischen Sümpfen trennten.

Die Küstenwache beauftragte »Win« Hawkins, einen Führer für die Entenjagd, Männer zu rekrutieren und sie zu kommandieren. Er gab keine Befehle, er sagte den Cajuns nur, was getan werden musste, und sie taten es. »Er kannte jeden Trick«, erinnerte sich einer von ihnen. Sie benutzten die Jagdhütte von Hawkins als Hauptquartier für ihre Patrouillen, wobei sie zu Hause wohnten und ihre eigenen Pferde ritten, eigene Pirogen und Sumpffahrzeuge fuhren.

Die Männer arbeiteten in Zwölf-Stunden-Schichten, wobei die meisten auf Patrouille gingen. Einige jedoch bedienten die Funkgeräte oder standen Wache in einem getarnten fünfzehn Meter hohen Turm. Die Cajuns überprüften regelmäßig die Krabbenfischerboote und andere kleine Boote in dem Gebiet, um sicher zu gehen, dass sie keine geheimen Lieferungen für die deutschen U-Boote hatten. Die Küstenlinie von Louisiana war schon total verdunkelt, und die Männer mussten sich auf ihr Gedächtnis und ihren Instinkt verlassen, um ihren Weg zu finden. Die Dunkelheit bereitete ihnen keine Probleme. »Wenn es Mondschein gab, hatte man den und die Sterne«, sagte Ralph Sagrera. »Wenn es keinen Mond gab, war es wirklich dunkel, aber wir wussten, wohin wir gingen – es war, als ob man in dem eigenen Haus ohne Lichter herumgeht.«

Obwohl sie nie U-Boote sahen, bekam die Cajun-Mannschaft den Spitznamen »Sumpfengel«, als sie begannen, amerikanische Flieger zu bergen, die in den

Golfgewässern verunglückt waren. Im Dezember 1942 war eine B 26 von Lake Charles zu einer Zielübung gestartet und stürzte einhundertundfünfzig Meter vor der Küste ab. Zwei der Männer ertranken am Unglücksort, aber es gelang dem Piloten und zwei anderen, schwimmend die Sümpfe zu erreichen, und sie irrten zwei Tage lang fast nackt umher. Die Moskitos attackierten sie scharenweise und zwangen sie, unter Wasser zu tauchen, um sich zu schützen, wobei sie ihre Nasen und Münder zum Atmen aus dem Wasser steckten.

»Sie waren in ziemlich schlechter Verfassung, als wir sie fanden – fast tot«, sagte Elrod Petry aus Abbeville. Einer der Männer sagte den Cajuns: »Lassen Sie mich doch hier sterben. Ich kann keinen weiteren Schritt machen.« Sie ignorierten seine Bitte und zogen seinen halberfrorenen Körper mit aufgedunsenen Armen und zugeschwollenen Augen aus dem Schlamm. Sie luden ihn auf eine Tragbahre und schleppten ihn auf einer Vorrichtung in Sicherheit, die sie Sumpffahrzeug nannten und einem Mondfahrzeug ähnelte. Diese Rettung war nur eine von fünfunddreißig, die die Cajun-Männer ausführten, während sie zwei Jahre lang an der desolaten Küstenlinie patrouillierten. Kelly Veazey sagte: »Wir taten bloß, was wir sowieso schon konnten, außer dass wir es für unser Land taten.«[11]

Die Küstenwache war ein integrierter Teil der amerikanischen Marine geworden und hatte jetzt die Aufgabe, ein Informationssystem entlang der amerikanischen Küsten mit Patrouillen aus Strand- und Wachbooten und Wachtürmen zu betreiben. Die Beobachtung des Seeverkehrs wurde der Marine unterstellt, während die Überwachung von örtlichen kleinen Schiffen und Vergnügungsbooten der Küstenwache oblag. Alle Beobachtungs- und Informationsberichte gingen an das FBI, das nun die Aufgabe hatte, Beweise subversiver Aktivitäten beizubringen.[12] Am 25. Juli 1942 erklärten Befehle aus dem Hauptquartier der Küstenwache die Lage: »Diese Strandpatrouillen sind nicht als militärischer Schutz unserer Küsten vorgesehen, da dies Aufgabe der Armee ist. Die Strandpatrouillen sind eher Außenposten, um Aktivitäten entlang der Küste zu berichten, und nicht dazu da, feindliche bewaffnete Einheiten abzuwehren.«[13]

Um ein Kommunikationssystem mit seinen örtlichen Stationen aufzubauen, installierte die Coast Guard Kästen mit Buchsen in Abständen von vierhundert bis fünfhundert Metern entlang der Strände. Die Streifengänger trugen Telefone mit Hörern, die in die Kästen gesteckt werden konnten. Dies hatte zur Folge, dass Tausende Meilen von Unterwasserkabeln verlegt und riesige Mengen Apparate installiert wurden, die mit dem Telefonsystem verbunden waren. So begann die Küstenwache als die »Augen und Ohren« der Armee und Marine zu dienen. Sie berichteten verdächtige Dinge an das Bezirksmarinehauptquartier, an nahe liegende Armee- und Marineeinheiten und den örtlichen FBI-Vertreter. Über alles, was Schiffe in Not, Flugzeugabstürze oder -landungen, blinkende Lichter, Leuchtsignale, Brände, nicht identifizierte Flugzeuge oder Schiffe, Explosionen, Bombenabwürfe, Schwall, feindliche oder verdächtige Fahrzeuge oder Einzelpersonen, Unterwasser- oder Landminen, Demolierungen, Hindernisse, Chemikalien, Sabotage, Treibgut, Trümmer und ungewöhnliche Gegenstände betraf, musste berichtet werden. Rekrutierung und Ausbildung begannen im Juli, und bis Dezember war das System gut organisiert.[14]

Das Hauptquartier des Golfküstengebiets in New Orleans (8. Naval District) befahl die Einberufung von fünftausendfünfhundert Männern und den Bau von fünfundzwanzig Wachtürmen. Vom Apalachicola-Fluss in Florida bis Brownsville, Texas, würde der Golf ständig bewacht werden – die längste Küstenlinie, die jemals einem Marinebezirk zugeteilt wurde.[15]

Etwa zur gleichen Zeit, zu der die Strandpatrouillen eingeführt wurden, bat der Kongressabgeordnete Jared Y. Sanders aus Louisiana, dass seine Bemerkungen über einen Artikel von Henry McLemore in der Washington Post am 18. Juli im Congressional Record aufgeführt werden sollten. Sanders sagte, dass der Artikel auf den Propagandawert aller Zeitungsartikel aufmerksam machte, die die Höflichkeit und Rücksichtnahme der U-Boot-Kommandanten beschrieben, nachdem sie amerikanische Schiffe zerstört hatten. »Der Protest von Herrn McLemore gegen die Praxis unserer Presse, diese Art offensichtlicher deutscher Propaganda zu veröffentlichen, kommt zur rechten Zeit«, sagte er.

Sanders berichtete, dass er einen Brief von John Schaff in Donaldsonville, Louisiana, empfangen hatte mit dem Inhalt dass »viele dieser Geschichten, die unsere Zeitungen so häufig drucken, gut versteckte verschlüsselte Mitteilungen enthalten könnten«. Schaff sagte, dass eine Packung Zigaretten, die einem Besatzungsmitglied gegeben wurde, eine Sache bedeuten könnte, während andere Vorgänge und Äußerungen etwas anderes bedeuten könnten, was es dem Feind ermöglichen würde, miteinander durch die Presse zu kommunizieren. »Ich leitete den Brief von Schaff sofort an Herrn Elmer Davis weiter mit der Bitte zu prüfen, ob nicht etwas getan werden könnte, um diese Praxis zu beenden«, sagte Sanders.[16]

Die Marinebeamten berichteten, dass sie bei der Aussicht mit Maßen optimistischer wurden, die Schlacht gegen deutsche U-Boote zu gewinnen, die in den letzten sechs Monaten den westlichen Atlantik in einen »Friedhof für alliierte Schiffe« verwandelt hatten. Sie behaupteten, die Situation hätte sich trotz täglicher Meldungen von torpedierten Schiffen wegen des kürzlich eingeführten Konvoisystems entlang der Atlantikküste und in der Karibik sehr verbessert. »Aller Wahrscheinlichkeit nach wird es später ausgeweitet, um den Golf von Mexiko und die Seerouten zu den südamerikanischen Häfen einzubeziehen«, sagten die Beamten.

Es konnte nicht geleugnet werden, dass die U-Boot-Angriffe verlustreich gewesen waren: Seit Pearl Harbor waren dreihundert Schiffe versenkt worden, und amerikanische Werften konnten mit den Verlusten nicht Schritt halten. Aber eine stetig steigende Schiffsproduktion brachte einen Hoffnungsschimmer.

Die Mariner kündigten an, dass der Einsatz von Konvois entlang der Ostküste die U-Boote nach Süden verjagt hatte. »Haben Sie in letzter Zeit von irgendwelchen Versenkungen innerhalb von fünfzig Meilen der Atlantikküste gelesen?«, fragte Marineminister Frank Knox. Man erwartete, dass Konvois in der Karibik und im Golf von Mexiko genau so wirksam sein würden, um die Seerouten von den Unterwasserangreifern zu säubern.

Als deutsche U-Boote mit ihren Angriffen in der Nähe der amerikanischen Küsten begannen, bagatellisierten die amerikanische Öffentlichkeit und einige Militärbeamte die Bedeutung der U-Boote. Sie glaubten, dass sie ihre Kampfhandlungen nicht fortsetzen könnten und dass sie nur zu »Störzwecken« geschickt worden waren. Aber als ihre Angriffe nicht aufhören wollten, wurde der Bedarf an Konvois zunehmend offensichtlich. Konvois hatten sich schon bei den Briten als effektiv erwiesen, lange bevor Amerika in den Krieg eintrat. Aber amerikanische Marinebeamte weigerten sich, ihrem Beispiel zu folgen, bis die U-Boote massiven Schaden angerichtet hatten.

Die Vereinigten Staaten begannen die Patrouillen mit Blimps vor der Atlantikküste auszuweiten, Y-Geschütze zum Abwurf von Wasserbomben von Schiffen zu bauen und die Produktion von Horchgeräten zu erhöhen. Die Marine gründete eine U-Boot-Kampfschule mit zwölfhundert Mann, um sie für die neuen Patrouillen- und Geleitboote auszubilden, und die Briten schickten einige ihrer U-Boot-Jäger zur Unterstützung hinüber.[17]

Der Großindustrielle Henry J. Kaiser, der Liberty-Frachtschiffe schneller als jeder andere in der Geschichte baute, sagte in einer Taufzeremonie, dass Amerika nicht

Flugzeuggeräuschmelder, Fort Crockett, Zweiter Weltkrieg.
Foto mit freundlicher Genehmigung der Galveston Daily News.

genug Schiffe baute und wahrscheinlich nie bauen könnte, um die U-Boote zu schlagen. Er sagte, er sei davon überzeugt, dass man die Probleme, Truppen und Lieferungen an die weltweiten Kriegsfronten zu bringen, am besten dadurch lösen werde, wenn man eine große Flotte von Frachtflugzeugen baute.

Kaiser bezog sich auf das Martin-Siebzig-Tonnen-Wasserflugzeug, das vierzehn Tonnen Gerät und Truppen tragen konnte. Er behauptete, dass innerhalb von zehn Monaten neun der größeren Werften fünftausend Martin-Frachtflugzeuge jährlich produzieren könnten.[18]

Die U-Boot-Angst erreichte eine epidemische Größenordnung. Das ganze Land war davon besessen. »Jane Arden« in der sonntäglichen Rubrik für Comics zeigte unsere Heldin und einen Geheimagenten, die von einem verunglückten Auto wegsprangen. »Hände hoch«, befahl der Agent, indem er einen Revolver auf jemanden richtete. Die nächste Szene zeigte einen von dem Auto des Agenten zur Seite gekippten Speditionswagen und mehrere Polizisten in der Nähe einer Palme. »Das ist es, Chef! Hier ist ihr Kurzwellenradio!«, sagte der Agent. »Legen Sie diesen Nazis Handschellen an«, erwiderte der Polizist.[19]

Als Marineminister Knox ankündigte, dass Konvois im Golf von Mexiko zusammengestellt würden, sobald genügend Marineschiffe vorhanden waren, hörte man auf ihn. Der Redakteur der *Galveston Daily News* schrieb, dass im Zweiten Weltkrieg wie im Ersten Weltkrieg für das Konvoisystem kein guter Ersatz gefunden worden war. »Die Wirksamkeit der Bewaffnung [von Handelsschiffen] ist durch die Tatsache eingeschränkt, dass die Angriffe gewöhnlich bei Nacht stattfinden. Sogar tagsüber geht ein torpediertes Schiff manchmal unter, bevor jemand an Bord den Angreifer sichtet.« Der Redakteur sagte, dass Konvois wirklich ein Muss seien. Nur wenige Tage nach dem Leitartikel beobachtete Günther Pfeffer auf U 171, dass Schiffe im Golf von Mexiko kleine Gruppen gebildet hatten, die sehr dicht an der Küste entlangfuhren.[20]

Leser der Zeitung bemerkten eine interessante Meldung: den Bericht von einem Seemann der Handelsmarine aus Galveston, dessen Schiff in der Karibik torpediert worden war. Raymond Smithson sagte, dass er und Cornelius O'Connor über Bord sprangen und vom Rest der Besatzung getrennt wurden, als sein Schiff unterging. Sie fanden einige Trümmer im Meer und bauten ein behelfsmäßiges Floß, auf dem sie trieben und auf Hilfe warteten. Das Floss war gerade groß genug für eine Person, daher schwammen sie abwechselnd, während einer sich ausruhte. Die Männer sagten, dass drei Patrouillenflugzeuge der Marine sich ihnen näherten, aber keinen Versuch machten, in der kabbeligen See zu landen. »Nun, da waren wir, schwammen um unser Floß herum, … als plötzlich ein verdammt großes Ding vor uns aufragte«, sagte Connor. »Es war ein großes U-Boot, etwa 60 Meter lang mit einem Ziegenkopf auf seinen Turm gemalt.« Er sagte, dass zwei Männer auf Deck erschienen und dass er um Hilfe schrie. Die Deutschen warfen ihnen eine Leine zu und zogen die zwei Männer hinauf auf das Boot, dann führten sie sie hinüber zum Turm.

O'Connor sagte, dass er vier Männer an Deck sah: einen dicken Mann, einen kurzen Mann mit Brille und die zwei Matrosen, die ihn an Bord zogen. Er sagte, er bat die Deutschen, sie zu einer Rettungsinsel zu bringen, die sie gesehen hatten, nachdem das Schiff gesunken war. Aber in dem Augenblick flog ein Flugzeug vorüber und warf ein Leuchtsignal ab, was ihr Gespräch unterbrach.

»Der deutsche Offizier stieß uns die Turmluke hinunter, und Besatzungsmitglieder stolperten uns nach. Das U-Boot tauchte so schnell wie der Teufel«, sagte er. »Wir waren eine Jahrmarktattraktion. Gesichter starrten uns aus allen Winkeln an, die Niedergänge rauf und runter. Sie waren neugierig.« O'Connor sagte, dass sie in wenigen Minuten die Augen verbunden bekamen und durch eine Tür nach vorne zum Torpedoraum geführt wurden. Ein Offizier fragte O'Connor, wie amerikanische Menschen über den Krieg dachten. Als der Gefangene ihm sagte, dass die Amerikaner davon überzeugt waren, dass sie gewinnen würden, spottete der Offizier und sagte, dass die Deutschen stärker seien, als das amerikanische Volk meinte. Smithson erzählte, dass die Besatzungsmitglieder ihnen etwas Rum gaben und sie davon zu überzeugen versuchten, dass Deutschland den Krieg gewinnen werde.

Nach etwa zwei Stunden befahl der U-Boot-Kommandant seinem Boot, aufzutauchen. Die beiden Gefangenen wurden zum Deck geführt, wo ihnen ein kleines hölzernes Floß, »etwa in der Größe eines Betts«, gegeben wurde. Die Deutschen gaben ihnen Anweisungen, wie sie das Land erreichen konnten und verabschiedeten sich.[21]

11. *Kühlmann und die ROBERT E. LEE*

JOHN NAUMCZIK, ein gut aussehender junger Armeerekrut aus Illinois, kam im Frühjahr 1942 nach Fort Crockett, um Scheinwerfer bei der Zwanzigsten Küstenartillerie zu bedienen. In den ersten Tagen des Radars benutzte die Nachrichtentruppe Funkpeiler, um feindliche Flugzeuge zu orten, Scheinwerfer auf sie zu richten und Geschützfeuer zu leiten. Die Armee stellte eine Reihe von Scheinwerfern auf neun Meter hohen Türmen entlang der texanischen Küste von Corpus Christi bis zur Sabine-Passage auf, und zu Kriegsbeginn bemannte die National Guard von Florida die Türme in Fort Crockett. Die Wachposten bildeten die neuen Armeerekruten aus, die anschließend für eine umfangreiche technische Ausbildung nach Louisiana gingen. Wieder in Galveston, erinnerte sich Naumczik, dass sie jeden Morgen von 4.00 Uhr bis 7.00 Uhr Alarm hatten. Das bedeutete, sie mussten die Türme hinauf steigen und dort drei Stunden lang im Freien bleiben, um im Notfall einsatzbereit zu sein. »Das muss die kritische Zeit des Tages gewesen sein, in der sie Angriffe erwarteten«, sagte er. Wenn sie von einem der Wachtürme eine Meldung über ein verdächtiges Schiff draußen im

Ausbildung an Scheinwerfern und Flugabwehrgeschützen der Küstenartillerie, Fort Crockett, im Zweiten Weltkrieg. Foto mit freundlicher Genehmigung der Galveston Daily News.

125

Golf erhielten, war es ihre Aufgabe, zwei Minuten lang einen Scheinwerfer auf das Schiff zu richten. Dann kam ein weiterer Scheinwerfer hinzu und beleuchtete es, dann noch ein anderer, so dass der Feind die Quelle der Lichtstrahlen nicht feststellen konnte.[1]

Das Ingenieurkorps der Armee legte ein hektisches Bautempo vor, um die Insel auf eine feindliche Invasion vorzubereiten. Zusätzlich zu den Kasematten von Batterie Hoskins und dem Aufbau der Stahlwachtürme baute das Korps zwei neue Geschützbatterien, eine in Fort San Jacinto am östlichen Ende (Batterie 235) und die zweite auf der anderen Seite des Wassers in Fort Travis auf Bolivar (Batterie 236). In der alten Batterie Mercer in San Jacinto installierten sie eine Klimaanlage und eine Gasschutzvorrichtung und machten sie zum Kontrollposten an der Hafeneinfahrt, um die Verteidigung von Galveston zu leiten.[2]

Am 24. Juli inszenierten die Zivilverteidigungsleiter der Stadt einen »Kriegszwischenfall«, um ihre Arbeiter wach und einsatzbereit zu halten. Einer der Wachen meldete per Telefon einen angeblichen Bombenangriff in der 26th Street und berichtete mehrere Verluste und sieben Menschen, »die unter Trümmern verschüttet waren«. Er sagte, dass es dort Blindgänger, Brandbomben und Giftgas gab, wobei die Dämpfe nordwestlich zogen. Kurz danach trafen Hilfspolizisten

Arbeiter beim Bau von Baracken und Aufschlagen von Zelten in Fort San Jacinto Galveston, Februar 1943. Foto mit freundlicher Genehmigung des Archivs des U.S. Army Corps of Engineers, Galveston, Texas.

ein, die den Verkehr abriegelten und Schilder aufstellten, die zerbrochene Wasser- und Gasleitungen markierten. Sie markierten auch einen »Blindgänger« und sperrten ihn mit einem Seil ab, Löschfahrzeuge heulten herbei, um lodernde Brände zu löschen.

Trümmer- und Dekontaminationstrupps bargen Opfer, die entweder »verschüttet« oder »gasvergiftet« waren und legten sie auf den südwestlichen Rasen des Postgebäudes. Dann rannten die mit weißen Helmen ausgerüsteten Luftschutzwarte mit Erste-Hilfe-Ausrüstung zu den »Opfern« im Gras, deren »Verletzungen« auf Anhängezetteln beschrieben waren. Die Helfer überprüften schnell die Verletztungen und versorgten diese mit Schienen und Verbänden. Dann kamen die Träger mit Bahren, trugen die Verletzten über die Auffahrt zu einem anderen Teil des Rasens und legten sie auf Feldbetten, wo Ärzte und Krankenschwester sie untersuchten. Das motorisierte Rote-Kreuz-Korps traf ein, und nahm alle Opfer mit. Dann erklang das Entwarnungssignal. Die Schau war vorüber, und die wimmelnde Menge, die von den Gehwegen zuschaute, ging nach Hause. Alle sagten, dass es ein großer Erfolg war.[3]

Während Galveston sich weiterhin auf den Kampf vorbereitete, kam am 1. August die schockierende Nachricht, dass der neunundvierzigjährige Bürgermeister Brantly Harris am Morgen zuvor an einem Herzinfarkt gestorben war. In den letzten Monaten hatte sich seine Gesundheit stetig verschlechtert, aber der Bürgermeister lehnte es ab, irgendeine seiner alten Gewohnheiten zu ändern, und schließlich versagte sein Herz. Man könnte sagen, dass er das erste Kriegsopfer der Stadt war, weil er so hart dafür gekämpft hatte, die Stadt auf feindliche Bombenangriffe vorzubereiten. Seine Position wurde sofort vorübergehend von Bürgermeister Henry W. Flagg sen. übernommen.

Es gab keine Zeit zu trauern. Die Kriegsvorbereitungen mussten weitergehen. Die Einheimischen hatten sich schon daran gewöhnt, an den Straßenecken entlang des Uferdamms die Hilfspolizei in Khaki zu sehen, die mit ihren Pfeifen die Autofahrer auf das Einhalten der Verdunkelungsvorschriften hinwiesen. »Es gibt nichts Spektakuläres an dem Dienst, den sie leisten«, schrieb die Zeitung, »aber dahinter steht der ernsthafte Wunsch dieser Männer – viele mit überhängenden Bäuchen, schütterem Haar, schmerzenden Fußrücken und anderen verräterischen Anzeichen mittleren Alters – alles zu tun, um den Krieg zu gewinnen.« Sie spielten eine wichtige Rolle beim Schutz von Handelsschiffen und würden auch andere Aufgaben in Kriegszeiten übernehmen können.[4]

Die U-Boot-Spionageabenteuer von Jane Arden in den Comics wurden fortgesetzt. Ihr FBI-Agentenfreund hatte es nicht geschafft, einen Nazi-Agenten, der in einem Speditionswagen fuhr und Nachrichten an U-Boote im Golf schickte, zu enttarnen. Am 27. Juli besuchten der Agent und Jane einen Radiosender und sagten dem Besitzer, dass jemand von seinem Sender Signale an deutsche U-Boote schickte.

»Aber das ist unmöglich«, sagte der Chef des Senders.

»Es ist Krieg – nichts ist unmöglich«, erwiderte Jane.

Der Agent fügte hinzu: »Sie sind ein loyaler Amerikaner – aber wie ist das mit Ihren Werbekunden?«

Jane: »Was würde jemand daran hindern, eine verschlüsselte Nachricht in einen Werbespot einzuschleusen?«

»Na ja, hier ist eine Kopie von allem, was wir heute senden – ich werde Ihnen helfen, so sehr ich kann!« erwiderte der Radiochef.[5]

Elmer Davis, Leiter der Nachrichtenzensur, zollte den Deutschen für ihre militärische Fähigkeit oder Intelligenz nie Anerkennung; seine Schreiber waren verpflichtet, den Feind im schlechtestmöglichen Licht darzustellen und zu vermeiden, Verantwortung für Amerikas Mangel an Vorbereitung zu übernehmen. Es war einfacher, die Leute von internen Problemen mit Geschichten über Saboteure, die heimlich die Achsenmächte von amerikanischen Küsten aus informierten, abzulenken. Das meiste, was der Feind wissen musste, konnten er nämlich in den Zeitungen lesen.

Bei einem Marinestützpunkt in New Orleans kam ein Telefonanruf für den jungen Ballinger Mills aus Galveston an. Seine schwangere Frau Cissie bat ihn, sofort nach Hause zu kommen. »Wieso?« fragte er.

»Hier sind ein Commander Cunningham vom Marinenachrichtendienst und ein FBI-Agent. Sie wollen dich so bald wie möglich sehen«, erwiderte sie. Der Commander veranlasste, dass Ballinger noch in der Nacht einen Zug nach Galveston nahm, und am nächsten Morgen erschienen die beiden Männer sofort beim Haus von Mills in Avenue O.

»Wir wollen Ihr nordwestliches Schlafzimmer im Obergeschoß mieten. Wir werden bezahlen, was immer Sie fordern.«

»Aber das Zimmer ist nicht zu vermieten«, sagte Cissie.

»Egal, wir werden es übernehmen. Und es wird so für drei Wochen bis zu drei Monaten sein. Sagen Sie uns bloß wie viel.«

»Ein Dollar also.« So wurde das Abkommen getroffen, und Ballinger kehrte zu seinem Stützpunkt zurück.

Cissie rief Ballinger ein paar Tage später an und sagte: »Hier ist allerhand los. Nachdem du gegangen warst, räumten sie die Möbel aus dem Zimmer, alles bis auf zwei Stühle, und sie brachten alle möglichen Geräte hinein und sagten mir, dass *niemand* in das Zimmer dürfe. Zwei Männer, einer von der Marine, der andere ein FBI-Agent, sind vierundzwanzig Stunden am Tag im Einsatz.« Ballinger fragte sie, was um Gottes Willen die Männer taten. »Ich weiß es nicht«, sagte sie ihm.

Fünf Wochen später dankten die Männer Cissie freundlich für die Benutzung des Schlafzimmers und gingen fort. Kurz danach besuchte Commander Cunningham, der in New Orleans stationiert war, das Paar und erklärte die Aktion. Er ließ sie versprechen, für die Dauer des Krieges kein Wort von dem, was er ihnen sagte, zu wiederholen. »Sie wissen, dass die Deutschen Schiffe aus Konvois versenkt haben, die dienstags und freitags von Galveston auslaufen. Nun, es hat geheime Funksignale von irgendwo auf der Insel an die U-Boote gegeben. Wir haben sie in einem etwa zwölf Block großen Gebiet geortet. Also haben wir drei verschiedene Zimmer gemietet und schließlich entdeckt, woher die Signale kamen.« Der Commander erklärte, dass sie eine erstaunliche Antenne von der Höhe eines Hauses in Avenue O 2924 gefunden hätten, wo der deutsche Brauermeister der Southern Select Brewery wohnte. »Die Antenne wurde tagsüber ineinander geschoben, so dass man sie nicht sehen konnte, und bei Nacht aufgerichtet. Wir gingen dort rein, und sie hatten diese ganze Ausrüstung«, sagte Cunningham. Ballinger fragte sie, was sie mit den deutschen Agenten machen würden. »Wir haben sie in ein Lager in Oklahoma gebracht«, erwiderte Cunningham.[6]

Die Konvois in der Karibik hatten langsam Erfolg. Die Marine hoffte, dass bald der Tag würde kommen, an dem genug Kriegsschiffe verfügbar sein würden, um Killergruppen zu bilden, die die feindliche U-Boote jagen und zerstören würden. Konvois erforderten schwer bewaffnete Geleitschiffe, nur um Handelsschiffe überhaupt schon schützen zu können. Die Geleitschiffe konnten aus dem Verband nicht ausscheren, um U-Boote zu jagen. Denn sie hätten den Konvoi dadurch für Angriffe verwundbar gemacht. Wo immer auch Auseinandersetzungen stattfanden, konnten die Männer in den Geleitschiffen nicht wissen, ob sie deutsche U-Boote beschädigt oder zerstört hatten. Ölteppiche bewiesen nichts, denn manchmal verloren die U-Boote kleine Mengen an Dieselöl aus ihren äußeren Vorratstanks.

Vom Mai bis September 1942 griffen die deutschen U-Boote schonungslos Schiffe in der Karibik und im Golf von Mexiko an. Sie versenkten im Schnitt anderthalb Schiffe pro Tag und zerstörten über eine Million Bruttotonnen. Angesichts solcher Verluste erklärte die Behörde für Preisfestsetzung in Washington, dass Texas und Louisiana unter einer ernsthaften Knappheit an Zucker litten. Trotz dieser Ankündigung hatten die Kempners, eine renommierte Pionierfamilie vor Ort, deren Vermögen mit Baumwolle, Zucker und anderen Unternehmen gemacht wurde, ihre überquellenden Zuckerlagerhäuser eben gerade geschlossen.[7]

Kurz bevor Konvois in der Karibik organisiert wurden, machte U 166 unter Kapitänleutnant Hans-Günther Kühlmann eine Testfahrt. Er nahm Torpedos, Munition, Treibstoff und Proviant an Bord und lief am 17. Juni von Lorient aus. Sein Auftrag war Minen zu legen und im Golf von Mexiko Krieg zu führen. Das Hauptquartier befahl ihm, seine Treibstoffsituation zu melden, nachdem er fünfzig Grad West durchlaufen hatte. Denn sein U-Boot, ein Typ IX-C, war beträchtlich größer als die anderen, die zum Golf geschickt wurden, und brauchte mehr Dieselöl.

Am 20. Juni berichtete Kühlmann, dass er von Flugzeugscheinwerfern erfasst worden sei und dass ein paar Bomben in seiner Nähe abgeworfen worden seien, er aber keinen Schaden erlitten habe. Als er die Fünfzig-Grad-Linie am 30. Juni

Richtung Westen nach Südflorida passierte, berichtete er, dass er noch zweihundert Tonnen Treibstoff übrig hätte. Am 10. Juli sichtete er einen Konvoi, der aus zwei Dampfern mit zwei Zerstörern bestand, und feuerte sechs Torpedos, die aber alle daneben gingen.

Hans-Günther Kühlmann, Kommandant von U 166.
Foto mit freundlicher Genehmigung des U-Boot-Archivs, Cuxhaven

Vier Tage später berichtete er, dass er ein Segelschiff von dreitausend Tonnen versenkt hatte.

Am 11. Juli traf und versenkte Kühlmann den Segler CARMEN (vierundachtzig Tonnen) mit Geschützfeuer südlich von Haiti und erledigte dann zwei Tage später den amerikanischen Frachter ONEIDA in der Nähe des Ostendes von Kuba. Am 16. Juli setzte Kühlmann seine Artillerie ein, um den Trawler GERTRUDE mit sechzehn Tonnen zu versenken. Am 27. Juli funkte er seinen Vorgesetzten, dass er seine Mission (Minenlegen) in Quadrat DA 93 am 24. und 25. Juli erfüllt hätte, nachdem er neun Minen nahe der Mündung des Mississippi gelegt hatte. Von Hans-Günther Kühlmann wurden danach nie wieder irgendwelche Nachrichten gehört. Das deutsche Hauptquartier forderte ihn auf, seine Position am 3. August zu melden. »Entgegen mehrfacher Aufforderungen haben wir keine Rückmeldung bekommen«, berichtete es. »Wir können keinen Grund für das Verschwinden finden.« Es machte am schwarze Brett einen Stern an die Position von U 166 für die Zeit vom 3. August bis 2. September und am 28. Januar 1943 zwei Sterne, weil sie seinen Totalverlust annahmen.[8]

Am 30. Juli begegnete U 166 dem 1924 gebauten Fracht-Passagierschiff ROBERT E. LEE. Dieses alte Schiff, das für den Küstenhandel gebaut war, hatte Deckaufbauten mit hölzernen Seiten und dick gestrichenem Planverdeck. Das Promenadendeck besaß quadratische Fenster statt Bullaugen entlang der Stirnseite. Sie hatte am 20. Juli Port of Spain, Trinidad, in Richtung Tampa in einem Konvoi mit Marinebegleitschutz verlassen. Ihre Passagiere, amerikanische Bauarbeiter, ihre Familien und andere, die Versenkungen in der Karibik überlebt hatten, wurden in die die kleinen Kabinen gestopft, vier von ihnen in Räume für zwei Personen. Die Zustände an Bord bei starker Hitze und sehr wenig Wasser zum Waschen und Trinken waren schrecklich.

Nach ein paar Tagen auf See wandte sich eine Gruppe Passagiere an den Ersten Offizier und schlugen ihm einen Tausch vor. »Wir wollten das Promenadendeck, das sehr schmutzig war, mit Sand schrubben, wenn wir in der Mannschaftsmesse Kaffee haben könnten … sowie einen Eimer und ein paar Stücke Seife. … Der Handel ging klar, und wir schrubbten das Deck und kriegten jeden Tag unseren Kaffee als Gegenleistung sowie den Eimer und die Seife«, sagte einer von ihnen.

Der Konvoi erreichte Key West, wo er sich auflöste, und schnell verbreitete sich die Neuigkeit, dass die LEE nach Tampa fahren würde, um Treibstoff und Wasser zu bunkern und anschließend nach New Orleans. Die Passagiere, die der miserablen Situation entkommen wollten, fragten den Kapitän, ob er ihnen erlauben würde, das Schiff in Tampa zu verlassen, und er stimmte zu.

Das alte Schiff, das jetzt von der Patrouillenkorvette PC 566 begleitet wurde, ging am Edgemont Key Light vor Anker und signalisierte, dass es einen Lotsen brauchte. Die Antwort kam zurück, dass es keinen gab, so dass der Kapitän sich entschied, nach New Orleans weiterzufahren. Das Geleitschiff unterbrach die Funkstille, um den Kommandeur der Gulf Sea Frontier zu benachrichtigen, dass die ROBERT E. LEE keinen Lotsen in Tampa bekommen konnte und nach New Orleans weiterfuhr.

Der Kommandeur erwiderte, dass das Geleitschiff auf dem Weg nach New Orleans bei dem Schiff bleiben und den Hafenkapitän von ihrer Ankunft benachrichtigen sollte. An diesem Morgen um 7.16 Uhr wies der Küstenkommandant

*Passagier-Frachtschiff ROBERT E. LEE, das von Kühlmann auf U 166
am 30. Juli 1942 südlich von New Orleans versenkt wurde.
Foto mit freundlicher Genehmigung der Steamship Historical Society Collection,
University of Baltimore Library.*

den Marine-Luftstützpunkt in Pensacola an, Luftdeckung für den Dampfer und sein Geleitschiff zu schicken, aber die Flugzeuge konnten sie nicht finden.

Am Nachmittag des 30. Juli, bei klarem Wetter, ruhiger See und ausgezeichneter Sicht, befand sich das Geleitschiff eine halbe Meile vor der LEE, während sie sich der Südwestpassage näherten. PC 566 funkte nach New Orleans, um mitzuteilen, wann sie die Passage erreichen würden und um einen Lotsen anzufordern. Während es die Nachricht sendete, bemerkten eine Gruppe Passagiere und einige Mitglieder der Besatzung auf der LEE, dass etwas parallel zum Schiff und dicht an der Oberfläche im Wasser vorbeischoss. Sie diskutieren rege, ob es ein Hai oder ein Tümmler sein könnte, als das Objekt plötzlich eine Neunziggrad-Wende machte und genau achtern vom Maschinenraum in das Schiff einschlug.

»Als der Torpedo traf, war ich gerade dabei, mich nach einem Eimerbad fertig anzuziehen«, sagte Kapitän Barton Holmes, »und eigentlich wollte ich meine Uhr umbinden, … ich erinnere mich, dass ich sagte, ›jetzt geht das schon wieder los‹.«

Die Explosion zerstörte den Laderaum Nummer drei völlig, schoß durch die Decks »B« und »C«, setzte die Maschinen außer Betrieb, beschädigte die Ruderanlage und demolierte das Funkgerät. Die meisten Fenster des Schiffes standen zur Zeit des Angriffs offen, und während das dem Untergang geweihte Schiff

Schlagseite bekam, rauschte das Wasser herein und beschleunigte das Sinken. Die Deckhäuser hatten so viele Farbschichten auf ihren Planen, dass sie einfach zusammenfielen, als der Torpedo traf.

Das Schiff ging derart schnell unter, dass viele Passagiere und Besatzungsmitglieder sich hektisch ihre Rettungswesten anzogen und über Bord sprangen. Es gelang der Besatzung noch, sechs Rettungsboote und sechzehn Rettungsinseln zu Wasser zu lassen. Diese wurden schnell voll. »Wir waren schwer überladen und das Freibord des Bootes betrug nur ein paar Zentimeter; aber das Meer war so glatt wie Glas«, sagte Kapitän Holmes. »Das Wasser war voller Menschen, Rettungsinseln und Boote. Die Lee stand jetzt auf ihrem Heck und sank schnell.«

Minuten, nachdem das Schiff verschwunden war, sah die Besatzung des Geleitschiffes ein Sehrohr und warf sechs Wasserbomben, mit dem Erfolg, dass es dort einen kleinen Ölteppich gab, wo das Sehrohr zuletzt gesehen worden war. Während sich die Überlebenden um die sicheren Rettungsboote drängelten, sendete PC 566 einen Notruf.

»Das Geleitschiff fuhr mit voller Fahrt und warf Wasserbomben in der Nähe ab«, sagte der Kapitän der LEE. »Nachdem der ganze Lärm aufgehört hatte, paddelten wir umher, um nach Überlebenden im Wasser zu suchen. Diejenigen, die wir fanden, waren tot, entweder von der Detonation der Wasserbomben, oder sie hatten sich beim Sprung ins Wasser mit einer Korkrettungsweste das Genick gebrochen. Dann kamen die Haie und übernahmen den Rest.«[9]

Ein Besatzungsmitglied der LEE, G. D. Vernial, sagte, dass Chaos und Verwirrung ausbrachen, nachdem der Torpedo getroffen hatte. Er sprang mit einem verrenkten Knöchel und blutendem Kopf über Bord und schaffte es, in ein Rettungsboot zu kommen. »Das Riesengebiet … vor dem Mississippi war mit Trümmern und herumtreibenden Körpern übersät. Öl und Blut verfärbten die Seiten unseres Boots.« Vernial half, Leichen aus dem Wasser zu bergen, und trug die Verwundeten an Bord der Korvette. »Mit meiner Krankenhauserfahrung leistete ich zuerst bei denen, die am schlimmsten betroffen waren Erste Hilfe. Ich verband diejenigen, die wegen Blutverlust und Wunden im Sterben lagen«, erinnerte er sich. Der Schiffsarzt hatte nicht einmal Zeit zu reden, während er sich unermüdlich um die schwersten Fälle kümmerte.

Die Überlebenden des Unglücks füllten das Marinekrankenhaus in New Orleans, wo einige von ihnen starben. »Zu meiner großen Überraschung starb keiner der Männer, die ich versorgt hatte«, sagte Vernial. »Ich fühlte mich sehr stolz – die Krönung meiner Karriere.«[10]

Am 1. August, zwei Tage nach Verlust der ROBERT E. LEE, schickte R. S. Edwards, der stellvertretende Stabschef der Flotte der Vereinigten Staaten im Hauptquartier des Oberbefehlshabers, eine Aktennotiz an den Kommandeur der Gulf Sea Frontier. Darin hieß es: »In Zusammenhang mit der Versenkung der SS ROBERT E. LEE hätte ComGulfSeaFron die PC 566 vermutlich anweisen sollen, den Hafenkapitän in New Orleans erst ›nach Ankunft‹ statt ›vor ihrer Ankunft‹ zu kontaktieren.«[11]

Zwei Tage, nachdem die ROBERT E. LEE in ihr nasses Grab gesunken war, patrouillierten Pilot Henry White und Funker George Boggs jr. in einem Flugzeug der Küstenwache vor der sumpfigen Louisiana-Küste, zwanzig Meilen südlich von Isles Dernieres. Um 1.37 Uhr nachmittags sah White ein U-Boot an der Oberfläche. »Sein Turm und Teil seines Decks ragten aus dem Wasser«, sagte Boggs. White schickte sofort eine SSS-Nachricht mit seiner Position und begann zu kreisen, um von achtern anzugreifen. Da bemerkte Hans-Günther Kühlmann auf U 166 das Flugzeug und tauchte.

»Henry musste seinen Plan ändern«, erinnerte sich Boggs. »Er schrie, dass er das Boot seitlich treffen müsse. Dann machte er die Bombe scharf und ließ mich prüfen, ob sie scharf war.« Boggs sah aus dem Fenster, um die 325-pound-Wasserbombe zu überprüfen und sicher zu stellen, dass die Arretierung geöffnet und der Scharfschaltungsdraht befestigt waren.

»Wir starteten unseren Sturzflug von 450 Metern. Während wir nach unten gingen, hatte Henry Schwierigkeiten, das Flugzeug steil genug zu steuern; es wollte immer ausbrechen«, sagte der Funker.

»Bo, du musst die Bombe ausklinken – ich bin mit den Drosseln beschäftigt. »Wenn ich JETZT sage, meine ich JETZT!«, schrie White.

»Wir setzten unseren Anflug fort, und in einer Höhe von etwa 75 Meter schrie Henry ›JETZT!‹«, fuhr Boggs fort. Dabei klinkte er die Bombe aus, öffnete dann sein Fenster, um zu sehen, wie die Bombe fiel. Das U-Boot war inzwischen völlig untergetaucht, und es sah aus, als ob die Wasserbombe etwa sechs Meter von ihm entfernt gelandet war. Eine große Wassersäule schoss herauf, als sie traf. »Dann machte der Flügel weitere Beobachtungen unmöglich«, fuhr Boggs fort. »Wir zogen aus dem Sturzflug hoch und kreisten um den Ort. Wir sahen nur einen Ölteppich … von leicht bis mittel.«

Henry White schickte einen Funkspruch nach Houma, Louisiana, und Biloxi, Mississippi. Er berichtete, dass er ein aufgetauchtes U-Boot gesichtet, einen Angriff durchgeführt und vielleicht einigen Schaden angerichtet hätte. Die zwei Männer umkreisten das Gebiet zwei Stunden lang und wurden durch ein anderes Patrouillenflugzeug der Küstenwache abgelöst. Als sie nach Houma zurückkamen, wurden sie vom FBI verhört, die den beiden rieten, aus Sicherheitsgründen nichts über ihre Abenteuer zu sagen. »Wir dachten, dass wir das U-Boot entweder zerstört oder schwer beschädigt hatten. … Wir wussten bis zum Ende des Dritten Reichs nicht, dass wir U 166 zerstört hatten«, sagte George Boggs.[12]

Am 24. und 25. Juli legte U 166 bei Überwasserfahrt Minen aus und blieb dabei völlig unbemerkt. Kühlmann berichtete am 27. Juli, dass sein Minenlegen beendet war. Am 30. Juli hörten sie zufällig den Funkspruch von PC 566 an den Hafenkapitän von New Orleans mit und wussten genau, wo die ROBERT

E. LEE zu finden war. Zwei Tagen, später traf U 166 ihr Schicksal. Es wird nie herauskommen, warum Kühlmanns U-Boot an diesem Tag so nahe an der Küste aufgetaucht fuhr: Legte er weitere Minen oder holte er etwas frische Luft? Wie sich später herausstellte, war U 166 das einzige deutsche U-Boot, das im Golf von Mexiko selbst versenkt wurde, obwohl U 157 kurz davor stand.

Die Nachricht von der vermutlichen Versenkung von U 166 erreichte die amerikanische Öffentlichkeit nicht, weil die amerikanische Marine nicht sicher war, ob sie es tatsächlich versenkt hatte, und sie wollte nicht, dass die Deutschen herausbekamen, wie sie vorging.

Während Kühlmann damit beschäftigt war, Minen zu legen (keine davon verursachte irgendwelche Schäden), trieben sich neun andere deutsche U-Boote in den Golfgewässer herum und versenkten im Juli zwanzig Schiffe. Das Hauptquartier der Gulf Sea Frontier in Key West wurde von den ständigen Berichten über feindliche U-Boote verrückt, und es war schwierig festzustellen, ob die Informationen echt oder Phantasie waren. In den Berichten hieß es, dass Pan Amercan-Piloten bei ihren Flügen über See südlich von Miami ständig U-Boote sahen. Der 7. Marinebezirk und die Nachrichtenbüros der Gulf Sea Frontier boten den Piloten einen speziellen Kursus in U-Boot-Erkennung an, um die Genauigkeit ihrer Beobachtungen zu verbessern. Viele Piloten nahmen freiwillig daran teil und wurden für die Grenzabschnitte ausgezeichnete Helfer, indem sie die Positionen von U-Booten meldeten.[13]

Die amerikanische Marine litt von Februar bis Dezember 1942 unter dem schweren Nachteil, dass weder sie noch die Briten Funksprüche, die von der Kriegsmarine gesendet wurden, entziffern konnten. Andererseits wussten die U-Boote genau, was die alliierten Schiffe funkten, wenn sie um Hilfe baten und ihre Positionen in Länge und Breite angaben. Wenn ihre Schiffe sanken, bemühten sich die Kapitäne zwar nach Kräften, ihre mit Betonklötzen beschwerten oder in eisernen Kästen verschlossenen Codebücher über Bord zu werfen. Aber sie konnten nicht wissen, dass all ihre Mühe reine Zeitverschwendung war. Die Amerikaner dagegen konnten zwar die deutschen U-Boot-Funksprüche mit Funkpeilern aufnehmen und die Position des Bootes feststellen, aber das war auch alles.

Die Deutschen hatten eine raffinierte Enigma-Verschlüsselungsmaschine auf jedem U-Boot. Sie sah ungefähr aus wie eine Schreibmaschine in einem Metallkasten: Der Benutzer drückte Tasten mit deutschen Buchstaben und acht Walzen verwandelten die Buchstaben in verschlüsselte Sprache. Er schrieb die Nachricht nieder und schickte sie an das Hauptquartier und umgekehrt.

Vor dem 1. Februar 1942 war es den Briten gelungen, die deutschen Nachrichten zu entschlüsseln, und sie gaben sogar wichtige Informationen über U-Boot-Positionen an die amerikanische Marine, die es jedoch vorzog, alles zu ignorieren. Als dann die Deutschen ihren Code im Februar änderten, knackten die britischen Entschlüsselungsexperten ihn erst zehn Monate später, nachdem Admiral Dönitz' U-Boot-Kommandanten die Schifffahrt an den östlichen und südlichen Küsten Amerikas und in der Karibik dezimiert hatten. Nach Dezember 1942 fingen die Alliierten U-Boot-Meldungen ab und nutzten sie zu ihrem Vorteil, während die Deutschen sich fragten, warum ihre Kriegsmarine immer größere Schwierigkeiten bekam.[14]

Kurz nach dem Untergang von Kühlmanns Schiff vor der Küste Louisianas begann die Marine mit dem ersten echten Konvoisystem im Golf von Mexiko. Gute Resultate mit Konvois hatte man schon an der Ostküste und in der Karibik erzielt, und jetzt war die Zeit gekommen, dies auch im Golf zu organisieren. Um die Tanker zu schützen, die häufig zwischen den südlichen Häfen fuhren, bestimmte die Marine die Route zwischen Galveston und den Einfahrten des Mississippis zur ersten Konvoiroute. Diese Route leitete die Schiffe durch die flachen Küstengewässer von Louisiana, vorbei an der Ship Shoal-Tonne, vorbei an der Tonne der Südwestpassage und in das Flussdelta. Es gab keine andere Route: Flache Gewässer boten mehr Schutz, obwohl deutsche U-Boote einige ihrer schlimmsten Schäden dort angerichtet hatten, wo die Konvoiroute dicht an der Küste von Louisiana verlief.[15]

Seitdem die Gulf Sea Frontier im Februar 1942 etabliert worden war, »war die Schifffahrt in diesem Gebiet größtenteils chaotisch und operierte oft nach Gutdünken des Kapitäns jeden Schiffes«, schrieben Marinehistoriker. Sie sagten, dass viele Schiffe die Häfen des Abschnitts anliefen, ohne dass das Kommando etwas über ihre Ankunft oder Abfahrt wusste. »Das Problem, volle Kontrolle über Handelsschiffe zu bekommen, war natürlich von internationalem Ausmaß (und diplomatisch bestenfalls knifflig)«, erklärten die Historiker.

Anfangs fuhren die Kapitäne, in jede beliebige Richtung und sagten der Marine nichts über ihre beabsichtigten Routen. Denn sie vertrauten darauf, dass sich kein Feind in den Golf von Mexiko wagen würde. Sie begriffen jedoch allmählich, dass ihr einziger Schutz darin bestand, ihre Bewegungen den Marinebehörden zu melden. Das erste Erscheinen von U-Booten in der Florida-Straße beschleunigte ihre Zusammenarbeit. In der Tat, so Marinehistoriker, wurden alle Kapitäne torpediert, die militärische Anweisungen nicht befolgten und auf nicht autorisierten Kursen fuhren.[16]

Für das Konvoisystem gründete die Marine die »Shipping and Routing Controll« und Routenplanung mit drei Büros: das Hauptbüro in Key West, Florida; eins in Pilottown, Louisiana, an der Südwestpassage; und ein drittes in Galveston. Dort halfen die Hafenkapitäne bei der Koordinierung von Schiffsgruppen, die die Gewässer innerhalb des Gulf Sea Frontier und der benachbarten Küstengrenzabschnitte befuhren. Die Route zwischen Galveston und Pilottown hatte die Bezeichnung GM-MG, und die erste Gruppe von Schiffen fuhr am 30. Juli.

Das System erforderte die Konzentration von Handelsschiffen auf die Konvoiankerplätze, bis sich genug Schiffe, die in eine ähnliche Richtung fuhren, gesammelt hatten. Zwanzig oder dreißig Schiffe konnten eine Woche oder zehn Tage vor Anker liegen, während sie auf die Bildung einer Gruppe warteten, was zu einem enormen Zeitverlust für die Schifffahrt führte.

Um das Problem der Verspätung zu lösen, wurde im späten August das ineinander greifende Konvoisystem eingeführt. Die neue Planung, die den ganzen Ozean umfasste und eine Vorabterminierung nutzte, beendete die langen Wartezeiten und erlaubte ständige Bewegung der Schiffe. Die ineinander greifenden Routen lagen zwischen Key West und New York (KN-NK), Key West und Galveston (KH-HK), Key West und Pilottown (KP-PK) und Key West und Guantanamo, Kuba (KG-GK).

HK-Konvois wurden in Galveston Bay zusammengestellt und bestanden aus Schiffen aus Houston, Texas City und Galveston mit Fahrtrichtung New York, Trinidad und Nordafrika sowie Key West. Sie trafen an festgelegten Tagen und Zeiten zwei andere Konvois südlich von Key West und bildeten dann wieder eine Gruppe, um ihren Weg zu anderen Häfen fortzusetzen.

Formation zu halten war nicht einfach. Die Schiffe, die bei Nacht keine Lichter zeigten, mussten mit gleicher Geschwindigkeit fahren und ohne Funkverkehr einen bestimmten Abstand einhalten. Sie bewerkstelligten dies mit Flaggen, kurzen Lichtsignalen oder schleppten eine Leine mit einer Geräuschboje im Kielwasser als Abstandsmarkierung für das hintere Schiff. »Die Flaggleine war etwa eintausend Meter lang und hatte eine kleine Vorrichtung am Ende, die ein wirbelndes Geräusch im Wasser machte. Man konnte es genau neben der Brücke anbringen, und wenn alle Schiffe mit acht Knoten fuhren, folgten sie auch so«, erklärte Kapitän Glenn Tronstad. Bei Nacht hatte jedes Schiff ein kleines Licht am Heck, das auch von dem hinteren Schiff gesehen werden konnte, aber die wirbelnde Boje konnte sogar im Nebel benutzt werden.[17]

»Jedes Mal, wenn wir uns für eine Fahrt fertig machten, veranstalteten wir, was sie Kapitänsbesprechung nannten – gewöhnlich der Funker und der Kapitän, die zum Kommodore im Federal Building in Galveston gingen«, sagte Tronstad. »Jeder in diesem Konvoi bekam Anweisungen, und wir wussten nie genau, welche Route der Konvoi nehmen würde, weil die Anweisungen versiegelt waren, bis wir auf See waren.«

Tronstad sagte, dass sie mit Zerstörern als Geleitschiffe fuhren und das Leitschiff der »Positionshalter« mit acht Knoten war. Einige Schiffe konnten schneller fahren, aber sie mussten alle mit der Geschwindigkeit des langsamsten fahren. »Einige der alten Schiffe hatten Kolbenmotoren und einige hatten alte Dieselmotoren, mit denen sie etwa 10 Knoten laufen konnten. Wenn man sie also nicht zu sehr unter Druck setzte, sagen wir mal etwa acht oder neun Knoten, konnten sie ziemlich gut Position halten«, erinnerte er sich. »Aber wenn sie wirklich Probleme hatten, stießen sie etwas Rauch aus und wurden als ›Nachzügler‹ bezeichnet. Das war die Chance für die U-Boote – sie suchten nach Nachzüglern, die völlig allein waren.«

»Wir fuhren auch im Zickzack und benutzten dabei Blinklichter oder Pfeifsignale«, fuhr er fort. »Und wenn du navigierst, musst du die genaue Zeit einhalten, daher bekam das Leitschiff ein Zeitzeichen von seinem Funkgerät und zog mittags einen Ball hoch, den wir alle sahen. Sobald es genau Mittag war, kam der Zeitball herunter und alle sagten ›Jetzt!‹ und stellten ihre Uhren danach.«

Tronstad sagte, er hatte Glück, weil er als Besatzungsmitglied nur ein U-Boot vor der Küste Mexikos sah. Der Richtschütze bereitete sich gerade vor, auf den vermeintlichen Gegner zu schießen, als der Kapitän sagte: »Warte, ich glaube nicht, dass das ein Feind ist. Ich denke, es ist ein freundliches U-Boot.« Dies war tatsächlich nur so ein Gefühl, das er laut Tronstad hatte. Und in der Tat stellte sich heraus, dass es ein amerikanisches U-Boot war. Der U-Boot-Kapitän sagte, er wusste, er hätte nicht aufgetaucht fahren dürfen, aber er hatte einen Verletzten an Bord und fuhr mit Höchstgeschwindigkeit, um ihn zu einem Krankenhaus zu bringen.[18]

Als im August Konvois durch den Golf von Mexiko, die Karibik und an der Atlantikküste fuhren, begann sich das Blatt zu wenden. »Die U-Boote wurden gezwungen, um ihre Beute zu kämpfen«, schrieben Marinehistoriker. »Die meisten Schiffe fuhren im Konvoi und genossen den Schutz von Überwasser- und Luftgeleitschutz, und die Einführung von mit Radar ausgerüsteten Flugzeugen erlaubte auch die Sicherung bei Nacht.« Amerika schien die Oberhand zu bekommen, und die Deutschen mussten jetzt intensiv suchen, um mehr »leichte Beute« zu finden.[19]

12. »Big Inch« wird aktiv

SOBALD DIE BEHÖRDE FÜR KRIEGSPRODUKTION (War Production Board) den Stahl für die neue Ölleitung von Texas zur Ostküste genehmigt hatte, bat Innenminister Harold Ickes den Handelsminister und Vorsitzenden der Gesellschaft für Wiederaufbaufinanzierung, Jesse Jones, die Finanzierung und den Bau des Projekts zu organisieren. Jones akzeptierte, unter der Vorraussetzung, dass die Ölindustrie eine gemeinnützige Gesellschaft bildete, um den Bau zu überwachen und die Leitung zu betreiben. Elf östliche Ölgesellschaften organisierten im Juni 1942 sofort die War Emergency Pipelines, Incorporated. Nach den Satzungsvorschriften durften wegen der Regierungsaufträge keine Dividenden oder Gewinne an Anteilseigner gehen. Das Unternehmen unterzeichnete einen Bauvertrag für den Bau von »Big Inch« für die Regierung. Der erste Bauabschnitt führte von Texas nach Salem, Illinois, und sollte nach Philadelphia und New York erweitert werden. Die endgültige Leitung, 1.475 Meilen lang und vierundzwanzig Zoll im Durchmesser, sollte dreihunderttausend Barrel pro Tag an die Ostküste transportieren und 95 Millionen Dollar kosten. Eine zweite Zwanzig-Zoll-Leitung sollte von Texas bis Seymour, Indiana, und weiter bis zum New Yorker Gebiet gebaut werden. Diese sollte »Little Big Inch« werden.

Während das Konvoisystem im Golf organisiert wurde, wurde das erste nahtlose Stahlrohr am 3. August in die Erde bei Little Rock, Arkansas, verlegt – der Beginn der größten Erdölpipeline der Welt. Fünf Monate später hatten Arbeiter den ersten Abschnitt von Longview, Texas, nach Little Rock fertig gestellt, und kurz vor Mitternacht am 31. Dezember 1942, ein paar Minuten vor dem geplanten Termin, dem 1. Januar 1943, begann das Öl zu fließen.

Die Arbeit ging in einem halsbrecherischen Tempo voran – über das Allegheny-Gebirge, unter dreißig großen Flüssen und Strömen, unter zweihundert Bächen und unter Hunderten von Straßen und Eisenbahnkreuzungen hindurch. Jeden Tag vollendeten die Bautrupps im Durchschnitt 3,6 Meilen, und der ganze mörderische Job dauerte eine Rekordzeit von nur 350 Tagen. Baumaschinen und Personal waren knapp, und die vorhandene Ausrüstung wurde hastig angepasst, um mit der riesigen Pipeline und ihrem Übergewicht fertig zu werden. Am 19. Juli 1943 schweißten die Arbeiter ihre letzte Naht an der großen Pipeline in Phoenixville, Pennsylvania, und aus diesem Anlass wurde eine Feier abgehalten. Minister Ickes und andere Regierungsprominenz waren anwesend.

Die enorme, aus 3/8 Inch dickem Stahlrohr hergestellte Pipeline war bei einem Druck von 750 bis 800 pound pro Quadratzoll getestet und für gut befunden worden. Einige der Rohre für die Anschlussleitungen hatten Mängel gezeigt und wurden abgelehnt, und die Tests gingen weiter, bis alles in Ordnung war. Die Ölgesellschaften bauten achtundzwanzig Pumpstationen in Abständen von fünfzig Meilen, jede mit drei Kreiselpumpen, um das Öl fließen zu lassen. Einundfünfzig Stahltanks mit einer Kapazität von 3.836.000 Barrel wurden in Longview, Norris City (Illinois), Phoenixville (Pennsylvania) und Linden (New Jersey) errichtet. Bis Ende Juni 1943 hatte »Big Inch« schon etwa 21 Millionen Barrel Rohöl befördert. Rückblickend könnte man allerdings sagen, dass das hektische Projekt etwas spät begonnen war, wenn man bedenkt, dass die U-Boote ihre schlimmsten Schäden im Golf von Mexiko schon angerichtet hatten.[1]

Bis Frühherbst 1942 bombardierte die Galveston-Zeitung ihre Leser mit Mahnungen an den Krieg und den dringenden Bitten, alles Mögliche aufzubewahren und zu sammeln. Gummi wurde dringend gebraucht, und ein Cartoon zeigte, dass 130 Meter Gartenschlauch für einen Bomberreifen reichen würde, 1.850 Gummibänder für eine aufblasbare Rettungsweste und dass 1.252 Paar Gummihandschuhe für eine Enteisungsanlage für einen Langstreckenbomber reichen würden. Paul Nicholls, Leiter der städtischen Schrottaktion, sagte, dass die Quote pro Monat bei 675 Tonnen liegen würde und dass man genau bezeichnete Depots für Lagergut errichten würde. »Die Bewohner von Galveston müssen jedes Stück Schrott, das für das tägliche Leben nicht unbedingt nötig ist, abgeben«, sagte er ihnen. Die Armee in Fort Crockett würde den ganzen Schrott abholen, ihn abtransportieren und verkaufen. Nicholls berichtete, dass das Sammeln von Fett langsam zunahm.[2]

In England, wo der Krieg alles hatte drastisch knapp werden lassen, erklärte König George, dass die königliche Familie zur Schonung von Ressourcen fortan Bäder in nur fünf Zoll tiefem Wasser nehmen werde. Der König, der bei den Bemühungen, Treibstoff zu sparen eine wichtige Rolle spielte, befahl, dass in jeder Badewanne im königlichen Haushalt an der Fünf-Zoll-Marke eine schwarze oder rote Linie gemalt und außerdem Schilder aufgestellt werden sollten, die die Benutzer an die Notwendigkeit, mit Brennstoff sparsam umzugehen, erinnerten.

Der Monarch wies auch an, dass in Badezimmern und allen Palastschlafzimmern nur eine Glühbirne erlaubt sei und dass man zusätzliche Glühbirnen entfernen werde. In Buckingham Palace und Windsor Castle wurde keine Zentralheizung benutzt, und der König hatte alle Feuer in den Kaminen verboten. Nur auf Anweisung eines Arztes durfte in einem Schlafzimmer das Feuer angezündet werden. Die Anzahl funktionierender Kessel war so eingeschränkt worden, dass es an vier Tagen pro Woche in einigen Bereichen von Windsor Castle kein Warmwasser gab, und die Bewohner jener Zimmer mussten es aus der Küche holen.[3]

Um die Menschen von der zunehmenden Knappheit abzulenken, waren die Nachrichten voller Propaganda gegen Hitler und sein Nazi-Militär. E. S. Levy & Company in Galveston schalteten eine kleine Anzeige mit dem Bild einer Hitler-Puppe, die sich bückte und der Nadeln in ihr Hinterteil gesteckt waren. Genannt

»Hotzi Notzi« und »Stick Him« (»Stich ihn ab«) hatte die Puppe einen Preis von nur fünfzig Cent. »Eine Kopie des kleinen Bildes, das Präsident Roosevelt auf seinem Schreibtisch im Weißen Haus hat. Benutzen Sie ihn zu Ihrem eigenen Vergnügen«, spornte die Anzeige an.[4]

Trotz der Verdunkelungsvorschriften gab es weiter Probleme mit zu hellem Licht auf der Insel. Major Ralph Barry wies die zuständigen Luftschutzwarte in der ganzen Stadt an, dafür zu sorgen, dass bis auf Straßenlichter und ein paar andere Ausnahmen keine nach außen dringende Beleuchtung in ihren Bezirken erschien. Ein Wart fragte Hauptwart F. F. Kay, ob jemand das Licht in seiner Garage oder seinem Hinterhof benutzen dürfte, um sein Auto in die Garage zu fahren. »Nein«, erwiderte Kay.

Kay informierte die Warte auch, dass Armeevorgesetzte ihm gesagt hatten, die Verdunkelung von Galveston »sehr unbefriedigend sei und wenn die Vorschriften nicht schärfer durchgesetzt würden, könnte die Armee jede Nacht eine totale Verdunkelung befehlen.«[5]

Der Nachrichtenredakteur forderte die Bevölkerung auf, vorsichtiger zu sein. »Verdecken Sie das Licht«, schrieb er und sagte, dass die Handelsschiffe auf See sicherer seien, wenn Galveston die Außenbeleuchtung auf das absolute Minimum reduzieren würde. Nur die Straßenlichter sollten leuchten, und das nur mit einem Bruchteil ihrer normalen Wattleistung. »Diese Vorschriften sind vorgesehen, um den Lichtschein zu vermeiden, der die Silhouette von Schiffen vor dem Land zeigt und sie zu leichten Zielen für feindliche U-Boote macht. Es gibt überhaupt keinen Zweifel, dass diese Vorsichtsmaßnahmen erforderlich sind. Mehrere Schiffe sind innerhalb weniger Meilen vor Land im Golf versenkt worden.«[6]

Der Polizeichef sagte der Hilfspolizei, dass sie dafür sorgen müsse, dass Autos, die in den Gürtel von fünf Wohnblocks entlang des Uferdamms hineinfuhren, nur ihre Parklichter benutzen und die Fahrer nur nach Hause fahren dürften. Sonst dürfe niemand durch das Gebiet fahren, es sei denn, es sei der einzige Weg, nach Hause zu kommen. Die Höchstgeschwindigkeit wurde darüber hinaus auf zehn Meilen pro Stunde begrenzt.[7]

Die Küstenwache brauchte Freiwillige, um an den Stränden von Galveston und Bolivar zu patrouillieren. Sie machte ihr Programm mit den Worten publik: »Haben Sie ein Pferd? Wenn ja, könnten Sie der Mann für die neue Strandpatrouille sein.« Dazu gehörte es, die Küste vor »Invasionen« von Spionen, die von U-Booten abgesetzt wurden, zu schützen sowie routinemäßig nach Schiffen, die in Not geraten waren, und nach verdächtigen Gegenständen an den Stränden zu suchen. Männer mit Pferden konnten sich mit ihren Tieren freiwillig melden, oder sie konnten die Tiere einfach mit Zaumzeug und Sattel ausleihen. Die Küstenwache suchte insbesondere erfahrene Reiter und Sportler, die in der Kavallerie oder berittenen Polizei gedient hatten oder sonst gut trainiert waren.[8]

In Galveston gab es nur sehr wenig Pferde, aber auf Bolivar Peninsula fanden sich zuverlässige Rosse und auch erfahrene Reiter. Die Küstenwache übernahm das alte Sea View-Hotel auf High Island, siebenundzwanzig Meilen im Süden der Halbinsel und errichtete einen Stall für Pferde aus der Gegend. Zwei Familien am Ort, die Lynns und die Whites, stellten ihre Strand- oder Farmhäuser zur Verfügung. »Es gab ein anderes Lager in Breeze Inn, unten am Strand an der Sabine Passage«, erinnerte sich George Hamilton, einer der Freiwilligen. »Das Gasthaus war eine alte Bierkneipe und von einem Farmer namens Broussard gepachtet. Die Männer schliefen die erste Nacht in Feldbetten auf dem Tanzboden.«[9]

»Wir ritten unsere eigenen Pferde, später schickten sie dann einige Kavalleriepferde, … wir mussten diese alten Dinger reiten«, sagte Hamilton. Er sagte, die Kavalleriegäule seien seit »Gott weiß wie lange« nicht geritten worden und hatten alte McClelland-Sättel der Armee, die »klitzeklein waren, mit nichts darauf und einer Spalte in der Mitte, wo man sitzt«.

Hamilton und seine Kumpel ritten in Paaren von der Farm von White auf High Island den Strand entlang, bis sie die Reiter aus Breeze Inn, etwa fünfzehn Meilen entfernt, trafen, dann ritten sie zurück. Sie taten das jede Nacht und blieben bei White und hatten am Wochenende frei. »Ich wusste nicht, was los war. Wir trafen keine Deutschen oder sonst was«, erinnerte er sich.

Eines Tages, als Hamilton und sein Kumpel so dahinritten, sahen sie ein großes, seltsames Objekt auf dem Sand. »Wir wussten nicht, was es war und hatten irgendwie Angst davor. Und wir hatten nur unsere Flinten«, erinnerte er sich. Sie ritten zum Hauptstützpunkt im Sea View-Hotel zurück und berichteten davon, woraufhin eine Mannschaft in Jeeps zum Ort fuhr, um die Sache zu untersuchen. Es stellte sich heraus, dass es der Kessel eines alten Schiffs war.[10]

Die Männer der Küstenwache im Sea View-Hotel spielten Tischtennis oder boxten oben in einem großen Erholungsraum. Einige von ihnen gingen nach einer langen Patrouille gelegentlich ins »This Is It«, »Green Light« oder »Tindy's Place« um sich zu erfrischen. Der alte Mann, der »Windy's« betrieb, ließ sie durch die Hintertür hinein, wenn sie in Uniform waren, verkaufte ihnen ein Bier und bat sie beim Gehen abzuschließen, weil er nach Hause wollte. Im »Windy's« waren sie am liebsten.

Manch neuer Rekrut auf High Island hatte mit dem Reiten zu kämpfen, weil er nie auch nur in der Nähe eines vierbeinigen Schlachtrosses gewesen war. »Einige von ihnen stiegen auf der einen Seite auf und fielen auf der anderen Seite wieder runter«, sagte Glenn Cudd, einer der Rekruten.[11]

Im späten August beschleunigte die Küstenwache ihr Programm »Hunde zur Verteidigung« mit der Ausbildung von tausendachthundert Hunden für Strandpatrouillen. Meistens waren es Schäferhunde, Doberman Pinscher und Airedales, und sie gingen nur bei Nacht raus. In der Regel ging ein Mann mit seinem Hund an der Leine etwa eine Meile den Strand entlang. Die ständig wachsamen Hunde konnten die Anwesenheit von Fremden spüren und waren Respekt einflößende Gegner. Ein Mann auf Patrouille in der Nähe von Plymouth, Massachusetts, fiel beinahe eine Klippe hinunter, wurde aber gestoppt, als sein Hund sich weigerte, einen Schritt weiter zu gehen.[12]

Um die Kommunikation zu verbessern, plante die Küstenwache, einen marineüblichen Radiosender vom Typ TRC (Tactical Radio Control) in der Galvestoner Station WNU zu installieren, um ihre Sender per Fernbedienung zu betreiben. Da sie Schwierigkeiten hatte, Notrufe und Feindortung per Fernschreiber zu senden, rechnete sich die Küstenwache aus, dass eine Richtfunkverbindungen zwischen WNU und Washington von Vorteil wäre.[13]

Offensichtlich übersahen die Neulinge anfangs bei ihren Strandpatrouillen etwas. Denn zwei junge Frauen entdeckten bei ihrem Spaziergang an der Küste acht Meilen von der Stadt entfernt eine von Kugeln durchsiebte Rettungsweste. Ein Bild in der Zeitung zeigte die beiden, wie sie sie zwischen sich hochhielten. Es schien, als ob sie der Küstenwache die Schau gestohlen hätten, weil sie das erste »verdächtige« Objekt entdeckt hatten.[14]

Am 3. August hörte ein Senatsunterkomitee die Zeugenaussage des fünfundsiebzigjährigen August Simon Lake. Er war einer der weltweit führenden Köpfe für U-Boot-Entwicklung, dessen Erfindung des Unterwassertorpedoboots 1889 von der amerikanischen Marine verwendet worden war. Er erzählte den aufmerksamen Senatoren, dass er eine »geheime Vorrichtung zur Geräuschdämpfung«, die den Weg für eine Flotte von Fracht-U-Booten ebnen konnte, perfektioniert hatte. Damit könnten diese U-Boote Flugzeugen, Schiffen und anderen Unterwasserfahrzeugen leicht entgehen. Lake sagte, es sei äußerst zweckmäßig, ein »leises U-Boot« zu entwickeln und dass seiner Ansicht nach der Feind die Unterwasserfrachter bereits nutzte. Das Komitee, das schon die Möglichkeit von Frachtflugzeugen in Erwägung gezogen hatte, hörte genau zu, als der alte Mann die U-Boot-Frachter beschrieb, die siebentausendfünfhundert Tonnen Öl, Panzer, Geschütze, Munition und Soldaten in Kampfzonen transportieren konnten. Lake sagte, dass die Werften die gleichen Materialien und die gleiche Ausrüstung wie die zur Produktion von Liberty-Schiffen nehmen konnten und dass immer noch etwas Stahl übrig bleiben würde.

Als er weiter befragt wurde, sagte der Erfinder den Senatoren, dass er es auch für möglich halte, riesige U-Boote aus Beton zu bauen. Die Verwendung eines solchen Materials würde jedoch »beträchtliches Experimentieren erfordern, und ich würde Stahl vorziehen«, sagte er. Er schätzte die Kosten auf 2.125.000 Dollar pro Einheit und die Bauzeit auf sechs Monate.

Lake las einen Brief vor, den er von Marineminister Knox bekommen hatte. Darin hieß es, dass er die Idee der »Geräuschdämpfung« für »machbar« halte und dass die U-Boote vor Torpedos und Granatenbeschuss vergleichsweise sicher sein würden, wenn sie auf dreißig Meter abtauchten. Mit seiner neuen Erfindung konnte ein U-Boot auf fünfzig Meter an ein Überwasserschiff herankommen. »Ich garantiere, dass niemand auf dem Schiff es sehen oder hören kann«, behauptete er.

Ferner meinte der Erfinder, es sei ein Irrtum, weitere feindliche U-Boot-Verwüstungen mit Kriegsschiffen oder Flugzeugen zu stoppen. »Aber leider gibt es kein Mittel, mit dem die U-Boot-Gefahr beseitigt werden kann«, bemerkte er. Berichten zufolge versenkten die U-Boote amerikanische Schiffe zweimal so schnell, wie sie gebaut werden konnten, aber er glaubte, dass das Verhältnis in Wahrheit eher eins zu vier war. »Mir scheint es deshalb viel klüger, Schiffe zu bauen, die nicht gesehen oder gehört und daher nicht versenkt werden können«, schlussfolgerte er.[15]

Vor dem Krieg hatte Lake mehrere Jahre in Deutschland, England, Russland und Österreich als beratender Ingenieur verbracht, wo er Torpedoboote entwarf und baute. Er war sicher, dass die Deutschen Fracht-U-Boote benutzten, um ihre U-Boote zu versorgen, die vor den amerikanischen Küsten operierten. Der alte Mann hatte Recht – sie taten es wirklich.[16]

Der Patriotismus in den Vereinigten Staaten wuchs fieberhaft an. Fabriken, Werften, Flugzeugbaubetriebe und andere Industrien hämmerten und klopften, stießen Dampfwolken und Funkenflug aus. Die Arbeiter waren stolz, dass sie viele Stunden arbeiteten, während die Regierungspropaganda sie zu immer größerer Produktivität anstachelte. Die USA waren dabei, den Krieg zu verlieren. In San Francisco feuerte die Western Pipe and Steel Company 150 Werftarbeiter, »weil sie sich vor ihrer Arbeit drückten«. Die Verantwortlichen der Firma erklärten ihr Vorgehen mit der Begründung, dass sie voll hinter dem Grundsatz »Arbeiten oder Kämpfen« der Marine stünden. Sie hätten daher die Namen der Männer an die Einberufungsbehörde weitergegeben, damit ihre Freistellung aufgehoben wurde. Die Marine hatte gefordert, dass alle Arbeitsscheuen von Werften mit Schiffsneubau entfernt werden sollten.

»Wir wollen keine Drückeberger auf unseren Werften oder in den Rüstungsbetrieben«, sagte der Sekretär der örtlichen AFL. »Sie halten die große Mehrheit der ehrlichen, fleißigen Arbeiter von ihrer Arbeit ab.«[17]

In Galveston ging beim Schrottsammeln das Gezeter los. Von seinem Hauptquartier in San Antonio erklärte Generalmajor Richard Donovan, dass alte Kanonen oder andere Relikte von historischem Wert nicht angerührt würden. Viele der Kanonen in Parks und Gerichtshöfen hatten großen immateriellen Wert und blieben daher unangetastet. Tausende Kanonen und andere Waffen vom Ersten Weltkrieg waren jedoch zu nichts wirklich gut und würden der Kriegswirtschaft helfen. (1942 waren diese Waffen lediglich circa fünfundzwanzig oder so Jahre alt und wurden nicht als Antiquitäten betrachtet.) General Donovan und sein Assistent planten, mehrere dieser Kriegsüberbleibsel mit voller Unterstützung von Gouvernor Stevenson vom Gelände der Landeshauptstadt und von Camp Mabry in Austin zu entfernen. »Diese riesigen Kanonen werden viele tausend Pfund an dringend gebrauchtem Schrott bringen und werden von der Armee innerhalb den nächsten zwei oder drei Wochen abtransportiert«, kündigte Donovan an.

Der General verdeutlichte die Haltung der Armee beim Schrottsammeln und sagte, es sei sein Ziel, Transportmittel für das Abholen von Schrott von zentralen Sammelpunkten bereitzustellen und den Sammelvorgang von tausend Tonnen Metall auf den Militärstützpunkten zu beschleunigen. Er sagte auch, dass Bürger, die das wollten, Schrott an Händler zu staatlich kontrollierten Preisen verkaufen könnten. »Die Regierung braucht das Metall sofort und sucht die Zusammenarbeit der ganzen Nation«, forderte er.[18]

Die amerikanische Öffentlichkeit wurde ärgerlich, weil sie glaubte, dass die Kriegsanstrengungen wegen der Ineffizienz Washingtons zu langsam in Gang kamen. Der Präsident wurde bis auf seine Abneigung, jemanden zu entlassen, für schuldlos gehalten, aber es gab viel Kritik an verschiedenen Kriegsbehörden. Die Zeitschrift *Fortune* schrieb einen offenen Brief an Herrn Roosevelt und riet ihm, seine Kriegsadministration vor ein scharfes Kriegsgericht zu stellen.[19]

Die Aktivitäten der deutschen U-Boote im Golf setzten sich mit der Episode von U 508 fort. »Ein ungewöhnlich freches U-Boot«, schrieb Samuel Eliot Morison, »gab der Gulf Sea Frontier am 12. August den letzten Schlag ins Gesicht. Es griff einen kleinen Key-West-Havanna-Konvoi an, der sieben Meilen südlich von Sand Key Light von zwei PCs begleitet wurde.« U 508 unter dem Kommando von Kapitänleutnant Georg Staats torpedierte und versenkte zwei kubanische Frachter, die SANTIAGO DE CUBA und die MANZANILLO. Gleich danach konnten die Schüler an der Key West Sound School den Rauch von ihren Fenstern aus sehen. Die DAHLGREN, ein Zerstörer und mehrere Ausbildungsschiffe, die gerade ihre täglichen Übungen machten, bildeten schnell eine »Killer«-Gruppe. Die dreizehn Schiffe sowie mehrere Flugzeuge suchten das Gebiet drei Tage und zwei Nächte ab, aber sie fanden Georg Staats nicht. Der U-Boot-Fahrer patrouillierte weiter und griff noch zwei Schiffe in Konvois an, bevor er den Golf von Mexiko verließ.[20]

Die U-Boote, die nun überall auf Konvois stießen, gönnten ihnen keine Erholungspause. Militäroptimisten, die dachten, dass das neue Konvoisystem nun plötzlich alle U-Boot-Angriffe abwehren würde, sahen keine sofortigen Ergebnisse. Im Juli, August und September 1942 versenkten die deutschen U-Boote fünfundsiebzig Schiffe, die meisten in der Karibik – mit Geleitschutz.[21]

Marinehistoriker merkten in einem Rückblick auf den Krieg an, »ohne Zweifel wurden die deutschen Unterwasser-Gangster im August in der Gulf Sea Frontier geschlagen.« Dies stimmte zwar, aber die Angreifer hatten sich nur nach Süden verlegt. »Die U-Boot-Abwehrmaßnahmen hatten eine wichtige Auswirkung auf die Anzahl [von U-Booten im Einsatz], weil Admiral Dönitz seine Boote abzog, sobald sie in einem bestimmten Gebiet erfolgreich wurden«, schrieb Morison.[22]

Als der September kam, verkündete die Küstenwache in Galveston, dass sie das majestätische Galvez-Hotel bald übernehmen würde, eines von vielen Hoteletablissements, das die Regierung für Militärzwecke beschlagnahmt hatte. In diesem Fall wählten sie das älteste und prachtvollste in der Stadt. Es wurde 1911 am Seawall Boulevard gebaut. Der Zufluchtsort in spanischem Stil und mit hohen Palmen hatte obenauf ein elegantes Penthouse mit vier Türmchen. In der Dachwohnung wohnte Sam Maceo, der Spieler Nr. 1, der aus den Fenstern blicken und sein Restaurant »Balinese Room« auf einer langen Pier im Golf sehen konnte. Als Maceo die Nachricht hörte, zog er aus und ließ im westlichen Teil der Stadt ein großes Haus bauen.[23]

Der Hotelmanager Winthrop P. Younger sagte, Urlauber würden immer noch Unterkunft im »Buccaneer«, »Jean Laffite« und anderswo finden können. Einige Tage später wurden an allen Hoteleingängen Schilder angebracht, die der Öffentlichkeit den Zutritt untersagten. Alle Mittagessen und Treffen wurden abgesagt, jedoch war für den Einzug der Küstenwache kein Termin festgesetzt worden, weil die Stammgäste erst andere Unterkünfte finden mussten.[24]

Im Gleichschritt mit den Ereignissen des U-Boot-Krieges im Golf suchte Comic-Heldin Jane Arden weiter nach Saboteuren. Sie hatte herausgefunden, dass ein Mann namens Fred Krish, der die Rolle des Hinterwäldlers »Onkel Eben« in einem Radiosender an der Küste spielte, verschlüsselte Nachrichten an U-Boote sendete. Die Frage war, woher bekam er seine Informationen? Um das herauszufinden, ging Jane zu dem Sender, um eine Live-Übertragung anzuschauen, und gab sich als Fan aus.

»Ich interessiere mich *sehr* für Ihre Sendung!«, sagte sie zu »Onkel Eben«. »Nun setzen Sie sich hierher, aber lächeln Sie die Jungs nicht an. Sonst werde ich kein Fünkchen Musik aus ihnen herausbekommen«, erwiderte er.

Die Sendung begann, während Jane saß und zuschaute.

Ein paar Tage später statteten Jane und ihr FBI-Agentenfreund dem Hafenkapitän einen Besuch ab und überzeugten sich davon, dass er jeden Tag die Route festlegte, die die Schiffe nehmen sollten.

»Ich entscheide mich morgens – die Anweisung wird an meine Sekretärin diktiert – die Anweisungen werden getippt und an die Schiffskapitäne per Sonderbote geliefert«, erklärte der Direktor.

Jane fragte ihn, ob eine undichte Stelle möglich sei, und er sagte, er glaubte es nicht, weil ein Trupp Marineinfanteristen die Nachrichten mitnahm.

Hafenkapitän: »Wird die Nachricht jeden Tag an die Nazi-U-Boote gefunkt – wie denn?«

»Jetzt bleiben nur Sie, Ihre Sekretärin oder einer der Schiffskapitäne übrig«, sagte Jane.

Weitere Nachforschungen ergaben, dass ein Blatt Durchschlagpapier von den Schiffsmitteilungen fehlte. So wollten sie eine Falle zu stellen. Daher versteckte sich Jane in einem Spind, um zu sehen, wer die Durchschlagpapiere nahm. In dieser Nacht kam der Hausmeister mit seinem Besen und begann, den Haufen Abfallpapiere, die verbrannt werden sollten, zu durchwühlen.

»Ich habe schon jedes Stückchen Papier bisher gelesen – ah – da haben wir es, das Durchschlagpapier, das sie benutzen, wenn sie die Fahrtanweisungen tippen«, murmelte er. »Sieben Schiffe – einundzwanzig Uhr – Route drei – bah! Nun werden wir alle versenken.«

Der Hausmeister-Spion hörte die Uhr von Jane ticken und entdeckte sie in dem Spind. Daraufhin behauptete sie, dass sie auch eine Spionin sei und überredete ihn, mit ihr das Gebäude zu verlassen. Wie man sich denken kann, war das FBI bereit, zuzugreifen und schnappte den Schuldigen tatsächlich. In Wirklichkeit aber erhielten die U-Boote von versteckten Sendern in den Vereinigten Staaten keine Nachrichten, aber viele dachten es. Es war die Zeit der Verdächtigungen.[25]

Die Spionageabenteuer von Jane im Golf endeten Ende August, gerade als gemeldet wurde, dass die U-Boot-Bedrohung allmählich nachließ. Minister Knox sagte Reportern, dass die Lage offenbar mit jedem Tag besser werde, weil die Angriffe entlang der amerikanischen Küsten stetig zurückgegangen seien, aber das Problem war keineswegs gelöst. Er meinte, dass neben dem Einsatz von Konvois an der Atlantikküste und in der Karibik der Einsatz von privaten Bootpatrouillen, Blimps und die Luftaufklärung der Armee sehr wirkungsvoll gewesen seien. »Sobald man es für die deutschen U-Boote entlang unseren Küsten und vor den Britischen Inseln schwierig macht«, sagte er, »jagen sie in neuen Gebieten – auf hoher See weit vom Land.«

Nettoergebnisse zeigten, dass im August nur halb so viele Schiffe im westlichen Atlantik und in der Karibik versenkt wurden wie im Juli – vierunddreißig Schiffe verglichen mit achtundsechzig.

Minister Knox kündigte an, dass amerikanische Werften immer schneller neue Schiffe produzierten: achtundsechzig Frachter und Tanker wurden im August fertiggestellt. Zum ersten Mal begann Amerika, einen vorsichtigen Optimismus zu entwickeln.[26]

13.   *Jede Unze verwerten*

IN FORT CROCKETT stand eines Tages der Gefreite John Naumczik Wache am Fuß eines Meßturms. Er sah, wie Oberst Schwepp, Kommandant des Stützpunkts, mit einem anderen Offizier und ihren Ehefrauen vorfuhr. Naumczik, der vor der Betonwand des Kartenraumes unter dem Turm stand, schaute zu, wie sie aus dem Auto stiegen und zu ihm herüberschlenderten. Als sie näher kamen, sagte er: »Halt!«

»Wissen Sie, wer ich bin?«, fragte Oberst Schwepp.

»Ich glaube ja, Sir.«

Der Oberst legte seine Hand auf den Türgriff des Kartenaumes, woraufhin John sein Gewehr hob und sagte: »Ihren Ausweis, Sir.«

Der Oberst nahm seinen Ausweis heraus und hielt ihn hin. Aber John, Neuling in militärischen Spielregeln, vergaß das Protokoll. »Legen Sie ihn auf den Boden, Sir«, sagte er.

Der lief Oberst rot an und biß seine Zähne zusammen. Er tat, was ihm befohlen wurde. Naumczik nahm den Ausweis, sah ihn an und gab ihn zurück. Die Gruppe ging dann weiter, um einen Rundgang durch den streng geheimen Kartenraum zu machen.

Am nächsten Morgen hatte John bei Tageslicht gerade seinen Wachdienst beendet und wollte sich in seinem Zelt hinlegen, als Hauptmann Laird herankam.

»Mein Gott, John, was ist passiert? Was haben Sie Oberst Schwepp angetan?«

Der Gefreite sagte ihm, er habe sich nur geweigert, ihn den Kartenraum betreten zu lassen, ohne sich auszuweisen.

»Sie hätten ihn nicht zwingen sollen, den Ausweis auf den Boden zu legen«, tadelte Laird.

»Das hat vor den Augen des Majors und den Ehefrauen allem nur noch die Krone aufgesetzt. Ich werde Sie verstecken müssen.«

Der Hauptmann befahl John, in einen wartenden Jeep zu steigen und fuhr er zu einem entfernten Ort am Weststrand. Dort ließ er ihn bei einem Zelt aussteigen und gab ihm ein wassergekühltes Maschinengewehr. »Was soll ich hier tun?«, fragte John, der sich enorm müde fühlte.

»Na ja, wenn Sie einen Angriff kommen sehen, legen Sie mit diesem Maschinengewehr los, aber rufen Sie zuerst um Hilfe«, erwiderte Laird.

»Wie komme ich weg von hier?«, fragte John.

»Sie werden abgeholt. Aber achten Sie auf Schwepp – er konnte Sie nicht finden.«

Naumczik wurde befohlen, im Zelt zu sitzen und durch sein Fernglas nach anrückenden Feinden zu schauen. Es war heiß und John konnte kaum die Augen offen halten. Nach einer kurzen Weile sah er, wie ein Jeep den Strand entlang fuhr. Es waren Oberst Schwepp und zwei andere Offiziere. Der Oberst sprang heraus und John salutierte.

»Wo ist Ihr Kochgeschirr?«, brüllte Schwepp.

»Im Zelt, Sir.«

»Wo ist Ihr Bajonett?«

»Ich habe kein Bajonett, Sir. Ich bin gerade aus dem Urlaub zurückgekommen, und sie hatten keine.«

»Wenn ich Sie das nächste Mal sehe, sollten Sie lieber ein Bajonett haben.«

Der Oberst, immer noch wortkarg, fuhr weg. Mehrere Tage gingen vorbei, und als John eines Morgens mit seinen Scheinwerferkameraden in Formation stand, kam Oberst Schwepp auf ihn zu. »Lassen Sie sich die Haare schneiden«, befahl er.

Johns Haare waren gerade geschnitten worden, aber er sagte nichts. Der Oberst ließ den Gefreiten seinen faux pas ziemlich lange nicht vergessen.[1]

Drüben auf Gray's Iron Works, einer Werftanlage auf Pelican Island, wurden Pläne für Redner und Kundgebungen zur Aufrechterhaltung des Kampfgeistes der Arbeiter geschmiedet. Die Maritime Commission hatte Werften in Houston, Beaumont und Mobile besucht und den Arbeitern aus erster Hand von Kriegserfahrungen erzählt und sie aufgefordert, sich auf ihre Jobs zu konzentrieren. Das Ziel der Kommission war, die Arbeiter davon zu überzeugen, dass sie für die Schiffsproduktion äußerst wichtig waren. Der erste Redner war Demitri Goulandris, ein Seemann der Handelsschifffahrt, der zweimal torpediert worden war. Der zweite James MacPhee von der kanadischen Armee, der in Dünkirchen gekämpft hatte und von einem Bombensplitter verletzt wurde. Während des Ersten Weltkriegs hatten Mitglieder der Streitkräfte an einem nationalen Programm teilgenommen, bei dem sie patriotische Reden in Betrieben und Werften hielten. Als Ergebnis besserte sich die Moral und die Produktion stieg. Das gleiche Programm wurde für den zweiten großen Krieg eingeleitet.[2]

Die Bewohner von Galveston, die begeistert Schrott sammelten, begannen, persönliche Gegenstände für die Kriegswirtschaft zu spenden. David Rogers gab seine Sammlung antiker Waffen, darunter eine Pistole mit einem Feuersteinschloss aus der Zeit des Unabhängigkeitskriegs, eine Duellpistole, das Schwert eines Stierkämpfers, ein spanisches Mauser-Gewehr aus dem Jahr 1893, ein deutsches und ein japanisches Marineschwert, zwei Bajonette aus der Zeit des Kriegs zwischen Frankreich und Preußen, drei Bürgerkriegsbajonette und drei Bürgerkriegskavallerieschwerter. Ein paar Tage später kündigte Peter Erhard von der First National Bank an, dass die Bank ihren ersten, 1865 eingebauten Tresor verschrotten lassen würde. Bergungsarbeiter mussten erst noch herausfinden, wie man den schwerfälligen Metallkasten aus seinem Tresorraum entfernen konnte, aber sie waren sich sicher, sie würden einen Weg finden. Eine Woche später erschien in der Zeitung ein Foto von vier stämmigen Armeearbeitern, die versuchten, den fünf Tonnen schweren Tresor anzuheben. Als sie ihn aus der Bank schleppten, zerbrach der Betongehweg durch das enorme Gewicht an mehreren Stellen, bevor sie ihn auf ihren Lkw laden konnten.[3]

Paul Nicholls, Leiter der Schrottaktion, sagte, er und sein Komitee würden nicht eher zufrieden sein, bis »jede Unze Schrottmetall auf der Insel zutage gefördert wäre«. Das Komitee hatte schon 20.000 Pound altes ungebrauchtes Metall in Bürogebäuden in der Stadtmitte gefunden, und die Pfadfinderinnen hatten 1.268 Pound Schrott zusammengetragen. Im Menard-Park am Seawall Boulevard wurden zwei Kanonen aus dem Ersten Weltkrieg auseinander genommen, von Armee-Lkws abgeholt und auf die wachsenden Haufen geworfen. Als nächstes machte die Stadt Pläne, nicht mehr genutzte Straßenbahnschienen herauszureißen, die an die Regierung verkauft werden sollten. Bürgermeister Harris hatte im Juni mit der Behörde für Kriegsproduktion einen Vertrag über die Entfernung der Schienen zu einem Preis von 36.000 Dollar unterzeichnet. A. Bornefield, Stadtbeauftragter für Straßen, erklärte, dass einige Reparaturarbeiten zur Beseitigung von großen Löchern erforderlich seien, aber dass es schwierig sei, für das Füllen Schalung und Asphalt zu bekommen. »Wir werden unter den gegebenen Umständen unser Bestes tun«, versprach er.[4]

Am 26. September fand eine kurze Flaggenparade vor dem erst kürzlich zu einer Kaserne der Küstenwache umgebauten Galvez-Hotel statt. Während die amerikanische Flagge gehisst wurde, spielte ein Hornist »To the Colors«. Leutnant W. G. Ethridge, kommandierender Offizier, erklärte den versammelten Männern, wie wichtig ihr Dienst sein würde. Dann entließ er sie, damit sie sich ihren Aufgaben widmen konnten. Er meldete, dass sich der ehemalige Hotelmanager James Gray bei der Küstenwache eingeschrieben hatte und dort jetzt Dienst tat. Aus den Hotelschlafzimmern waren alle Möbel entfernt worden, und in der Lobby waren nur ein paar Stühle und Sofas geblieben. Ethridge konnte aufgrund der Geheimhaltung nicht sagen, wie viele Männer dort stationiert sein würden, aber er sagte, die Männer der Küstenwache würden im Galvez schlafen, essen und unterhalten werden.[5]

Innerhalb weniger Wochen wurde das Hotel umgewandelt. Die Hochzeitssuite beherbergte jetzt ein halbes Dutzend Männer, ein Hornist kündigte die Mahlzeiten im Speisesaal an, eine Schiffsglocke erklang alle halbe Stunde in der Empfangshalle, und die Damentoilette war jetzt die Offiziersmesse.[6]

Am selben Tag erließ Henry Flagg, der neue Bürgermeister, einen Aufruf zur »Fernglas-Aktionswoche«. Der Bürgermeister kündigte an, dass die amerikanische Marine einen dringenden Aufruf über die Benutzung von privaten Ferngläsern während des Kriegs erlassen hatte. Die Bürger wurden aufgefordert, ihre Gläser, die sie gespenden wollten, am Telefon genau zu beschreiben, weil Zeiss oder Bausch & Lomb als die leistungsfähigeren Modelle bevorzugt wurden. Die Marine würde für die Benutzung der Ferngläser einen Dollar zahlen und bat, sie vorsichtig zu verpacken. Die Bürger wurden weiter gebeten, eine Karte mit ihrem Namen und ihrer Anschrift beizulegen. Die Marinebeamte sagten, eine sichere Rückgabe des Fernglases sei allerdings nicht garantiert, weil es auf See verloren gehen könne.[7]

Einen Tag später überreichte Mrs. Will Rogers das erste Fernglas für die Marine an Gertrude Girardeau vom amerikanischen Roten Kreuz, die es Gus Amundson, dem Vorsitzenden der Aktion, gab. Dann berichtete die Marine, dass zwanzig andere Leute Ferngläser angeboten hatten, aber nicht die gesuchten. Nur Zeiss und Bausch & Lomb mit den Abmessungen 7x50, 6x30, 7x35, 8x40 oder 8x50 würden akzeptiert werden.[8]

Dr. William Marr sagte, er werde ein 10x5-Zeiss-Nachtfernglas einschicken, eines der stärksten, die hergestellt wurden. Er hatte es ursprünglich von einem Kapitän John Phelan gekauft, der es der Marine während des Ersten Weltkriegs geliehen hatte. Die Marine gab ihm 1918 das Fernglas zurück.

Ein Marineleutnant in Dallas schrieb an nationale Zeitungen einen Brief mit dem Wortlaut:»Ich brauche nicht zu betonen, wie wichtig es ist, dass Offiziere auf Wache draußen auf See, wo feindliche Schiffe in der Nähe lauern, die besten Ferngläser, die sie bekommen können, haben müssen. ... Dies und mehr hängt davon ab, wie schnell der Ausguck ein U-Boot-Sehrohr der Achsenmächte oder die Bahn eines Torpedos ausmachen kann.«[9]

Die Schrottaktionen kamen in Schwung. Schulkinder, Luftschutzwarte, freiwillige Industriearbeiter und Hausfrauen leisteten ihren Beitrag. Im Queen-Theater fand eine »Schrott-Matinee« statt, und Stadtbewohner stapelten fünf Tonnen Schrott davor auf. Der Haufen, der so hoch war, dass er fast das Vordach berührte, enthielt alte Schusswaffen, Betten, Muttern und Bolzen, Rasenmäher, Fleischwölfe und einen Filmvorführungsapparat, der vom Queen-Theater gespendet war. »Unsere Ingenieure arbeiteten die ganze Freitagnacht hindurch, um unser Lagerhaus auszuräumen«, sagte John Browning, Interstate-Theatermanager.»Unser Beitrag zu dem Haufen erhöhte die Tonnage beträchtlich.«

Die Arbeiter auf den Dockanlagen in Galveston nahmen den Nachmittag frei, um das Hafenviertel nach Schrott abzusuchen, und die Arbeiter von Gray's Iron Works bemühten sich ähnlich auf dem Gelände des Unternehmens. Der Vorsitzende der Schrottaktion, Paul Nicholls, sagte, auf leeren Grundstücken wüchsen jetzt Schrotthaufen, und sie würden »höher und höher«. In Denver legte ein Stadtbewohner stolz seine Autostoßstange auf den Schrotthaufen und ersetzte sie mit den Worten »an Hirohito gegangen« mit einer aus Holz.[10]

Die Autobahnverwaltung von Texas tat Gutes, indem sie zwei »Nagelpflücker« in Betrieb nahm. Die Maschine hatte einen 8-Fuß-Magneten vier Zoll über dem Boden aufgehängt, der Nägel, Muttern, Bolzen und andere Metallstücke aufnehmen konnte, während er hinter einem Lkw mit einer Geschwindigkeit von fünf Meilen die Stunde hergezogen wurde. Abgesehen davon, dass wertvoller Schrott gesammelt wurde, retteten die »Nagelpflücker« auch noch die Reifen und Schläuche der Autofahrer.[11]

Oberst Homer Garrison, Leiter der Abteilung für öffentliche Sicherheit in Texas, verpflichtete neuntausend Schulkinder in Galveston als Texas-Rangers und forderte sie auf, »sofort loszumarschieren und jeden Teil der Stadt gründlich nach Schrott zu durchstöbern«. Inzwischen arbeiteten Luftschutzwarte an einem Plan, nach dem jeder Wohnblock in der Stadt seinen eigenen Schrott sammelte. Von den Hausfrauen wurde erwartet, dass sie alles, was sie fanden, für die Kinder zum Abholen hinausstellten. WPA-(Works Progress Administration-)Arbeiter rissen die alten Straßenbahnschienen heraus, und es wurde geplant, eine sieben Meilen lange, aufgegebene Ölpipeline auszugraben. Die Stadtbeauftragten entschieden sich, die Metallpfosten der Straßenlaternen entlang des Seawall Boulevards zu spenden und sie mit solchen aus Beton zu ersetzen.[12]

Die Städtischen Wasserwerke bereiteten sich vor, ihren veralteten Maschinenpark im Alta-Loma-Pumpwerk loszuwerden. Sie wollten solche Dinge wie Dieselmotoren und alte Kessel beisteuern. Der Redakteur der *Galveston Daily News* forderte die Feuerwehr auf, ein altes Dampftanklöschfahrzeug mit »mehreren tausend Pfund Stahl und Messing, die Onkel Sam gern nehmen würde, abzugeben«. Falls dieses Relikt der Pferdekutschenzeit keinen potenziellen Wert für die Feuerbekämpfung mehr habe, wäre dann seine Umwandlung zu Waffen ein »angemessenes Ende einer ehrenwerten Karriere«. Er nannte das alte Löschfahrzeug ein »Museumsstück« und sagte, er persönlich würde es äußerst ungern gehen lassen, aber viele Personen spendeten ihre Erinnerungsstücke und »gewiss ist dies nicht die Zeit, Gefühle über Kriegsbemühungen zu stellen«.[13]

Der Leitartikel, der die Verschrottung des alten Dampftanklöschfahrzeugs empfahl, wurde von George Gymer, Stadtpolizei- und Feuerbevollmächtigten, zur Kenntnis genommen und er erklärte, es solle gespendet werden. »Für einen alten Feuerwehrmann kommt der Vorschlag, … dass die alte, von Pferden gezogene Maschine als Ramsch an Onkel Sam abgegeben werden soll, einer Lästerung gleich«, sagte er. »Aber ich stimme zu, … dass wir an einem kompromisslosen Kampf teilnehmen, … für den das alte Löschfahrzeug mit seinen großen Mengen an Messing, Kupfer, Eisen und Stahl mit Recht geopfert werden kann.« Er erklärte weiter, dass Bürgermeister Flagg und die anderen Bevollmächtigten für eine Entscheidung über den Vorschlag abstimmen mussten. Ferner sagte er, sollte entschieden werden, das alte Fahrzeug zu verschrotten, würde es in der nächsten Woche bei der jährlichen Feuerwehrparade eingesetzt werden, damit jeder es zum letzten Mal sehen konnte.

Gymer erzählte Reportern, dass das von Pferden gezogene Löschfahrzeug, The American Lafrance Fire Steamer, das älteste seiner Art in Texas und wahrscheinlich im ganzen Süden war. 1881 wurde es in Seneca Falls, New York, gebaut und war damals für 9.000 Dollar gekauft worden. Es wurde mit Kohle geheizt. Der Feuerwehrmann saß vorne und lenkte die Pferde, wobei ein anderer hinten die Kohle schaufelte. Dicht dahinter kam ein von Pferden gezogener Wagen mit weiteren Feuerwehrleuten mit Schläuchen und Leitern. Der gewaltige rote Pumpwagen war etwa vier Meter lang und hatte vier große Eisenräder. In der Mitte befanden sich die große schwarze Dampfmaschine und ein großer Wasserschlauch. Seit seiner Außerdienststellung hatten Generationen von Feuerwehrleuten es in perfektem Zustand hinter der zentralen Feuerwache verwahrt und dafür gesorgt, dass alle seine Teile gereinigt, poliert und glänzend blieben.[14]

Drei Tage später, als George Gymer auf Urlaub war, rief Bürgermeister Flagg Lawrence Dorsey, den stellvertretenden Brandschutzbevollmächtigten, und Frank Best, den Chef der Feuerwehr, an und bat sie, ein Gutachten zu erstellen, um zu sehen, ob das alte Löschfahrzeug wieder in Betrieb genommen werden könne. Der Bürgermeister war mit Telefonanrufen und Briefen von Leuten, die in der Zeitung gelesen hatten, dass ein wertvolles historisches Stück verschrottet werden sollte, bombardiert worden. Sie forderten ihn auf, es wieder in Betrieb zu nehmen oder es zumindest zu retten. Einige glaubten, dass das Löschfahrzeug in Notfällen hilfreich sein oder bei der Brandbekämpfung am westlichen Ende der Stadt helfen könnte, obwohl es seit 1915 nicht mehr in Dienst gewesen war. Hauptfeuerwehrmann Best überprüfte das Löschfahrzeug und sagte, dass die Maschine aus Eisen und nicht aus Kupfer bestand und dass man sie reparieren und vielleicht auf einem Boot benutzen könne. Er schlug vor, dass die Stadt das Löschfahrzeug behalten solle, bis die Schrottnachfrage dringender wurde. Aber der Bevollmächtigte Tompkins erwiderte, dass der Bedarf der Regierung an Schrott außer Frage stehe und er es vorziehe, das Löschfahrzeug nur zu behalten, wenn es aufgearbeitet und wieder in Betrieb genommen werden könne. Tompkins war dagegen, es als Relikt oder aus sentimentalen Gründen zu behalten. Das Komitee sagte dagegen, dass es einen Kostenvoranschlag für Reparaturen machen lassen und auch herausfinden werde, aus welchem Metall das Löschfahrzeug wirklich hergestellt sei.[15]

Am nächsten Tag merkte die Zeitung an, dass sich um das alte Dampftanklöschfahrzeug eine »Rangelei« entwickelt habe. Gymer, obwohl im Urlaub, erklärte öffentlich, dass ein Verantwortlicher von Gray's Iron Works ihm davon abgeraten hatte, Reparaturen vorzunehmen. Aber John McDonough, Präsident der McDonough Iron Works, überprüfte die Maschine mit seinem Kesselmacher und berichtete, dass sie in gutem Zustand sei und zu Selbstkosten repariert werden könne. »Obwohl ich voll hinter der jetzigen Schrottaktion stehe, bin ich der Meinung, dass die kleine Menge Schrott, die gewonnen werden könnte, … durch den Wert dieses Fahrzeuges als Reserve für den Notfall mehr als aufgewogen würde«, schrieb er.

Zu guter Letzt sagten mehrere Leute, die die alte Maschine vor kurzem bei einer Parade gesehen hatten, dass das Löschfahrzeug nicht das sei, das alle vor Augen hätten. Sie behaupteten, dass es eines von mehreren veralteten Löschfahrzeugen sei, die die Feuerwehr besaß, und dass das fragliche einige Zeit lang in Gray's Iron Works in Betrieb gewesen sei. Aus ungeklärten Gründen wurde nicht mehr über das historische Feuerlöschfahrzeug berichtet, daher dauerte die Auseinandersetzung wahrscheinlich noch einige Zeit an. Schließlich jedoch siegten die Denkmalschützer, und die wunderschöne Antiquität blieb sicher in der örtlichen Feuerwache stehen. Fünfzig Jahre später fand es im Eisenbahnmuseum in Galveston ein Zuhause.[16]

Mit patriotischem Eifer spendete Dan Kempner, Eigentümer des Prudential Building (vormals Fellman Dry Goods Company) für die Schrottaktion »Shimmying Sadie«, den ersten Aufzug in Texas. Der alte Aufzug, der 1905 von der Otis Elevator Company installiert wurde, war entfernt worden, als das Gebäude umgebaut wurde, und die Teile – Käfige, Motoren und Kabel – waren seit langem veraltet. Ein örtlicher Firmenvertreter bestätigte, dass der Aufzug die Aufschrift trug: »Otis Elevator Company of Texas No. 1«. Der Vertreter bemerkte dann, er glaube, dass der Aufzug, wenn er denn sprechen könnte, »zustimmen würde, dass er in dieser Zeit durch seinen Beitrag zu der sehr erfolgreichen Schrottaktion in Galveston nicht besser als für patriotische Zwecke genutzt werden könnte«.[17]

Die Dan Kempners waren immer am Gemeinwohl interessiert (Mrs. Kempner leitete den amerikanischen Freiwilligendienst der Frauen) und seit vielen Jahren an ein Luxusleben gewöhnt. Alle zwei Jahre verfrachteten sie sich und ihre Tochter Mary Jean, die Hausangestellte, den Chauffeur, viele Kisten und Koffer und das Familienauto, einen glänzenden silbergrauen Renault, nach Europa. Die Nichte von Frau Kempner, Lyda, und ihr Ehemann, Arthur, begehrten den eleganten Wagen so sehr, dass sie um Erlaubnis baten, um ihn ab und zu umherzufahren. Jedes Mal, wenn sie das taten, diskutierten die beiden, ob sie sich den Kauf jemals leisten konnten, sollte sich die Chance ergeben. Plötzlich, ohne jede Warnung, spendete Dan Kempner den Renault für die Schrottaktion. Lyda und Art waren entgeistert. Sie fragten ihn, warum um Gottes willen er so etwas getan hatte, und erzählten ihm, dass sie ihn hatten kaufen wollen. »Es war patriotisch richtig, das ist alles«, erwiderte er.[18]

I. H. Kempner, Dans Bruder, fuhr jeden Freitag zu seiner »Sugar Land«-Raffinerie und zu Bauernhöfen, wo er Fünf-Pfund-Säcke mit Zucker, Butterpakete und Kisten mit lebenden Hühnern für jeden Kempner-Haushalt abholte. Er vergewisserte sich, dass er nur die genaue Menge Zucker, die nach den Rationierungsvorschriften erlaubt wurde, und nicht mehr abholte, ohne Rücksicht auf die große Anzahl seiner Familiemitglieder und Bediensteten. Als er in der Gasse hinter seinem Haus an der Ecke 15th Street und Broadway ankam, stand dort schon eine Gruppe von Kempner-Familienchauffeuren mit ihren Limousinen, um die zugeteilten Lebensmittel nach Hause mitzunehmen.

Alle vier Kempner-Haushalte nahmen in bemerkenswertem Umfang an der Schrottaktion teil: Sie sparten Fett, Gummibänder, Bindfäden und alte Metallobjekte. »Jeden Samstag zogen meine Kusinen und ich unseren kleinen roten Wagen zu jedem Haus und holten große Dosen Fett, Säcke mit Stanniolpapier, Gummibändern und allem, was sie sonst gesammelt hatten, und lieferten es bei der Feuerwache ab«, sagte Lyda Thomas, Enkelin von I. H.[19]

I. H. Kempner schrieb 1942 an seine Tochter Cecile: »Ich bin zu dem Schluss gekommen, dass Rationierung und strenge Steuerbeschränkungen … notwendig sind, damit unser Volk sich der Tatsache bewusst wird, dass Opfer von uns allen erforderlich sind und sie nicht den anderen überlassen werden können. … Die Wahrheit ist, dass *wir dabei sind, den Krieg zu verlieren.*« Sein Glaube, dass jeder in jeder Hinsicht helfen müsse, war so stark, dass er in einem Brief an jedes seiner fünf Kinder sagte, dass es ihre Pflicht sei, den Rationierungsvorschriften genau zu folgen. Er er gab jedem ein Buch mit dem Titel *Wie kocht man mit Honig.* Er sagte ihnen, besonders sie sollten mit gutem Beispiel vorangehen. Lyda Quinn, die Tochter von I. H., erinnerte sich, dass ihre Großmutter Kempner Zucker liebte, aber er erlaubte weder ihr noch sonst jemandem in der Familie mehr als ihnen zustand.[20]

Eine landesweite Aktion kam in Gang, um jede Unze Schrott in den Vereinigten Staaten zu beschaffen. Eine dreiwöchige Aktion warb bei Kindern und Eltern, »gründlich aufzuräumen«, und ein Gewichtheber hatte schon seine Gewichte gespendet. Ein anderer brachte mehrere eiserne Bänke, Geländer und Statuen von einem Friedhof.[21]

Im Juli schlug die Kriegsproduktionsbehörde vor, das alte Schlachtschiff OREGON zu verschrotten. Das berühmte Schiff hatte 1898 eine stürmische Wettfahrt um Südamerika herum nach Santiago, Kuba, vollendet, um die spanische Flotte anzugreifen. Es wurde 1925 außer Dienst gestellt und in Portland ausgestellt. James V. Forrestal, Staatssekretär der Marine, war gegen die Verschrottung der OREGON, weil das Schiff »eins der historischen Symbole dieser Nation war«. Bewohner und Beamte in Oregon protestierten auch und die Idee wurde fallengelassen.

Aber als im Laufe der Monate die Nachfrage nach Metall verzweifelte Ausmaße annahm, verkündeten Marinebeamte im Oktober mit Bedauern, dass sie planten, das 10.288-Tonnen-Schlachtschiff zu zerschneiden und es für die Kriegswirtschaft zu nutzen. Präsident Roosevelt stimmte zu, und das alte Schiff ging seinem Schicksal entgegen. Der Präsident machte aber zur Bedingung, dass der 5.865-Tonnen-Kreuzer OLYMPIA, das letzte Marinerelikt der Nation aus dem Spanisch-Amerikanischen Krieg, gerettet werden sollte. Commodore George Dewey, an Bord der OLYMPIA in der Schlacht von Manila, hatte das Kommando an Kapitän G. V. Gridley übergeben: »Sie dürfen feuern, wenn Sie bereit sind, Gridley.« Deweys Flaggschiff OLYMPIA und ihre fünf Schwesterschiffe schafften es durch die Schlacht und versenkten alle spanischen Schiffe.[22]

In den westlichen Weltmeeren sanken die Schiffe so häufig, dass eine unternehmungslustige Seele verkündete, sie wolle hunderte von ihnen nach dem Krieg bergen. Harry Reiseberg, der ehemalige Chef der Behörde für Navigation, Tonnage und Lizenzvergabe, sagte, dass er schon Tauchglocken und Eisenroboter benutzt hatte, um Schätze aus dem Ozean zu bergen. Als erfahrener Leiter von Bergungsexpeditionen sagte Reiseberg, dass er ein Patent für ein 156 Meter langes und 63 Meter breites Trockendock angemeldet habe. Es würde dreißig Hubvorrichtungen haben, die sechzehn 90 Meter lange Zangen mit 2.250 Meter Kabel absenken und Schiffsrümpfe heben konnten. »Die Vorrichtung wird weniger als ein Frachter kosten«, sagte er. »Und ich erwarte eine Armada von Schiffen zu bergen.«[23]

Nach einer Pause bei den Versenkungen im Golf von Mexiko gab es wieder mehr Aktivitäten im Atlantik. Ein Konvoi, der von vier kleinen norwegischen Korvetten und dem britischen Zerstörer VISCOUNT begleitet wurde, wurde von einem »Wolfsrudel« von U-Booten heimgesucht, die in Gruppen von etwa sieben Booten bei Tag und bei Nacht angriffen. Die Schlacht dauerte achtundvierzig Stunden. Die VISCOUNT griff die U-Boote neun Mal an, und die Korvetten machten mehrere verwegene Versuche, die U-Boote zu rammen, während die Schlacht wilder und wilder wurde. Bei Nacht wurde der Himmel von dem unheimlichen Gewirr von Leuchtraketen, Leuchtgranaten und Leuchtspurgeschossen erleuchtet, während die U-Boote und Schiffe sich gegenseitig beschossen. Trotz alledem lobte der Kommandant des Zerstörers die Norweger wegen ihrer »unglaublichen Fähigkeit«, U-Boote zu orten. Auf jeder Korvette diente ein Offizier hoch auf dem Mast und jeder Mann auf Deck als Ausguck. Wenn VISCOUNT-Kommandant Waterhouse einen davon »Tallyho!« schreien hörte, prüfte er schnell die Position und fand ein U-Boot. Bei einer Gelegenheit raste die Korvette HMS POTENTILLE auf ein tauchendes U-Boot zu und warf einen Kranz von Wasserbomben ab. Zwölf Minuten später sichtete sie ein anderes in nur dreihundert Meter Entfernung, feuerte ihre Geschütze ab und erzielte mehrere Treffer. Sie ging auf hohe Fahrt auf, um das U-Boot zu rammen, verfehlte es aber um ein paar Meter. Dann warf sie einen weiteren Wasserbombenfächer.

Ein anderes U-Boot versuchte, schnell zu tauchen, als die VISCOUNT sich näherte und es mit Granaten beschoss. Sein Bug ragte mit einem 50-Grad-Winkel aus dem Wasser, und das Boot rutschte mit dem Heck zuerst, offensichtlich außer Kontrolle, hinunter. Die VISCOUNT warf mehrere Wasserbomben ab und betrachtete das U-Boot als zerstört. Diese Schlacht war für die Probleme der Konvois gegen Ende des Jahres 1942 typisch, aber zumindest überlebten Schiffe in Gruppen viel besser, als wenn sie allein fuhren.[24]

14. Wieder 7. Dezember

»Meiner Meinung nach werden wir die U-Boot-Situation im Golf in sechzig Tagen ziemlich gut unter Kontrolle haben«, sagte der Kongressabgeordnete Albert Thomas aus Texas nach einer Konferenz mit Generalleutnant B. B. Somervell. »Neue Schiffe werden gebaut, … und es versteht sich von selbst, dass die Hafenanlagen in Texas für die Kriegswirtschaft voll genutzt werden sollten.« Er sagte, es gebe enorm viel Lagerraum, in Houston zum Beispiel. Er könne genutzt werden, um Versorgungsgüter für die Armee zu lagern. Hafenbeamte in Houston baten den General, ihre Lagerhäuser und Docks zu nutzen.[1]

John McKnight, ein Reporter der Associated Press, unternahm eine Dreitausendzweihundert-Meilen-Flugreise zu amerikanischen Stützpunkten in der Karibik, um sich einen Überblick über den U-Boot-Krieg dort zu verschaffen. »Für die Nazi-U-Boote wird es härter«, bemerkte er. »Die Bedrohung … ist noch nicht beseitigt, und Luftwaffen- und Marineoffiziere sagen, sie haben ›die Meeresschlangen zwar verwundet, aber nicht getötet‹.« McKnight berichtete, dass ein größerer Prozentsatz der Angriffe auf die U-Boote effektiv sei und dass die U-Boote tagsüber länger getaucht blieben und bei Nacht angreifen mussten, wenn die Bedingungen ungünstig waren. Die Offiziere auf den Stützpunkten nannten mehrere Gründe, warum in der Karibik weniger Schiffe versenkt wurden: Neue und tödlichere Bomben kamen zum Einsatz, die Bomberbesatzungen waren besser ausgebildet, Brasilien kämpfte jetzt mit einer kleinen Marine und Luftwaffe, und möglicherweise hatte Hitler einige der U-Boote aus der Karibik abgezogen.[2]

Drei Tage später kam die Nachricht, dass sieben Frachtschiffe vor der Nordküste Südamerikas versenkt worden waren. Das war dort die höchste Anzahl U-Boot-Opfer während einer 7-Tage-Periode in mehr als zwei Monaten und schien eine neue U-Boot-Offensive in den karibischen Gewässern anzukündigen.

Zur gleichen Zeit hatte Mexiko den Bau einer Brücke von einer halben Meile Länge über den Fluss Suchiate an der Grenze zwischen Guatemala und Mexiko beendet, und die ersten mit Gummi, Zucker, Kaffee, Bananen und Rohstoffen beladenen Güterzüge fuhren von Zentralamerika nordwärts. Bevor die Brücke fertig war, mussten die Lieferungen von Waggons geladen, zum Ufer des Flusses (wo es keinen Anlegeplatz gab) gekarrt und in winzigen Booten hinübergestakt werden. Die neue Route wurde als »torpedosicher« gefeiert, obwohl die Brücke selber so etwas wie ein Mischmasch war. Sie wurde in etwa drei Monaten zusammengeschustert, zehn Meter pro Tag, wobei die Trupps vorgefertigte Sektionen benutzten, die größtenteils als Ersatz für beschädigte Brücken vorgesehen waren. Die Träger waren unterschiedlich groß und lang, und wenn sie nicht passten, improvisierten die Arbeiter, indem sie hier ein Stück verkürzten oder da ein Stück verlängerten und sie dann zusammenbolzten.[3]

Der Kongress trat in Aktion, um die Verteidigung gegen U-Boote zu verbessern, und kündigte den Bau eines 10-Millionen-Dollar-Luftschiffstützpunktes in Hitchcock an, ein paar Meilen von Galveston entfernt. Der neue Stützpunkt war entlang der Golf- und Atlantikküsten einer von mehreren, gedacht für U-Boot-Abwehrpatrouillen unter Einsatz von Blimps und Bombern. Beamte der Handelskammer in Galveston meinten, dass der Stützpunkt von Dauer sei und während des Kriegs großen Schutz bieten werde.[4]

Gleichzeitig erhielten Flugzeugbeobachter den Befehl, jeden »verdächtigen oder ungewöhnlichen Vorfall, der auf feindliche Tätigkeit hinweist«, zu melden. Die Armee forderte, dass Bodenbeobachter in ganz Texas Blitzmeldungen und Berichte über Flugzeuge abgeben sollten. Darin sei zu melden: Fallschirme, die Landung von Luftlandetruppen, Bombenabwurf, Flugzeugunfälle, die Landung von Flugzeugen an Orten, die keine Flugplätze waren, das Abwerfen von Gegenständen aus Flugzeugen, unerklärliche Lichtblitze, Lichtsignale, Explosionen oder Geschützfeuer, die Anwesenheit eines U-Boots oder feindlichen Kriegsschiffs, das Beschießen der Küste durch ein U-Boot oder Kriegsschiff, Torpedieren, Feuer oder andere Angriffe auf ein Schiff, die Anwesenheit von Rettungsbooten oder Rettungsinseln, die Landung von Truppen und Gerät wie Panzer und Artillerie oder alle anderen ungewöhnlichen Vorfälle, die auf Feindeinwirkung hinwiesen.[5]

Höhere Kreise im amerikanischen Militär befürchteten wirkliche Invasionen, da die deutschen U-Boote so dicht an Land gekommen waren und so viele Schiffe im Golf und in der Karibik versenkt hatten. »Ich bin überrascht, dass wir keine Befehle bekamen, auf einige der Küstenstädte zu schießen«, sagte Peter Petersen, der auf U 518 im Golf diente. »Das hätte wirklich einigen Wirbel verursacht.« Die U-Boote hatten jedoch nie den Befehl, auf etwas anderes, als auf alliierte Schiffe zu schießen.[6]

Der Schiffbau ging schnell voran, und ein U-Boot-Jäger, das erste einer Reihe von Marineschiffen, die auf einer Werft in Galveston gebaut werden sollten, wurde der Öffentlichkeit am 11. November 1942 vorgestellt. Suzanne Cohen taufte die neue, bei Gulf Marine Ways gebaute SC-1057 – dann blieb der U-Jäger auf halbem Wege auf der Stapellauframpe stecken. Nach mehreren Stunden Hin- und Herzerrens ging der U-Boot-Jäger dann doch ins Wasser.

»Man kann überhaupt nicht sagen, wie viele feindliche U-Boote noch versenkt werden können, wie viele amerikanische Leben gerettet werden können und wie viel schneller der Krieg beendet werden könnte«, bemerkte James V. Allred, der ehemalige Gouverneur von Texas. »Vor elf Monaten wurden wir gedemütigt, als wir feststellten, dass ein heimtückischer Feind herausgefunden hatte, dass unsere Streitkräfte nicht wachsam waren. Heute können wir kaum ausdrücken, wie begeistert wir darüber sind, dass unsere Streitkräfte es durch ihre Wachsamkeit … und Anstrengungen geschafft haben, entlang der ganzen Mittelmeer- und Atlantikküste von Afrika zu landen.« Allred sagte der Menge, dass der Bau dieses U-Boot-Jägers stellvertretend für die Anstrengung sei, die jeder arbeitende Amerikaner in der Produktion oder beim Bau aufbringen müsse, um zu helfen, den Krieg zu gewinnen.[7]

Zwei Wochen später wurde der 66 Meter lange Tanker SEVEN SISTERS, das größte Schiff, das in Galveston je vom Stapel gelaufen war, in Gray's Iron Works auf Pelican Island getauft. Mrs. Jack Walmsley schmetterte eine Champagnerflasche gegen das funkelnagelneue Schiff, bevor es ins Wasser glitt. Zwei weitere Liberty-Schiffe waren gerade fertig gestellt und von den Werften in Houston losgeschickt worden. Es sah danach aus, als ob der Schiffbau an der Golfküste mit voller Kraft voranging.[8]

Geschäftsleute in Galveston, die für den Kriegsdienst ungeeignet waren, gingen zu den Hilfstruppen der Küstenwache. Sie arbeiteten in zwölfstündigen Schichten und überwachten die Inselgewässer in ihren Fischerbooten und Yachten. Sie achteten auf U-Boote, Angriffe auf Schiffe und Navigationsgefahren für die Schifffahrt.[9]

Im November wurde Unteroffizier John Naumczik von seinem Stützpunkt in Fort Crockett nach Fort Monroe, Virginia, versetzt, um eine neue Art von Radar kennen zu lernen. »Zunächst sollte ich für das Radar 268 ausgebildet werden, das bei den Suchscheinwerfern benutzt wird. Dann wurde mir plötzlich gesagt, ich würde an einem anderen eingesetzt, und ich wusste nicht, wovon sie redeten – es war ein Küstenradar«, sagte er. Der neue Radar sollte zur Koordinierung der Geschütze in Galveston benutzt werden, und als John nach Fort Crockett zurückkehrte, war eine Radarstation eingerichtet worden. »Sie sah wie ein Wasserturm aus, mit einer Blechhütte unten, in der sich die Bediener aufhielten und wo sie die Antenne beaufsichtigten. Dies war das Seeküstenradar SCR 296.«

Naumczik erklärte, dass die Station streng geheim sei, und niemand außer Schwepp durfte sie betreten. Wachen mit Hunden wurden davor stationiert, und keiner der Soldaten wusste, welche Bedeutung der Turm hatte, bis auf die wenigen Männer, die darin arbeiteten. Die meisten Männer hielten ihn für einen Wasserturm. Nicht lange, nachdem der erste Radarturm in Fort Crockett gebaut worden war, wurde ein zweiter im Bereich von Fort San Jacinto aufgestellt.

»Wir hatten Personal, das das Radar bediente, und es war ermüdend und anstrengend für die Augen, auf die Schirme zu schauen. Es war wie ein kleiner Fernsehbildschirm, und zwei von uns schauten ständig darauf«, erinnerte sich John. Die Radarmannschaft blieb in Kontakt mit dem Hafeneinfahrtskommando und benachrichtigte sie über Ziele, die auf ihren Bildschirmen erschienen. »Wir konnten alles erfassen, sogar ein Ölfass. Es wurde auf hundert Kilometer, also auf sechsundfünfzig Meilen eingestellt. Der Bericht an das Hafenkommando muss an einen Flugstützpunkt weitergegangen sein, denn sobald wir ein Objekt erfassten, das kein Konvoischiff war, erschien ein Bomber«, fuhr John fort.

Eines Tages sahen sie ein großes Signal auf dem Bildschirm und meldeten es dem Hafenkommando. John lief nach draußen, kletterte den Turm hinauf und war keine sechs Meter gegangen, als er einen großen Geleitzerstörer in Galveston Bay einlaufen sah. »Wir dachten, ›wie kam der hier herein?‹ Er war aus der Houston-Fahrrinne gekommen und schaltete sein Radar an – wir waren völlig verblüfft.«

Eines Tages wollte Batterie »B« zur Übung mit den großen Zehn-Zoll-Geschützen und mit Hilfe von Radar auf ein geschlepptes Ziel schießen. An dem Tag war das Wasser rau, und es war für den Mann am Radar schwierig, auf dem Schirm zu erkennen, ob der schleppende Kutter der Küstenwache und das Ziel weit genug auseinander waren. Naumczik wies den Hauptmann der Batterie »B« an, nicht zu schießen, und der erwiderte: »Doch, wir werden feuern.«

»Sie können das nicht zulassen – es ist zu rau da draußen. Wir können die Ziele nicht auseinander halten.«

»Das wird Sie Ihren Kopf kosten, Unteroffizier!«, sagte der Hauptmann.

Als der Hauptmann den Kommandanten der Marineoperationen über das Problem informierte, sagte der Kommandant: »Und das wird Sie Ihren Kopf kosten, falls Sie schießen.«[10]

Das Radar hatte das militärische Aufklärungsprogramm und die Genauigkeit der großen Geschütze so sehr verbessert, dass der Ruf nach mehr Männern laut wurde, die der Küstenartillerie beitreten sollten. Eine ganzseitige Anzeige forderte junge Patrioten auf, vorbeizukommen und sich zu verpflichten. Es hieß, »Wie würde es Ihnen gefallen, den Flügel eines Junkers-Bombers abzuschießen – oder zu beobachten, wie eine Zero unter Ihrem Feuer in Flammen herunterkommt?« Und: »Die Männer der Küstenartillerie bedienen große Suchscheinwerfer, um die Nachtangreifer zu jagen. Sie benutzen automatische Waffen, die so stark und effektiv sind, dass sie Hitler in seinen Stiefeln zittern lassen.« Zu den Aufgaben gehörten die Bemannung der Flugabwehrsuchscheinwerfer bei der »Mondlicht-Kavallerie«, die Bedienung der »großen Ohren« (Flugzeugortung) und das Abschießen gigantischer Küstenverteidigungsgeschütze.[11]

Der November kam und ging. Am 1. Dezember liefen die Bewohner von Galveston herum und füllten Krüge, 5-Gallonen-Kanister, 4-Gallonen-Gefäße und Autotanks mit all dem Benzin, das sie finden konnten. »Wir füllen alles, bis auf unsere Taschen«, sagte jemand einem Tankstellenwart. Am nächsten Tag sollte die Benzinrationierung beginnen, und jeder wollte trotz der Gefahren beim Lagern der brennbaren Flüssigkeit eine Reserve haben. Autos standen bis Mitternacht Schlange bei dem Versuch, so viel Treibstoff zu tanken, wie sie mitnehmen konnten.[12]

Gleichzeitig kündigte der Ausschuss für Zivilverteidigung in Galveston an, dass die Stadt am Montag, den 7. Dezember ihren ersten Luftangriffsalarm bei Tag als

Teil einer von der Armee befohlenen Übung im ganzen Staat haben würde. »Soldaten an der Heimfront sollten genau so schnell wie Soldaten an der Kampffront lernen, dass Ignoranz den Tod bedeutet«, sagte die Armee. »Die Menschen in Galveston müssen einsatzbereit sein, sobald die Sirenen ertönen.«

Auszubildende mit Horchgerät (»Ohren«) für eine Flugabwehrbatterie
in Fort Crockett, Juni 1942.
Foto mit freundlicher Genehmigung des U.S. National Archives.

Die Vorschriften lauteten wie folgt:

1. Beim Ertönen der Sirenen sollten Autos an den Bürgersteig fahren und dort bis zum Entwarnungssignal parken. Aber im Fall eines tatsächlichen Luftangriffes sollten die Autoinsassen zum nächsten Gebäude laufen.

2. Alle Busse hatten anzuhalten, und die Passagiere mussten auf ihren Plätzen bleiben. Züge durften weiter fahren, aber ankommende Reisende sollten in dem Bahnhof bleiben.

3. Fußgänger sollten in das nächste Gebäude gehen.

4. Menschen in Gebäuden sollten auf die Flure gehen und sich von Fenstern und Türen fernhalten.

5. Beerdigungszüge durften ihren Weg fortsetzen, aber keiner durfte während eines Alarms beginnen.

6. Zivilverteidigungsarbeiter, die Helme und Armbinden trugen, würden alles überwachen.

7. Major Hopson würde Armeeflugzeuge über die Stadt fliegen lassen, um die Übung noch wirklichkeitsnäher zu gestalten.

8. Ein »Testzwischenfall« musste durchgeführt werden.[13]

Ein paar Tage nach dieser Ankündigung veröffentlichte die Marine ihren ersten vollen Bericht über die Ereignisse in Pearl Harbor im Jahr zuvor. Beamte sagten, dass japanische Bombenangriffe alle acht amerikanischen Schlachtschiffe in der Gegend von Hawaii, zehn andere Schiffe und ein Schwimmdock versenkt oder beschädigt hatten. Man habe sich beeilt, die Schiffe zu heben und zu reparieren, sagten sie, und mehrere hatten sich der Flotte wieder angeschlossen. Dabei wurde die ARIZONA als Totalverlust gerechnet. Zurück im Dienst waren die Schlachtschiffe PENNSYLVANIA, MARYLAND und TENNESSEE, die Kreuzer HELENA, HONOLULU und RALEIGH, der Tender CURTISS und das Reparaturschiff VESTAL. Diejenigen, die versenkt oder so schwer beschädigt worden waren, dass sie auf lange Sicht »keinem militärischen Zweck dienen würden« waren die Schlachtschiffe ARIZONA, OKLAHOMA, CALIFORNIA, NEVADA und WEST VIRGINIA, die Zerstörer SHAW, CASSIN und DOWNES, der Minenleger OGLALA, das Zielschiff UTAH und ein Schwimmdock.

Die acht Schlachtschiffe stellten zu Kriegsbeginn beinahe die Hälfte der Kampfkraft der Marine dar. Die Verluste betrugen 80 Marine- und 97 Armeeflugzeuge. 2.117 Offiziere und Mannschaften der Marine und des Marine-Infantriekorps waren tot, 960 wurden vermisst und 871 Verwundete überlebten. Unter den Armeeoffizieren und Soldaten starben 226, und 396 waren verwundet, von denen sich die meisten erholt hatten. Die Marine schätzte, dass diese ganze Verwüstung von 105 japanischen Flugzeugen um 7.55 Uhr morgens verursacht wurde, gerade als die Wachen abgelöst wurden und viele Truppen in Sonntagsgottesdiensten waren.[14]

Mit der frischen Erinnerung an die Schrecken von Pearl Harbor organisierten sich die Einwohner, um für eine Luftangriffsübung bereit zu sein, »so dass ein wirklicher Luftangriff die Stadt nicht unvorbereitet trifft«, verkündeten die Leiter der örtlichen Zivilverteidigung. Die Bewohner von Galveston lasen die Vorschriften in der Zeitung und achteten am 7. Dezember sorgsam auf das Sirenengeheul zwischen 7.00 Uhr morgens und 7.00 Uhr abends.

Die ersten Sirenen begannen um 5.30 Uhr an jenem Nachmittag zu heulen, und Chaos brach aus. Haufen von Arbeitern eilten zu den Bussen, andere Fußgänger liefen an geschützte Orte, um aus der Kälte zu kommen, und Autos flitzten in alle Richtungen. Luftschutzwarte, Zivilverteidigungsarbeiter und Feuerwehrleute gingen sofort auf ihre Posten, während Armeebomber in niedriger Höhe über sie hinweg brummten. Die Warte, die an fast jeder Straßenecke stationiert waren, bliesen ständig in ihre Pfeifen, um Autos zu stoppen. Einige Leute kamen auf die Straßen, nur um zu sehen, was passierte. Obwohl die erste Sirene nur ein Probealarm war, dachte jeder, dies sei war der Ernstfall.

Um 5.47 Uhr heulten die Sirenen ein zweites Mal, um den tatsächlichen Luftangriff zu signalisieren, aber dies wurde für das Entwarnungssignal gehalten. In diesem Tollhaus schlug eine imaginäre »Brandbombe« an der 22nd Street und Avenue E ein. Bergungstruppen und Kampfmittelräumdienst zusammen mit medizinischen Teams eilten sofort herbei, um »in Gebäuden verschüttete« Personen zu bergen und medizinische Hilfe zu leisten. Der Kampfmittelräumdienst entschärfte danach die »Bombe«, bevor sie etwas in Brand stecken konnte. Die Übung verlief recht ordentlich, aber die Koordinatoren gaben zu, dass die Signale ein Durcheinander hervorgerufen hatten. Um 6.15 Uhr ertönte eine dritte Sirene, um Entwarnung zu geben, aber viele hatten den Ort schon verlassen und waren nach Hause gegangen.

D. G. Kobs, der Kommunikationsleiter, sagte, dass noch einige Dinge für die Koordinierung der Signale gebraucht würden, diese aber in Arbeit seien. Das neue System würde eine Kontrollzentrale mit einem Offizier haben. »Alles in allem war es trotz der Mängel ein guter Test«, sagte W. J. Aicklen, Leiter der Zivilverteidigungskommission. »Es muss daran erinnert werden, dass dies unsere erste Übung war. Es ist offensichtlich, dass mehr solcher Tests nötig sind.«[15]

Die Einwohner waren froh zu hören, dass beleuchtete Weihnachtsbäume an den Fenstern der Häuser aufgestellt werden durften, vorausgesetzt, dass sie nicht mit zu vielen Lichtern (keinen hellen) geschmückt und etwa ein Meter vom Fenster entfernt aufgestellt waren. »Nur die übliche Anzahl bunter Lichter darf eingeschaltet werden«, wiesen die Luftschutzwarte an, »und überhaupt keine Außenlichter.« Wer die Vorschriften nicht einhielt, wurde den militärischen und zivilen Behörden gemeldet. Es hatte Probleme in der Innenstadt gegeben. Denn die Lichter in den Weihnachtsauslagen der Kaufleute nahmen immer mehr zu. Es war schwierig, in der Weihnachtszeit alles dunkel zu halten.[16]

Nachdem britische Zerstörer Anfang Januar 1943 bei der Versenkung von zwei U-Booten erfolgreich waren, bemerkte Admiral Stark, dass feindliche U-Boote das Problem Nummer eins der Marine waren. »Unsere aktuellen Schiffsverluste durch U-Boot-Angriffe sind etwas, das wir als sehr peinlich empfinden«, sagte er auf einer Konferenz in Washington. In London sagte A. V. Alexander, Erster Seelord der Admiralität: »Wir befinden uns in der schwierigen, ernsthaften Phase des Krieges auf See, und das U-Boot muss geschlagen werden, bevor der Sieg sicher ist.«[17]

Ende Januar gab das Komitee für die Warnung vor Luftangriffen bekannt, dass alle Luftangriffssirenen synchronisiert worden seien und von einem zentralen Kontrollknopf bedient würden. Ein Freiwilliger würde vierundzwanzig Stunden am Tag im Dienst sein, um ein Signal von Washington zu empfangen. Wenn er am Ort den Knopf drückte, würden die Sirenen an sechs Standorten in der Stadt gleichzeitig heulen und im gleichen Moment wieder abgeschaltet. Man hoffte mit diesem neuen Plan, dass Luftangriffsübungen keine Verwirrung mehr stiften würden.[18]

Am Dienstag, den 9. Februar kam ein japanisches Zwei-Mann-U-Boot, das in Pearl Harbor »erobert« worden war, im Auftrag des Finanzministeriums nach Galveston, um Geld für die Kriegswirtschaft zu sammeln. Das 24 Meter lange U-Boot wurde aufgrund eines Fehlers während der Invasion an Oahu an Land gespült und vom amerikanischen Militär gefunden. Nachdem ein paar wichtige Teile für Untersuchungszwecke entfernt worden waren, wurde das kleine U-Boot in die Staaten verschifft, auf einen riesigen Lkw-Anhänger gestellt und durch das Land geschleppt, damit die Öffentlichkeit es sehen konnte. Wer Krieganleihen oder Briefmarken kaufte, durfte in das Innere schauen und zwei »Japaner« in Uniform auf Gefechtsstation sehen, bereit, zwei Torpedos abzuschießen. Weil der einzige Zugang aus einer Sechzehn-Zoll-Luke im Turm bestand, waren dreißig Sehschlitze in beide Seiten des Rumpfs geschnitten und mit Plexiglas abgedeckt worden. Leitern an jedem Ende des Anhängers erlaubten es den Besuchern, das Boot aus der Nähe zu inspizieren.

Am Morgen der Veranstaltung wurden die Schulen geschlossen. Der Lkw mit dem U-Boot überquerte den Damm um 9.30 Uhr und wurde durch zwei Marschkapellen der Armee, Flugabwehrwaffen auf Anhängern, dem Polizeichef und Einheiten von Fort Crockett und Camp Wallace empfangen. Während die Parade in die Stadt marschierte, wurde sie durch Pfadfinder und Pfadfinderinnen, Armee, Marine und Küstenwache, zwei ROTC-Kapellen der Oberschulen, Texas Verteidigungswachen, Rote-Kreuz-Arbeiter, AWVS und die Hilfstruppen der Küstenwache verstärkt und immer größer. Nach den Reden kauften tausende neugieriger Bürger Kriegsanleihen oder Briefmarken an den Ständen in der Nähe des U-Boots und stiegen auf den Anhänger, um es anzuschauen. Alles in allem war die Show für alle ein großer Erfolg.[19]

Anfang März begann der Bau an dem Luftschiffstützpunkt in Hitchcock mit der Ankündigung, dass er mehrere Luftschiffe beherbergen würde, die eine erhebliche Bedrohung für die U-Boote im Golf sein sollten. Kaum jemand wusste, dass die große Offensive durch deutsche U-Boote in den südlichen Gewässern fast vorbei war.

Im Golf hatten sich seit dem 4. September 1942 – als U 171 den mexikanischen Tanker AMATLAN versenkte – bis zum Februar des darauf folgenden Jahres keine U-Boote mehr sehen lassen. Admiral Dönitz hatte sie in die Karibik und den Atlantik geschickt. »Infolge der starken Luft- und Seepatrouillen und der Einführung des Konvoisystems ist es nun zu der Situation gekommen, die wir lange erwartet hatten …«, schrieb er in seinen Memoiren. »Es schien nicht gerechtfertigt, die Boote noch länger da zu halten, so dass ich sie zurückzog.« Tatsächlich hatte der Admiral sie aus dem Golf zurückgezogen, aber er setzte sie 1943 dort wieder ein – eine Tatsache, die er in seinen Schriften zu erwähnen vergaß. U-Boot-Veteran Peter Petersen sagte, dass Dönitz sie seiner Meinung nach zum Golf zurückschickte, um die amerikanischen Kräfte zersplittern und zu verunsichern.[20]

Zwischen Februar und Dezember 1942 verloren die Briten ihre Fähigkeit, geheime deutsche Marinesignale zu entziffern, weil die Deutschen ihre Chiffriermaschine gewechselt hatten. Amerikanische Armee und Marine-Stützpunkte konnten die U-Boote jedoch mit Funkpeilern orten, die den Ort aufspürten, von dem die U-Boote Signale an ihr Hauptquartier schickten, obwohl sie damit sehr sparsam umgingen. Auch wenn die Marine genaue Breiten und Längen für die U-Boote hatte, waren ihre Flugzeuge und Schiffe doch über ein so großes Gebiet verteilt, dass sie den Angriffen wenig entgegen setzen konnten.

Historiker der Gulf Sea Frontier schrieben, dass im Jahr 1943 »der Feind in diesen Gewässern einen neuen Typ der taktischen Unterwasserkriegsführung einführte«. Der neue Ansatz bestand aus »langen Perioden Ruhe, gefolgt von vorsichtigen und schnellen Angriffen, wenn die deutschen Kommandanten der Meinung waren, sie hätten unsere Kräfte in Sicherheit gewiegt«. Die Historiker bemerkten, dass die ersten zwei Monate des Jahres 1943 wie die letzten des Jahres 1942 »eindeutig wenige feindliche Aktivitäten« aufwiesen. Tatsächlich operierten keine U-Boote im Golf. Der einzige Vorfall von Bedeutung war die Kollision eines britischen Kriegsschiffes, HMS HUNTER, mit einem amerikanischen Tanker, der PAN CAROLINA, im Nebel in der Nähe der Mississippi-Passage. Es entstanden kaum Schäden und ein Mann ertrank.[21]

Im Februar schließlich, nach einer siebenmonatigen Pause, lief Kapitänleutnant Heinrich Schäfer in U183 leise in die kalten Golfgewässer ein. Sein einziger Erfolg war das 2.394-Tonnen-Bananenschiff OLANCHO aus Honduras, das am 11. März zwischen Yucatán und Kuba sank. »Die OLANCHO verletzte ihre Reiseanweisungen«, schrieben Marinehistoriker. »Alle unabhängigen Schiffe wurden damals so gelenkt, dass sie die Küstenpatrouille in vollem Umfang nutzen konnten und wurden ausdrücklich angewiesen, den Yucatán-Kanal nur tagsüber zu queren.« Das Bananenschiff traf sein Schicksal, weil es keinen Begleitschutz hatte und nachts allein fuhr.[22]

Die Gulf Sea Frontier erwartete mögliche neue Angriffe vor der Mississippi-Passage und führte eine besondere Reihe Patrouillen mit Wasserflugzeugen ein. Die

Patrouillen starteten von der CHRISTIANA, einem Wasserflugzeugtender direkt vor Timbalier Island entlang der Küste Louisianas. Dieses 145 Meter lange Schiff wurde 1892 gebaut und diente im Ersten Weltkrieg als Versorgungstender für Leuchttürme; dann wurde es 1942 neu klassifiziert und fuhr von Stützpunkt zu Stützpunkt in der Karibik, wo immer die U-Boot-Aktivitäten am schlimmsten waren.[23]

Zu diesem Zeitpunkt lief U 155 in den Golf von Mexiko. Kapitänleutnant Adolf Piening schrieb in seinem Kriegstagebuch, während er nahe der Westseite Südfloridas entlang schipperte: »Bis jetzt bin ich nicht bemerkt worden. Ich beabsichtige das Gebiet bei Vollmond zu verlassen, wenn es hier keinen [Schiffs]Verkehr gibt, um in die Mitte des Golfs zu gehen und an der Kreuzung der Dampferrouten von New Orleans nach Yucatán und von Galveston nach Tampico und Florida zu operieren.« Er bemerkte, dass es wegen der Helligkeit des Mondes unmöglich war, in der Florida-Straße zu operieren. Nachts blieb er unter der Oberfläche und kam jeden Morgen nach oben, um die Lage zu prüfen.

Am 17. März erhielt Piening eine Nachricht vom Hauptquartier mit der Bitte um einen kurzen Bericht über den Verkehr. Der Kommandant erwiderte: »Kein Verkehr« und schickte die Nachricht ein zweites Mal, aber sie wurde nicht empfangen. In dieser Nacht schrieb er, dass er gezwungen worden war, ein weiteres kurzes Signal zu schicken und »deshalb ist meine Anwesenheit im Golf bekannt«. Zu dieser Zeit konnte das amerikanische Militär die U-Boote nicht nur über ihre Funksprüche orten, sondern konnte sie auch identifizieren, obwohl die Deutschen davon nichts wussten.

Zwei Tage später befand sich Piening in der Mitte des Golfs, südlich von Mobile. Nach vier Tagen Untertauchen und Auftauchen und Nichts sehen erspähte er einen mit blauen und weißen Lichtern hell beleuchteten Passagierfrachter. »Er ist schwer zu erkennen«, sagte er. »Vermutlich argentinisch.« Er ließ ihn passieren. Am nächsten Tag sah er einen Schornstein und näherte sich dem Schiff unter Wasser. »Am Heck tragen sie eine große Fahne, aber die Farben sind nicht zu erkennen. Es ist wahrscheinlich schwedisch.« Er verfolgte das Schiff, dann ließ er es gehen. Kurz danach signalisierten seine Instrumente, dass er vom Radarstrahl eines Schiffs getroffen worden war.

Am folgenden Tag entschied Piening, dass der Golfverkehr aufgrund seiner bisherigen Beobachtungen in den flachen Küstengewässern verlief, weil er sehr wenig See- oder Luftverteidigung gesehen hatte. »Ich beabsichtige, bei Viertelmond wieder auf meine ursprüngliche Position vor Florida zu gehen und nachher durch die Florida-Straße«, schrieb er.

Mit einem Funkspruch informierte er das Hauptquartier am 9. April, dass er einen Tanker und einen Frachter vor dem westlichen Ende Kubas versenkt hatte und dass es tagsüber starke Luftüberwachung gab. Er berichtete auch mehrmals von Blimps. »Alle Leuchtfeuer wie in Friedenszeiten und Scheinwerfer entlang der Küste«, bemerkte er. Der Kommandant meldete, dass er vierzehn Torpedos und achtzig Tonnen Treibstoff übrig hatte.

Als Summe seiner Beobachtungen zog Piening den Schluss, dass das Operieren im Golf von Mexiko wenig vielversprechend schien, weil es vermutlich nur geringen Schiffsverkehr gab. »Die Ölleitungen an die Ostküste sind inzwischen wahrscheinlich fertig gestellt, außerdem maximale Nutzung der Eisenbahnlinien für die Versorgung der Ostküste«, berichtete er. Also wusste der Kapitän alles über die »Big Inch«, die Benzinknappheit und die erhöhte Nutzung von Eisenbahnen für Erdöllieferungen.

»Ich sah Schiffsneubauten in den flachen Gewässern entlang der Küste, aber Operationen in flachem Wasser sind schwierig, weil die 100-Meter-Linie immer weit von der Küste entfernt ist«, fuhr er fort. »An Kreuzungen war das Minenlegen erfolgreich.« (Die Seiten in Pienings Kriegstagebuch über seine zwei Versenkungen und das Minenlegen fehlen.)

Der Kommandant sagte, dass er während des Tages auf Sehrohrtiefe bliebe und nur gelegentlich für bessere Sicht nach oben komme. Er berichtete weiter, dass es in der Mitte des Golfs keine Verteidigung gebe. Piening sagte, seine Operationen zwischen Key West und Havanna seien erfolgreich gewesen, obwohl es tagsüber Luftschutz, aber keine Begleitschiffe gab. Er meinte, dass der Schiffsverkehr jedoch wegen seiner beiden Versenkungen eingeschränkt worden sei. »Im nördlichen Teil der Florida-Straße verläuft der Verkehr wahrscheinlich nahe der Küste«, schrieb er. »Bei Nacht konnte ich wegen der Geräuschortung und der Scheinwerfer nicht näher als zehn Seemeilen herangehen.«[24]

Die amerikanische Marine wusste, dass im April irgendwo innerhalb des Golfküstengrenzabschnittes ein feindliches U-Boot operierte, und ein Funkpeiler hatte seine Position am 31. März auf 26.0 N, 86.0 W festgelegt. U 155 versenkte das norwegische Frachtschiff LYSEFJORD, das ohne Geleitschutz fuhr, am 1. April. Überlebende berichteten, dass es in einer Minute sank. Das Gebiet wurde in jener Nacht von einem Blimp und einem Armeeflugzeug überwacht, aber keiner sah den Untergang.

Kaum vierundzwanzig Stunden später wurde ein amerikanischer Tanker, die GULFSTATE, von einem Torpedo getroffen. Sie sank in anderthalb Minuten. Das Schiff transportierte Benzin, und der Treibstoff brannte so heftig auf dem Wasser, dass Beobachter in den Florida Keys den riesigen Feuerschein sahen.

»Das Kommando hat alle möglichen Anstrengungen unternommen, um das für die Angriffe verantwortliche U-Boot zu orten, und das Absuchen des erweiterten Gebietes ging bis zum 6. April weiter«, schrieben Historiker. »Es kam aber nie zu einem Kontakt.«[25]

15. U-Boot-Katastrophen

»FEIERN SIE SEINEN GEBURTSTAG. Es ist der 20. April [1943]. Wir wollen ihm ein stürmisches Fest bereiten – mit Schießpulver aus gebrauchten Speisefetten, die amerikanische Frauen aufbewahrt haben«, forderte eine Anzeige in der *Galveston Daily News* auf. Eine Profilbüste Hitlers blickte finster und drohend über den Worten, die von kleinen Hakenkreuzen umgeben waren. »Jeder Tropfen wird dringend benötigt. Sparen Sie zumindest einen Esslöffel pro Tag. Bringen Sie schnell jede Dose zu Ihrem Fleischhändler.«

Während die Stadtbewohner sich bemühten, Fett zu sparen, zog die Küstenwache ins Galvez-Hotel. »Wir hatten in jedem Zimmer sieben Doppeldeckerkojen aus Stahl«, sagte John Kinietz, ein Rekrut. »So teilten sich vierzehn Mann ein Badezimmer, und manchmal teilten sich zwei Zimmer ein Bad. Sie hätten uns sehen sollen, wenn wir versuchten, uns morgens zu rasieren.« Die zweite Etage war für die Männer gesperrt, weil der ganze Flur von WAAC- und WAVE-Angehörigen (militärische Frauenorganisationen) besetzt war. »Etwa fünfzehnhundert Menschen wurden in dieses Hotel hineingepackt.«, sagte Kinietz, »Es war wie ein Gefängnis.« Die Hitze war schrecklich, und keiner durfte aus den Fenstern schauen, weder bei Tag noch bei Nacht. Die Vorhänge mussten immer geschlossen bleiben, und eine Wache beobachtete vom Gelände aus, ob jemand herausspähte. Wenn ja, wurde er gemeldet.

Zu Johns Aufgaben gehörten Fusspatrouillen entlang des Uferdamms von Stewart-Strand bis zur 61st Street, wo es nachts sehr dunkel war. Er trug zum Schutz nur einen Polizeiknüppel und hielt Ausschau nach unbefugten Personen und U-Booten. Andere Male ging er Patrouille am Intracoastal-Kanal, wo die Schiffe der Küstenwache, die in den Hafen von Galveston einliefen, stoppten, um ihre Funkgeräte zu plombieren, so dass sie nicht an Land benutzt werden konnten. Die Geräte wurden freigegeben, sobald die Schiffe wieder in See stachen – alles aus Sicherheitsgründen. Die Wachen prüften auch die Treibstoffmengen auf den Krabbenfischerbooten, die Pier 19 verließen und anliefen, um sicherzustellen, dass sie kein Dieselöl zu feindlichen U-Booten brachten. »Die Küstenwache wusste, wie viel sie für den Krabbenfang verbrauchten«, sagte John.[1]

Am 17. April fing Radio Galveston eine Nachricht auf, nach der ein britisches Handelsschiff, die City Castle, in der Gulf Sea Frontier angegriffen und torpediert worden war. Untersuchungen ergaben, dass das Schiff nirgends auch nur in der Nähe des Golfs oder Floridas gewesen war, und die Marine stellte dann fest, dass Galveston das Opfer von drei oder vier Täuschungen innerhalb der letzten Wochen geworden war. Eine weitere Täuschung geschah am 27. April. Der Kommandeur der Gulf Sea Frontiers befahl dem 8. Marinebezirk, im Gebiet von Gal-

---

veston eine umfassende Untersuchung durchzuführen, um festzustellen, ob dort ein illegaler Radiosender operieren konnte.[2]

Ende April 1943 vermutete der Kommandeur, dass zeitweise ein bis zwei U-Boote weiterhin in der Gulf Sea Frontier operierten. Dies würde die Schiffe zwingen, in Konvois zu fahren und zu Verspätungen beim Transportieren der Ladungen führen. Die Marine nahm an, dass es sehr schwierig sein würde, die U-Boote zu orten und anzugreifen, weil sie auffallend vorsichtig geworden waren, um ihre Ortung zu vermeiden. Bei ihren letzten drei Schiffsversenkungen wurden die U-Boote nie gesehen. Das deutete darauf hin, dass die Kommandanten wussten, dass die Luftüberwachung besser als je zuvor war. Weil keine U-Boot gesichtet wurden, nahm man an, dass sie vom Sonnenaufgang bis zur Dunkelheit untergetaucht blieben und mit Radarortungsgeräten ausgerüstet waren. »Diese Taktiken … reduzierten die Effizienz ihrer Operationen erheblich; gleichwohl führte die bloße Kenntnis der Anwesenheit einer oder zweier feindlicher Einheiten im Seegebiet der Frontier dazu, die Schifffahrt in dem Gebiet zu reduzieren und die Bildung von Konvois zu erzwingen«, sagte die Marine. »Es hatte den Nebeneffekt, unseren Einsatz von Flugzeugen und Begleitschiffen zu erhöhen.« Alles, was die Beamten vermuteten, war wahr.[3]

Am 27. April versenkte der Kutter ICARUS der US Coast Guard ein deutsches U-Boot vor der Atlantikküste und nahm dreiunddreißig Mitglieder seiner Besatzung gefangen – das erste Mal, dass U-Boot-Gefangene genommen worden waren. Etwa zur gleichen Zeit verkündete die Armee stolz, dass sie Lightning-Kampfflugzeuge besaß, die den Ozean »selbstständig« überqueren konnten. Eine Gruppe von zweimotorigen Lockheed-P-38-Lightning Flugzeugen versuchte die erste Überquerung: Eines ging auf See verloren, sechs andere machten Schlechtwetternotlandungen und wurden beschädigt und eines schaffte die letzten dreihundert Meilen mit einem Motor. Eines der schnellsten Kampfflugzeuge der Welt, die Lightning, konnte jetzt dank der zwei 165-Gallonen-Benzintanks Ozeane überqueren, die unter seinen Flügeln montiert waren. Für größere amerikanische Siege eröffneten sich neue Perspektiven.[4]

Ende Dezember 1942 knackten die Briten den deutschen Marinecode wieder. Sie müssen eine Art grimmige Genugtuung gefühlt haben, als sie die Ratschläge und Informationen hörten, die zwischen dem deutschen Hauptquartier und den U-Booten hin und her gingen. Am 27. Mai fingen die Abhörtruppen einen Funkspruch ab, der von Adolf Piening auf U 155 abgeschickt wurde. Dieser meldete dem Hauptquartier, dass Operationen in der Florida-Straße zwischen Key West und Havanna sehr vielversprechend seien und dass es tagsüber Verkehr mit Luftbegleitschutz, aber keine Begleitschiffe gab. »Operation in der Mitte des Golfs von Mexiko bietet wenig Aussicht auf Erfolg, da es keinen Verkehr gibt. Vermutlich gibt es Verkehr in den flachen Gewässern entlang der Nord- und Ostküste«, berichtete Piening.[5]

Ein anderer Funkspruch, der an ein U-Boot geschickt wurde, besagte: »Die erste Nacht bietet immer die größte Erfolgschance.« Und: »In Nächten mit Mondlicht und in Kontakt mit einem Konvoi versuchen Sie so schnell wie möglich, in Schussposition zu kommen.« Und: »In Anwesenheit von Begleitschiffen, die Radar anwenden, versuchen Sie immer an der Oberfläche zu entkommen, da der Feind die Verfolgung meistens bald einstellen wird.«[6]

Am 29. Mai erteilte Admiral Dönitz genaue Befehle: »Auf der Oberfläche bleiben und in allen Zweifelsfällen zurückkämpfen. Benutzen Sie jedes Mittel, um Ihre Besatzungen dafür auszubilden und machen Sie Ihnen ein Bild davon, was es heißt, in geringer Tiefe bombardiert zu werden.« Diese neue Regelung hatte eine drastische Wirkung auf einige der Kommandanten und ihre Besatzungen. Der Admiral fuhr fort: »Wenn Sie in Fahrt sind oder in Bereitschaft liegen, tun Sie alles, um Überraschungsangriffe zu vermeiden. Entweder mit elektrischen Motoren laufen, um Flugzeuge im Voraus zu hören, oder bei günstigen Wetterbedingungen tauchen.«[7]

Dauerbefehl Nummer 13 besagte, dass die Gefahr, von Flugzeugen mit Radar überrascht zu werden, nachts besonders groß war. »Auslaufende oder einlaufende U-Boote in der Bucht von Biskaya müssen getaucht fahren.«[8]

Dönitz wies darauf hin, dass die Taktiken, die in Küstengebieten von Amerika, der Karibik und der Mitte bis zum Süden des Atlantiks sowie auf dem offenen Meer angewendet wurden, »der Situation und der Entscheidung des kommandierenden Offiziers entsprechen sollen«. Er warnte U-Boot-Besatzungen davor, sich Rettungsbooten oder Rettungsinseln nur zu Identifikationszwecken oder wenn der harmlose Charakter der Rettungsinseln durch genaue Beobachtung eindeutig festgestellt worden war, zu nähern. »Nach dem Abschuss von Flugzeugen nähern Sie sich nicht dem Wrack«, warnte er.[9]

In einer Nachricht an Boehme auf U 450 sagte das Hauptquartier, sie sollten im Wasser zusammenbleiben, falls sie das Schiff verlassen müssten. »Binden Sie sich mit Lumpen oder Wurfleinen aneinander. Nehmen Sie Pistolen und Munition mit und feuern Sie stündlich Leuchtraketen.«[10]

U 177 wurde am 15. Juni 1943 davon benachrichtigt, dass Maschinenmaat Koch am 5. Juni eine Tochter bekommen hatte. »Mutter und Kind wohlauf. Glückwünsche. Flottille.«[11]

Deutsche U-Boot-Kommandanten hatten ihr U-Boot-Kommandantenhandbuch, einen unschätzbaren Leitfaden für Operationen und Notfälle, bei sich und kannten es auswendig. Eine der wichtigsten Ermahnungen für Angriffe war das Motto: »Wer zuerst sieht, gewinnt!« Jede Nachricht, die ans Hauptquartier gesendet wurde, musste den Ort des U-Boots angeben, so dass das Oberkommando seine Boote genau verfolgen konnte, aber auch zuließ, dass die Alliierten sie fanden. Eine andere wichtige Vorschrift forderte, dass Kommandanten Angriffe mit »eiserner Entschlossenheit und Standhaftigkeit ausführen sollten, bis der endgültige Erfolg, nämlich die Vernichtung des Feindes, erreicht worden ist«.[12]

Wenn alles verloren war und Gefangennahme drohte, sollte der Kapitän sein
Boot in die Luft jagen. Zuerst musste er überall Sprengladungen anbringen, um
mehrere große Lecks zu schaffen, dann noch mehr Ladungen, um die streng
geheime Ausrüstung (Funksender, Horchgerät und Zielerfassungsvorrichtun-
gen, Sehrohre, Feuerleitsystem usw.) zu zerstören. »Wenn nicht genug Spreng-
kapseln … vorhanden sind, … muss das Gerät zerstört werden, so dass es
nutzlos wird.«

Als nächstes sollte der Kommandant geheime Dokumente mit Säure vernichten,
alle anderen Dokumente in einem Bündel zusammenschnüren – besonders die
Funkcodedaten – und die Bündel mit Gegenständen aus Eisen beschweren und
sie nach dem Auftauchen über Bord werfen. Dann sollte er eine Kurzmitteilung
vorbereiten, um dem Hauptquartier »die Zerstörung des U-Boots durch Sie
selbst, falls es immer noch möglich ist aufzutauchen«, zu berichten.

Nachdem das U-Boot zum letzten Mal aufgetaucht war, sollte der Kommandant
die Dieselköpfe und Bodenventile öffnen und alle Druckluftkessel leeren. »Wenn
es notwendig ist, das Boot in enger Nähe zum feindlichen Verfolger zu sprengen
… sollte der Kommandant immer noch hauptsächlich mit den Möglichkeiten, den

Erste Unterbringung von Blimps im Hangar, dem größten Holzgebäude der Welt,
auf Hitchcock Naval Air Station, 30. November 1943.
Foto mit freundlicher Genehmigung des U.S. National Archives.

Feind zu verletzen und zu zerstören, beschäftigt sein und sollte seine letzten Waffen bei dem Versuch benutzen, ihn zu bekämpfen«, wies das Buch an. Dann sollte der Gegner mit allen verfügbaren Geschützen in Schach gehalten werden, bis die Zerstörung des U-Bootes vollendet war.[13]

Am 18. Mai wurde ein Blimp-Geschwader, ZedRon-22, in Houma, Louisiana, in Dienst gestellt, und vier Tage später wurde der Marine-Luftstützpunkt in Hitchcock unter dem Kommando von Charles W. Roland, USN, in Betrieb genommen. Der riesige Holzhangar, 288 Meter lang, 98 Meter breit und siebzehn Stockwerke hoch, konnte sechs Luftschiffe in einem der größten Holzgebäude der Welt unterbringen.[14]

Zwanzig Meilen von Galveston entfernt gab die neue dreitausendfünfhundert Morgen große Naval Air Station den Bewohnern des Gebiets das Vertrauen, dass sie von nun an von mächtigen Luftschiffen, die über dem Golf patrouillierten, geschützt wurden. Vor dem Verwaltungsgebäude sollte eine große Einweihungszeremonie abgehalten werden, aber ein plötzlicher Platzregen zwang die Menge, für die Reden in ein nahe gelegenes Lagerhaus zu gehen, weil der Haupthangar noch nicht fertig war. Eine Woche später landete das erste Leichter-als-Luft-Luftschiff, K 62, auf dem neuen Stützpunkt, und am 12. Juni kam Blimp-Geschwader 23, um die U-Boot-Abwehroperationen zu beginnen. Diese wie Fußbälle aussehenden Silberballons, 251 Fuss lang und 62 Fuss hoch, hatten eine Reisegeschwindigkeit von siebenundvierzig Meilen pro Stunde und eine Höchstgeschwindigkeit von fünfundsiebzig, zwölf Besatzungsmitglieder und eine Reichweite von zweitausend Meilen.[15]

Ein Monat später, um Mitternacht am 18. Juli, flog Blimp K 74 von einem anderen südlichen Stützpunkt auf eine Routinenachtpatrouille. Während es sich über der Florida-Straße auf einer Höhe von hundertfünfzig Meter befand, sah das Luftschiff auf seinem Radar ein Echo. Die Besatzungsmitglieder gingen auf ihre Gefechtsstationen und änderten den Kurs in Richtung der Peilung. Da sahen sie eine halbe Meile an Backbord eine U-Boot-Silhouette im Mondlicht. Es fuhr mit etwa fünfzehn Knoten sehr dicht unter der Küste Kubas. Sie bemerkten kein Lebenszeichen an Bord, während sie zweimal kreisten, und entschieden sich, anzugreifen. Als sie auf zweihundert Meter herangekommen waren, eröffnete das U-Boot das Feuer mit Kaliber-50-Geschützen, und das Luftschiff erwiderte das Feuer mit seinem vorderen Geschütz.

Der Befehl kam, die Bomben auszuklinken, aber der Bombenschütze, ein neues und unerfahrenes Besatzungsmitglied, betätigte den Auslöser nicht richtig, und das Luftschiff segelte über dem U-Boot mit den Bomben immer noch in ihren Halterungen. Jetzt begannen das Luftschiff und das U-Boot in Kreisen zu fahren, wobei sie sich ständig beschossen. Als das Luftschiff ein zweites Mal über das Ziel hinwegflog, klinkten die Bomben wieder nicht aus, das U-Boot feuerte weiter und das Luftschiff geriet außer Kontrolle und stieg steil nach oben. Das U-Boot schoss noch einige Minuten lang, während das Blimp an

Höhe verlor und in einiger Entfernung im Wasser landete. Dann verschwand das U-Boot.

Am nächsten Tag bargen Rettungsboote neun Mitglieder der Luftschiffbesatzung, aber der Bombenschütze fehlte. Er war von dem Rest der Gruppe getrennt worden und wurde offensichtlich von einem Hai angegriffen – es gab mehrere, die um die Überlebenden herumschwammen.[16]

Eine intensive Suche mit Booten und Flugzeugen begann. Etwa vierundzwanzig Stunden später sichtete eine PV-1 das Kielwasser eines U-Boots und sah dann U 134 an der Oberfläche in der Nähe des Ortes, wo das Blimp herunter gegangen war. Das Flugzeug warf eine Reihe von sechs 350-pound-Wasserbomben ab, aber die erste fiel zu kurz. Die zweite traf den Fuß des Turms, und kurz danach stieg eine riesige Wasserfontäne auf, als sie explodierte. Die letzten vier waren nicht zu erkennen, weil das Rumpfende des Flugzeugs die Sicht des Piloten behinderte, als er zu steigen begann, um nach dem Angriff Höhe zu gewinnen. Als das Flugzeug zum Gebiet zurückkehrte, war das U-Boot verschwunden, und das Militär vermutete, dass es schwer beschädigt und wahrscheinlich gesunken war.[17]

Die Marine nannte den Verlust des Blimps »unglücklich, besonders im Hinblick auf den sehr bedauernswerten Misserfolg beim Abwurf der Bomben, durch den das U-Boot der fast sicheren Zerstörung entgangen war. Dies ist dennoch teilweise durch die aus dem Vorfall gezogenen Schlussfolgerungen und … Empfehlungen ausgeglichen, … um die Wiederholung eines ähnlichen Geschehens zu vermeiden«.

Die Tatsache, dass Blimps U-Boote nicht angreifen sollten, wurde nicht erwähnt, aber die Besatzung hatte niemanden an Deck gesehen und nutzte ihre Chance. Sie hätte Erfolg haben können, wenn sich ihre Bombenklappen geöffnet hätten. Wie auch immer – die Marine entschied, dass der Wert der Luftschiffe für die Kriegsführung gegen U-Boote nach wie vor außer Frage stand. Peter Petersen, Zentralemaat, sagte, dass die Besatzung den Anblick von Blimps immer gefürchtet habe, weil sie wusste, dass die Luftschiffe ihre Position an Luft- und Marinestreitkräfte funken konnten.[18]

Ein zweites U-Boot, das im Golf von Mai bis Juli 1943 patrouillierte, war U 527 unter Kapitänleutnant Herbert Uhlig. Das U-Boot machte sich wie üblich mit einer Probefahrt für seine zweite Patrouille fertig und alles schien zur Zufriedenheit. Sie nahmen Öl, Torpedos und Proviant an Bord und bereiteten sich vor, vom Keroman-Bunker abzufahren. Die Besatzungsmitglieder fühlten sich bei der Abschiedszeremonie beunruhigt, als der Flottillenkommandant, Korvettenkapitän Kuhnke, seine Ansprache mit »Auf Wiedersehen, Kameraden« statt des üblichen »Heil Hitler« beendete. Sie standen unbehaglich schweigend und antworteten nicht, bis Kuhnke seine Worte wiederholte. Am frühen Nachmittag am 10. Mai verließ U 527 Lorient mit der Flut und wurde von einem Minenleger begleitet, bis es dunkel war.

Zwei Tage später, auf 47 Grad Nord, 9 Grad West, begegnete das U-Boot einem großen Schiff, das im Sturm beschädigt worden war und nach England zurückgeschleppt wurde. Seine Begleitkorvette griff das U-Boot etwa fünfzehnmal mit Wasserbomben an, aber Uhligs Schiff entkam unversehrt.

U 527 fuhr auf westlichem Kurs weiter und südlich an Bermuda vorbei zu seinem ersten Einsatzgebiet. Hier feuerte es bei einem nicht erfolgreichen Angriff

Kapitänleutnant Herbert Uhlig, siebenundzwanzig, Kommandant von U 527.
Foto mit freundlicher Genehmigung des U-Boot-Archivs, Cuxhaven.

zwei Torpedos auf ein schnelles Schiff, das allein fuhr. U 527 fuhr dann um das nördliche Ende der Bahamas herum in Richtung Florida. Während zur Florida-Straße fuhr, sichtete Uhlig bei Nacht den Great Isaac-Leuchtturm und später den Lichtschein von Miami, ungefähr vierzig Meilen entfernt. Die Fahrt entlang der Küste und durch die Straße brachte keine ungewöhnlichen Vorkommnisse und erfolgte meist bei Nacht. Jeden Tag sahen sie mindestens ein Blimp am frühen Morgen oder späten Abend. Die Männer gaben ihnen den Spitznamen »harmlose Tiere«. U 527 tauchte jedoch jedes Mal unter, wenn eins in Sicht kam.

Etwa eine Woche später, nachdem es Bermuda verlassen hatte, erreichte das U-Boot den Golf von Mexiko, wo sein Patrouillegebiet ungefähr in der Mitte zwischen Tampa, Florida und Havanna, Kuba, lag. Kapitänleutnant Uhlig hatte dem Steuermann nur ein paar Tage zuvor eine Golfkarte gegeben, und jetzt wusste die Besatzung, wohin sie fuhren.

Die Männer, etwas verwirrt von der Vielzahl der Luft- und Überwasserfahrzeuge im Golf, stellten fest, dass ihre Patrouille schlecht beraten, gefährlich und nicht lohnend für ein U-Boot war. Eins der ersten Schiffe, das sie sahen und nicht identifizieren konnten, entkam mit Zickzackkurs, nachdem sie vier Torpedos darauf abgefeuert hatten. Dies war der letzte Angriff von U 527, und am 2. oder 3. Juli begann es seine Rückfahrt auf demselben Kurs wie auf der Hinfahrt.[19]

Viel später, im Juni 1946, schrieb Herbert Uhlig einen Brief an die Familien seiner Kameraden, die auf der Rückfahrt getötet wurden. Er sagte ihnen, dass er es nach drei Jahren als Kriegsgefangener in den Vereinigten Staaten geschafft hätte, nach Deutschland zurückzukehren und die Angehörigen seiner gefallenen Kameraden über die Umstände der Versenkung von U 527 zu informieren.

»Auf der Rückfahrt nach Hause musste ich einen Punkt einige hundert Meilen südlich der Azoren anfahren, um Treibstoff aufzutanken«, begann er. »Drei Tage vor dem Treffpunkt mit dem ›Lieferanten‹ wurde ich von einem Flugzeug angegriffen, das zwei Bomben abwarf.« Eine der Bomben explodierte nicht, aber die andere traf das schnell tauchende Boot dicht am Turm und verursachte ein Leck in einem Vorratstank. Öl begann auf das Wasser auszulaufen.

Drei Zerstörer in der Nähe sahen das Öl, verfolgten das U-Boot mit hoher Geschwindigkeit und warfen Wasserbomben. Das Bombardement begann um ein Uhr nachmittags und ging bis zum Sonnenuntergang weiter. Uhlig vermutete, dass die Zerstörer (er wusste nicht wie viele) verschwunden waren. Er ging auf Sehrohrtiefe, sah sich um und erblickte die drei Zerstörer auf unterschiedlichen Positionen. »Und dann tauchte ich schnell wieder unter. Zur gleichen Zeit kamen die Zerstörer auf mich zu und beschossen mich die ganze Nacht bis Viertel vor acht morgens«, erinnerte sich der Kommandant. Nach einer Pause von zwei Stunden ging Uhlig wieder auf Sehrohrtiefe, sah nichts, startete die Motoren und befahl der Besatzung aufzuräumen und auf ihre normalen Stationen zurückzugehen. »Da sahen wir, dass alles an Bord in einem ziemlich schlechten Zustand war«, sagte er. »Während der Fahrt zum Treffpunkt wurden einige der schweren Schäden repariert; inzwischen war das andere U-Boot versenkt worden, so dass ich von einem anderen Boot neu versorgt wurde, und wir traten die Fahrt nach Lorient zusammen an.«

Am 23. Juli sichtete der Rudergänger in kurzer Entfernung ein sich näherndes Flugzeug. »Da es zum Untertauchen zu spät gewesen wäre und wir zusammen fuhren, entschied ich, an der Oberfläche zu bleiben und den Gegner mit den 2-cm-Geschützen anzugreifen. Damit handelte ich gemäß einem Befehl, nach dem Flugzeuge an der Oberfläche bekämpft werden müssen, falls zwei U-Boote zusammen sind«, erklärte er. Als er das Flugzeug zuerst sichtete, befahl Uhlig, dem sehr wenig Zeit blieb, eine gelbe Flagge an der Seite des Boots zu hissen, um U 648, das andere U-Boot, vor dem anfliegenden Flugzeug zu warnen. Dann funkte er Kommandant Stahl an und fragte, ob er das Signal gesehen hätte. »Ich muss leider berichten, dass das andere U-Boot, mein Partner, etwas für mich Unvorstellbares tat und schnell tauchte«, erzählte er. »So wurde ich jetzt allein gelassen und musste mich dem Feind stellen. Natürlich griff das Flugzeug mein aufgetauchtes Boot an.«

Marine-Flugzeugträger-Flugzeug beim Angriff auf U 527 nahe den Azoren, 23. Juli 1943.
Das U-Boot hatte eben eine Patrouille im Golf von Mexiko beendet.
Foto mit freundlicher Genehmigung des U.S. National Archives.

Uhlig machte sich zur Verteidigung bereit und gab in der Sekunde, die ihm am günstigsten schien, den Befehl »Feuer eröffnen«. Das Heckgeschütz feuerte eine Granate, hörte dann auf, und der hintere Maschinengewehrschütze war zu weit rechts, um etwas zu erreichen. »Daher konnte der Bomber von einem Flugzeugträger ungehindert sechs Bomben abwerfen, gut gezielt auf niedrigster Flughöhe«, schrieb er. Eine der Bomben traf an Backbord auf die Kante des Turms und verursachte eine gewaltige Explosion.

Nach ein paar Sekunden merkte die Besatzung, dass sie U 527 nicht über Wasser halten konnte, und er befahl alle seine Männer von Bord. Obwohl er an mehreren Verletzungen litt, half er ihnen, aus der Luke des Turms auszusteigen. Plötzlich »wurde ich vom Sinken meines Bootes überrascht und durch den Sog unter die Oberfläche gezogen. Erst in einer Tiefe von etwa zehn Metern konnte ich dem Sog entkommen, meine Rettungsweste aufblasen und mich an die Oberfläche kämpfen, wo ich die Überlebenden sammelte und sie drängte zusammenzubleiben«, erinnerte sich der Kommandant. Uhlig sagte, dass der erste Wachoffizier nach einer Weile starb. Dreizehn Männer waren übrig geblieben. Vierzig waren verschwunden.

»Die Zeit zwischen den Bombenexplosionen bis zur Versenkung des Boots schätze ich … auf etwa vierzig Sekunden. Ich vermute, dass die wenigsten meiner Kameraden durch Ertrinken starben, und ich nehme an, dass die meisten von ihnen sofort an den tödlichen Verletzungen, die durch die Detonationen verursacht wurden, starben«, schrieb er.

Uhlig sagte den Verwandten, dass er immer noch unter der Trauer und dem Schmerz über die vierzig Toten litt, aber zwei Tatsachen trösteten ihn: Er habe nicht anders handeln können und er würde das Gleiche wieder tun. »Alle Kameraden … gaben ihr Leben ganz im Glauben an den Sieg der deutschen Streitkräfte und mussten nicht so lange leben, um den schmerzlichen Zusammenbruch zu erleben. Diese Gedanken bedeuteten nicht nur Trost für mich selber, sondern machen es mir auch leichter, diesen Brief zu schreiben … Ich spreche Ihnen mein tiefes Beileid aus, Herbert Uhlig.«

Der Kommandant nannte weitere Einzelheiten der Versenkung, als er fünfzig Jahre später von seinem Sohn Ralph interviewt wurde. Er sagte, dass das Flugzeug am Ort des Angriffs eine Rauchboje abgeworfen hatte, um die Bergung zu erleichtern. Der Zerstörer CLEMSON kam heran und schickte ein Schlauchboot. So konnte die U-Boot-Besatzung einsteigen, und ein Motorboot zog das Dingi zum Schiff zurück. Die Männer waren etwa drei Stunden im Wasser gewesen, aber die Wassertemperatur war warm genug zum Überleben, da sie sich nahe den Azoren befanden.

»Wir wurden an Bord gebracht, und jeder von uns bekam eine Seerettungstasche. Darin waren eine Zahnbürste, ein Handtuch und Seife – alles, was man nach einer Bergung als erstes benötigt«, sagte der Kommandant. Der Kapitän des Schiffes gab Uhlig eine Schachtel Zigaretten, die er an seine Besatzungsmitglieder und sich selber verteilte. »Dann ließen sie uns eine Weile allein, weil einige von uns verletzt waren. Ich hatte ein paar Brüche und offene Wunden.«

In den nächsten Tagen wurden sie von der CLEMSON auf die BOGUE (Flugzeugträger des angreifenden Flugzeuges) verlegt und fuhren nach Casablanca. An Bord der BOGUE wurden Uhlig und ein anderer Offizier in einer großen Kabine und seine Besatzung in anderen Räumen untergebracht. Ein Marineleutnant kümmerte sich um sie, versorgte sie mit frischem Bettzeug, Handtüchern und gutem Essen. Er nahm sie auch jeden Tag auf halbstündige Spaziergänge an Deck mit und erlaubte ihnen, den Schiffspfarrer zu besuchen. »Der Leutnant sprach ein wenig Deutsch, aber wir sprachen besseres Englisch, als er Deutsch. Alles in allem durften wir in Würde leben«, erinnerte sich Uhlig.

Auf der BOGUE traf Uhlig den Offizier, der ihn als Pilot versenkt hatte. »Er kam in unser Zimmer, schüttelte unsere Hände und sagte, es tue ihm Leid, aber einer von uns, er oder wir, mussten versenkt werden«, sagte der Kommandant.

Bei der Ankunft in Casablanca wurden sie in ein Feldlazarett gebracht, wo Ärzte sie untersuchten und ihre Wunden behandelten. »Wir wurden geröntgt, und sie stellten fest, dass ich einen Schädelbruch hatte«, schrieb Uhlig. »Dort wurden wir sehr gut behandelt und durften ein- und ausgehen. Wir waren in einer Art Schwebezustand, bis ein Frachter kam, der uns von Casablanca nach Staten Island bringen konnte. Auf der Überfahrt wurden wir wieder gut behandelt und hatten einen Steward, der sich um uns kümmerte.«

Sie landeten in New York, und Uhlig und ein anderer Offizier reisten nach Crossville, Tennessee, in ein Lager für Offiziere. Ein Zug brachte sie von dort nach Park, Arizona, wo sie in einem Offizierslager lebten, während andere Besatzungsmitglieder in der Nähe in separaten Kasernen untergebracht wurden.

Uhlig und einer seiner Offizierskameraden schmiedeten Anfang 1945 einen Fluchtpläne (es war ihre Pflicht zu entkommen). »Wir waren mit allen Vorkehrungen wie Bargeld und Zivilkleidung fertig und wir dachten, wir könnten außerhalb des Lagers bleiben und so weiter«, erinnerte er sich. Sie hatten sich einen genau detaillierten Plan ausgedacht. Sie wollten versuchen, San Francisco oder Los Angeles zu erreichen, um ein neutrales Schiff zu finden, das sie nach Deutschland oder in ein neutrales Land bringen würde. »Aber gerade bevor wir unseren Plan ausführen konnten, brach eine Gruppe in einem benachbarten Lager aus. Ich denke, etwa dreißig Gefangene versuchten zu entkommen«, sagte Uhlig.

Drei U-Boot-Kommandanten, darunter Kapitän zur See Wattenberg von U 162, gehörten zu einer Gruppe Gefangener, fest an den Nationalsozialismus glaubten und in getrennten Kasernen untergebracht wurden. Nach gründlicher Planung entschieden sie, einen 30 Meter langen Tunnel in die Freiheit zu graben. Sie begannen draußen unter einer Kohlenkiste und kamen an einem Kanal, der an dem Lager vorbeiging, heraus. Das Graben dauerte viele Monate, und später wurde vermutet, dass sie die Schaufeln für ihre Kohleöfen benutzten, um durch den steinigen Boden hindurchzukommen. Die drei Kommandanten verschwanden zur Probe in dem Tunnel, kamen südlich des Lagers heraus und gingen 130 Meilen zu Fuß bis zur mexikanischen Grenze. Nach vierzig Meilen in Mexiko fanden die Gefängnisbehörden sie und brachten sie nach Papago Park zurück. Sie begriffen nicht, dass die Gefangenen einen geheimen Gang benutzt hatten. Die deutschen Kommandanten hatten nun alle Informationen, die erforderlich waren, um den Massenausbruch zu realisieren.[20]

Am Tag des Ausbruchs schürte eine andere Gruppe Gefangener eine Revolte. Während die Wächter den Aufruhr mit Tränengas und Knüppeln niederschlugen, entkamen die U-Boot-Männer. Die drei Kommandanten zusammen mit zweiundzwanzig anderen flohen aus dem Gefängnishof. Sie schleppten 45 Kilo Rucksäcke, gefüllt mit Kleidung, Getreideflocken, Dosenwaren, Medikamenten, Landkarten und Zigaretten mit sich.[21]

»Als die Wächter entdeckten, dass die Männer fehlten, schickten sie einen gewaltigen Suchtrupp mit Hunden und Flugzeugen und allem, was für ihren Fang gebraucht wurde, los«, sagte Uhlig. »Dies verdarb natürlich unsere Fluchtstrategie.« Sie machten nicht einmal den Versuch, aus Papago Park zu entkommen, Pflicht hin oder her.

»Wir alle glaubten an den deutschen Endsieg – das hat uns aufrecht gehalten«, sagte Uhlig. »Ich wollte sogar nach Hause gehen, damit ich wieder zum Einsatz kommen konnte.«

1946 wurden Uhlig und die anderen mit dem Zug von Papago Park zur Ostküste geschickt, wo sie mit vielen Kriegsgefangenen aus dem ganzen Land in einem Lager nahe New York zusammentrafen. Dort wurden sie von einem Dr. Törpisch besucht, der intensive Entnazifizierungs-Interviews mit ihnen führte. Uhlig und seine Freunde wurden danach an Bord eines Liberty-Schiffes gebracht und nach Hamburg zurückgeschickt. »Wir kamen am Bahnhof in Altona an, und in unserem Abteil öffneten wir einen kleinen Schlitz und schauten hinaus«, erinnert er sich. »Das Erste, was wir sahen, war ein sehr armer Arbeiter, der auf den Bahngleisen arbeitete. Er erzählte uns, wie alles aussah, und er sagte: »In Deutschland ist alles völlig zerstört, und es gibt nichts, was wir tun und nichts, war wir erreichen können.«

»Es war eine sehr nervenaufreibende Zeit, eine Zeit schrecklichen Hungers«, sagte der Kommandant. Uhlig empfing Briefe und Carepakete von zwei Menschen: dem Offizier, der sich um ihn auf der BOGUE gekümmert hatte, und einem Bauern, für den er gearbeitet hatte, während er in dem Gefangenenlager in Arizona war. Der ehemalige U-Boot-Kapitän, nur für den Dienst in der Marine ausgebildet, arbeitete eine Zeit lang in einer Raffinerie, als Dolmetscher für die Briten und als Ausbilder für deutsche Fischer. Später hatte er die Möglichkeit, Zahnmedizin an der Kieler Universität zu studieren, und schloss sein Studium als Kieferchirurg ab. Nicht ein einziges Mal bereute er seine Teilnahme am U-Boot-Dienst oder seine Handlungen auf See. Er hatte sein Bestes gegeben.[22]

Ungefähr zu der Zeit, als Uhlig auf U 527 in den Golf von Mexiko einlief, plante Galveston eine weitere Verdunkelungen zur Schulung auf Luftangriffe. In der ersten Maiwoche waren alle bereit. In einer klaren, milden Nacht standen zweitausendfünfhundert mit Helmen ausgerüstete Zivilverteidigungsarbeiter einsatzbereit auf ihren Posten. Während der frühen Abendstunden hing ein Hauch von Erwartung über Galveston, während die Menschen auf den Probealarm warteten. Die Leiter verschiedener ziviler Verteidigungseinheiten waren in der Kontrollraumzentrale versammelt, wo eine Batterie Telefonisten bereit saß, um Berichte über Leute zu erhalten, die sich nicht an die Verdunkelungsvorschriften hielten. Als die Namen hereinkamen, sendeten die Telefonisten sie im Radio in der Hoffnung, dass die Gesetzesübertreter ihre Fehler korrigieren würden. Das Ziel war, die Insel so schwarz wie möglich zu bekommen, so dass, falls jemals feindliche Flugzeuge zu einem Bombenangriff erscheinen würden, die primären Ziele unsichtbar sein würden. Schließlich waren die schrecklichen Luftangriffe jetzt, wo Kampfflugzeuge den Atlantik überqueren konnten, mehr als möglich.

Gegen 8.45 Uhr leuchtete das blaue Signal im Kontrollraum auf, und die erste Alarmsirene begann zu heulen. Dies bedeutete, dass Haushalte und Ladeninhaber ihre Lichter schnell abdunkeln sollten und dass »feindliche« Flugzeuge geortet worden waren. Die Werften entlang der Wasserfront reduzierten jedes Licht, und nur die hellen Lichter auf den Trockendocks von Todd-Galveston warfen einen grellen Schein auf Pelican Island.

Um 9.00 Uhr blinkte das rote Signal, und die zweite Sirene ertönte zum Zeichen, dass ein Angriff drohte. Jetzt liefen die Fußgänger in die Schutzräume, alle Autos und Busse fuhren an die Bordsteinkante, Hauseigentümer schalteten ihre Lichter aus, und die Trockendocks auf Todd wurden total dunkel, wenn auch nur für fünf Minuten. Das Dröhnen »feindlicher« Bomber, die über die Insel flogen, vermittelte ein Gefühl von Wirklichkeit und Gefahr.

Polizeiwagen patrouillierten mit verdeckten Scheinwerfern durch die verdunkelten Straßen und warfen während der Fahrt seltsame Schatten. Hilfspolizisten und reguläre Patrouillen gingen zu Fuß in der Stadt auf der Suche nach nicht erlaubten Lichtern umher. Wenn sie ein Problem entdeckten, kontaktierten die Wachen den Eigentümer oder klopften an die Tür, um schnell für die Einhaltung der Regeln zu sorgen.

Um 9.20 Uhr ertönte eine andere Sirene, die darauf hinwies, dass die feindlichen Flugzeuge das Gebiet verlassen hatten, aber zurückkehren könnten. Statt einer weiteren Verdunkelung, die das Signal forderte, gingen alle Lichter sofort an. Als das Entwarnungssignal um 9.30 Uhr ertönte, war die Stadt längst wieder erleuchtet und wieder in Bewegung.

Zur kritischen Verdunkelungszeit standen W. J. Aicklen, Verteidigungskoordinator, und seine Gruppe auf dem Getreidesilo B der Galveston-Werften, um über die Stadt zu schauen. Sie bemerkten nur einen Misserfolg, ein helles Licht in der Stadtmitte, das von dem American National Insurance Building widergespiegelt wurde, aber außer diesem Ausrutscher »war die Dunkelheit fast perfekt«. Aicklen nannte die Luftangriffsübung »einen Erfolg«.[23]

»Galveston schnitt Donnerstagnacht bei der Probeverdunkelung sehr gut ab – viel besser als bei der ersten Übung im Januar 1942«, schrieb der Nachrichtenredakteur. Er merkte an, dass es für einige Leute immer noch schwierig war zu begreifen, dass der Feind sie in ihren eigenen Häusern treffen könnte und dass Erfahrungen wie die Verdunkelung den Leuten helfen könnten, sich die fürchterlichen Folgen vorzustellen, die eintreten können, wenn man nicht vorbereitet ist. »Ein paar Geschäfte in der Stadtmitte haben es versäumt, ihre Lichter zu löschen, und der entstandene Lichtschein hätte ernsthafte Folgen haben können, wenn die Flugzeuge … von Feinden statt Freunden bemannt gewesen wären«, erklärte der Redakteur. Er sagte, dass sogar nur ein paar Lichter reichen würden, um die Bomber zu ihren Zielen zu führen. »Nur Perfektion würde genügen, … wenn die Stadt einen feindlichen Angriff aushalten müsste.«[24]

16. Der Orkan 1943

»DIE VEREINIGTEN STAATEN erzielen im Krieg gegen die U-Boot-Bedrohung zunehmend Erfolge«, erklärte das britische Luftfahrtministerium. In den
letzten zehn Tagen im April hatten »riesige« Flugzeuge auf Patrouillen bei Sonnenaufgang im Atlantik fünf U-Boote versenkt. Das bewiesen Öl, Trümmer und
in den Wellen treibenden Überlebenden. »Die Schlachten haben erneut die Kraft
der Luftangriffe auf U-Boote aber auch die Stärke der Flugabwehr der U-Boote
veranschaulicht«, sagte das Ministerium. »In allen fünf Fällen versuchten U-Boote, mit ihren Geschützen an der Oberfläche zu kämpfen.«[1]
Die Strategie von Admiral Dönitz ging nicht auf. Die deutschen U-Boote wurden von immer mehr Flugzeugen, die aus der Sonne oder den Wolken herab-
schossen, überrascht. Wegen des ständigen Lärms der Wellen und des Windes
und ihrer niedrigen Position im Wasser war es für die U-Boote schwierig, heran-
kommende Flugzeuge zu sehen oder zu hören. Wenn der Feind in Sicht kam, gab
es gewöhnlich nicht genug Zeit, in die sichere Tiefe zu tauchen. Der Plan des
Admirals, wonach sie an der Oberfläche bleiben und zurückschießen sollten,
machte die U-Boote zur leichten Beute für Flugzeuge.
Die Zerstörung von Herbert Uhligs U 527 war ein perfektes Beispiel und zudem
war der Flugzeugträger BOGUE nur einer von vielen Flugzeugträgern, die große
Erfolge gegen die U-Boote erzielten. Der »Baby-Flachkopf« war einer der ersten in der Pionierzeit der »Hunter-Killer«-Gruppen, und während ihres Einsatzes
von Februar 1943 bis April 1945 versenkten die BOGUE oder ihre Begleitschiffe
und Flugzeuge dreizehn feindliche U-Boote.[2]
Am 2. Juni informierte der Erste Seelord der Admiralität, A. V. Alexander, das
britische Unterhaus, dass die Vernichtung der deutschen Unterwasserpiraten
schnell den Punkt erreicht hatte, an dem die Verluste offensichtlich die Anzahl der
im Bau befindlichen U-Boote übertrafen und dass die Zahl der U-Boote, die im
Atlantik operierten, zurückzugehen schien. Alexander berichtete, dass die Versenkungen der letzten zwölf Monaten die Anzahl der U-Boote, die in all den vorherigen Monaten des Krieges versenkt worden waren, übertrafen.[3]
Während einer Übung zur Flugzeugortung in der Nacht vom 9. Juni schickte ein
fleißiger Beobachter in Madisonville, Texas, einen Notruf nach Houston, nach
dem sich im Gebiet von Houston–Galveston ein seltsames Flugzeug befand. Die
Offiziere von Camp Wallace erhielten das Signal, dass »feindliche Flugzeuge
praktisch direkt über uns waren«.
Die Verantwortlichen in der Warnzentrale in Galveston nahmen, nachdem sie die
falsche Nachricht empfangen hatten, Kontakt auf zu Fort Crockett auf, das ihnen
riet, eine Bestätigung des Berichts von dem Alarmzentrum in Houston anzufordern. Bevor sie Zeit für eine Antwort hatten, empfing Fort Crockett eine weite-

re Bestätigung. Genau da ging etwas bei der blauen Alarmsirene schief. Sie gab nur einen kurzen »Piepton«, der in den meisten Teilen der Stadt nicht gehört wurde. Diejenigen, die ihn doch hörten, hatten keine Ahnung, was passierte. Dann heulte die rote Alarmsirene laut auf und die meisten der Luftschutzwarte setzten ihre Helme auf und liefen zu ihren Stationen und befahlen, die Lichter auszuschalten. Andere Warte, die nicht wussten, was sie tun sollten, riefen den Hauptluftschutzwart S. S. Kay an.

Zuerst sagte Kay einigen der Warte, dass das Signal nichts bedeutete. Als er dann erfuhr, dass der Alarm echt war, stellte er fest, dass die Warte trotzdem auf ihre Plätze gegangen waren. »Sie reagierten automatisch auf den roten Alarm. Und das wollten wir schließlich erreichen«, sagte er.

John Curtin und William Schneider, Warte der Zonen 1 und 8, gaben zu, dass sie von den Geschehnissen verwirrt waren, als sie die zweite Sirene hörten. Sie freuten sich, dass ihre Abschnittswarte bei der Arbeit und die Autofahrer mit abgeschalteten Lichtern an die Straßenseite gefahren waren.

Nach einem Bericht des Wärters auf der Dammbrücke waren Camp Wallace, Texas City und Freeport völlig verdunkelt. In Fort Crockett waren keine Lichter zu sehen, und die Männer hatten sich dort an den großen Geschützen aufgestellt. In einigen Stadtgebieten konnte man die Sirenen nicht hören und es gab keine Verdunkelung. Leute, die nahe der 37th Street und Seawall Boulevard wohnten, sagten, sie hätten nicht gehört, ließen das Licht brennen und die Autofahrer fuhren weiter.

Der Koordinator der Zivilverteidigung W. J. Aicklen sagte dagegen, dass er bei der Arbeit gewesen war und alle Sirenen überall geheult hätten. Er berichtete, dass das gesamte Verteidigungspersonal auf seinen Stationen gestanden habe und dass die Hilfspolizisten, Rettungstrupps und Ärzte an ihre Plätze geeilt seien. Aicklen wies darauf hin, dass keine Entwarnung ausgelöst worden sei, weil das Flackern der Straßenlichter das Signal dafür hätte sein sollen. Dies passierte tatsächlich um 10.32 Uhr abends. Er zog das Resümee, dass die Leute in Galveston »wundervoll« zusammengearbeitet hatten, dass es aber auch Kritik gegeben habe. So rief irgend jemand die *Galveston Daily News* an und sagte: »Ich wollte nur wissen, was das für eine Verdunkelungsposse war« und legte auf. [4]

Die Bewohner von Galveston empfingen Anfang Juli die gute Nachricht, dass der neue örtliche Armee-Luftstützpunkt mit der Ankunft von fünfundzwanzig B-17-Bombern zwei Monate vor Termin in Betrieb gen würde. Major Henry Coles, der kommandierende Offizier, sagte, dass Gruppen von zwanzig bis fünfzig »fliegenden Festungen« täglich auf dem neuen Stützpunkt ankommen und abfliegen würden: »Die Anzahl der Flugzeuge, die hierher kommen, wird von Tag zu Tag variieren«, erklärte er. Er sagte, dass er mit einigen Fliegern in der ersten Gruppe gesprochen habe und dass sie »alle junge und wache, … über ihre Ausbildung begeisterte Amerikaner seien«. Die meisten von ihnen würden sehr bald über Feindgebiet fliegen.

Winston Churchill und die Regierung der Vereinigten Staaten verkündeten, dass die Verluste alliierter und neutraler Handelsschiffe durch U-Boot-Angriffe im Juni »die niedrigsten seit dem Kriegseintritt Amerikas« gewesen seien und dass transatlantische Konvois »praktisch unbelästigt« blieben. U-Boot-Angriffe fanden jetzt in weiträumig zerstreuten Gebieten statt. Die Sprecher sagten weiterhin, dass die Versenkungen von Achsen-U-Booten »beträchtlich und befriedigend« seien und dass jede Gelegenheit genutzt werde, U-Boote anzugreifen, die von ihren Bunkern in Frankreich ausliefen und dorthin zurückkehrten.[5]

Die Marine sagte, dass ihre »Baby-Flugzeugträger« in den U-Boot-Schlachten eine große Rolle spielten. Einer dieser gedrungenen, hässlichen kleinen Träger, der einen langsam fahrenden Konvoi über den Atlantik begleitete, drängte zwei deutsche Wolfsrudel zurück. Flugzeuge von den Trägern versenkten zwei U-Boote und einundvierzig Gefangene wurden von Zerstörern geborgen. Acht andere U-Boote konnten kein einziges Handelsschiff beschädigen. Wenige Tage nach Bekanntgabe dieser Nachricht versenkte ein Flugzeug von dem kleinen Flugzeugträger BOGUE Herbert Uhligs U 527.[6]

Die »Big Inch«-Pipeline, die Longview, Texas und Linden, New Jersey, verband, war jetzt fertig. Bei den Eröffnungszeremonien in Phoenixville, Pennsylvania, sprach Innenminister Harold Ickes von einem mit Flaggen geschmückten Podest, nachdem Arbeiter die letzte Schweißnaht am letzten Abschnitt gezogen hatten. »Das Problem der Nation«, sagte er, »ist sicherzustellen, dass unsere kämpfenden Männer und Maschinen zuversichtlich in den Kampf gehen, dass es hinter ihnen keine Unterbrechung der Mineralölversorgung und keine Begrenzung der Ölmenge gibt, die sie für den blutigen Job brauchen, um jeden Feind in die bedingungslose Niederlage zu schießen.«[7]

Am 25. Juli schnellte die Temperatur auf Galveston Island auf fünfunddreißig Grad Celsius, die höchste Temperatur, die seit dem 8. Juli 1939 aufgezeichnet worden war. Am folgenden Tag war es mit dreiunddreißig Grad Celsius etwas kühler, und große Menschenmengen versammelten sich am Stewart-Strand, um vor der schwülen Hitze und den drohenden Gewittern Erleichterung zu suchen.[8]

Um 1.15 Uhr morgens am 27. Juli gab das amerikanische Wetterbüro bekannt, dass eine tropische Störung etwa siebzig Meilen südsüdöstlich von Port Arthur, Texas, aufgetreten war, die sich mit zehn bis zwölf Meilen pro Stunde Westnordwest bewegte. Es sei zu erwarten, dass sie etwa bei Tagesanbruch ins Landesinnere in die Nähe von Galveston wandern würde. Der Sturm würde von starken wechselnden Winden begleitet werden, die in der Nähe des Zentrums schwere Sturmböen mit fünfzig bis sechzig Meilen pro Stunde erreichen würden.

Viele solcher Stürme hatten die Golfküste übel zugerichtet, und jeder war so unvorhersehbar wie der letzte. Man konnte sich nur vorbereiten, und die Bewohner von Galveston begannen mit ihren Routinevorkehrungen: Konserven kaufen, Fassaden und Fenster mit Brettern sichern, die Sturmjalousien schließen und Lebensmittelkonserven und Wasser in Flaschen lagern. U-Boot-Kommandant

Herbert Uhlig hatte gerade vor drei Wochen den Golf verlassen; er ahnte nicht, dass er knapp einen Orkan verfehlt hatte.[9]

Das Radio warnte die Bürger, ihre Schiffe und schwimmendes Eigentum zu sichern. Das Kreisgerichtsgebäude kündigte an, dass es für Menschen, die in niedrig liegenden Gebieten lebten, offen sein würde, und viele Eigentümer kamen vom westlichen Ende der Insel, um die Nacht dort zu verbringen. Fort Crockett und der Marine-Abschnittsstützpunkt sicherten ihre Standorte, und die Männer auf dem Luftstützpunkt vertäuten ihre Flugzeuge sicher. Die Piloten sagten, dass sie die Flugzeuge ausfliegen würden, sollte der Sturm zu gefährlich werden.

Die Verantwortlichen im Wetterbüro kündigten an, dass sie aus Sicherheitsgründen keine Werte zu Wind, Gezeiten oder Barometerstand veröffentlichen wollten, dass der Sturm aber bisher keine sehr ernsthafte Bedrohung zu sein schien. Um 7.30 Uhr abends am sechsundzwanzigsten lag die Störung etwa einhundertzwanzig Meilen südlich von Burrwood, Louisiana, und bewegte sich langsam nach Nordwesten.[10]

Dann aber mitten am Vormittag des 27. Juli brach der Sturm über Galveston herein. »Schwerer Hurrikan ... nahe Houston, Texas, ... mit Böen um 100 Meilen pro Stunde ... und Sturmgeschwindigkeiten von 50 bis 60 Meilen pro Stunde außerhalb des Zentrums«, berichtete das amerikanische Wetteramt. »Stürme und schwere Regenfälle werden sich bei Tagesanbruch etwa 200 Meilen über das Gebiet von West nach Nord bis Nordost von Houston erstrecken.«[11]

Unteroffizier John Naumczik, geboren in Illinois, und ein Freund aus Ohio sahen am Morgen des Sturms aus dem Fenster ihrer Kaserne auf Fort Crockett und sagten: »Es sieht nicht so schlimm aus – wir gehen mal rüber zum Einkaufscenter.« Sobald sie die Tür öffneten, sahen sie eine 30 mal 120 Zentimeter große Planke auf einer Palme. Das hätte ihnen einen Hinweis geben sollen, aber sie machten sich keine Gedanken. »Als wir aus der Tür traten, traf uns der Wind noch nicht, aber sobald wir auf dem Gehweg waren, bekamen wir es voll ab. Der Wind muss etwa mit sechzig oder siebzig Meilen pro Stunde geweht haben, und er riss uns von den Füßen.« Die beiden Soldaten krochen und krabbelten hinüber zur PX (militärisches Einkaufszentrum), wo sie Schutz fanden. Sie mussten die Nacht dort verbringen, weil sie nicht zu ihrer Kaserne zurück konnten.[12]

Die Zeitung beschrieb den Sturm als »ausgedehnt und extensiv«. Einige ältere Bewohner beschrieben ihn als »den schlimmsten Sturm seit 1915«. Viele Geschäfte in der Innenstadt erlitten schwere Schäden an Gebäuden, Waren und Schildern; viele Häuser waren demoliert oder hatten ihre Dächer verloren; überall waren Fenster zerbrochen; große Bäume waren entwurzelt; die Straßen waren voller Baumäste und Holzhaufen von zertrümmerten Häusern. Der Telefondienst war praktisch nicht vorhanden; kein Telegrammdienst stand zur Verfügung, und der Wasserdruck war derart niedrig, dass fast nichts aus den Hähnen kam. In der Stadtmitte war das Wasser 60 bis 90 Zentimeter tief, und auf den meisten Teilen der Insel gab es keinen elektrischen Strom. Die Stadtverwaltung mahnte die Menschen, ihr Wasser zu kochen und mit Lebensmitteln, die durch Mangel an Kühlung verdorben waren, vorsichtig zu sein.

Der Windmesser des Wetterbüros wurde um 1.30 Uhr nachmittags weggeweht, als der Sturm seinen Höhepunkt erreichte. Aber alt gediente Seeleute schätzten, dass der Wind bisweilen bis zu neunzig Meilen pro Stunde erreichte. Über sechs Zoll Regen fielen in zwölf Stunden zwischen 7.30 Uhr am Morgen und 7.30 Uhr in der Nacht, aber zunächst wurden keine ernsthaften Verletzungen gemeldet. Das war der 27. Juli.

Auf dem neuen Armeeflugplatz wurde das gesamte Personal evakuiert, aber ein paar Soldaten, die in den Kasernen zurückblieben, erlitten leichte Verletzungen durch herumfliegende Trümmer. Ein Meter fünfzig tiefes Wasser bedeckte den Flugplatz, und keiner wusste, ob die neuen Landepisten überlebt hatten. Die Bomber waren in der Nacht zuvor ausgeflogen worden. Die Windgeschwindigkeit, die auf dem Stützpunkt aufgezeichnet wurde, betrug achtundsiebzig Meilen pro Stunde um 4.00 Uhr nachmittags mit Böen von fünfundachtzig Meilen. Berichte vom Marinestützpunkt in Hitchcock sagten, dass sie es geschafft hatten, ohne Schaden durchzukommen, und Kommandant Roland berichtete, dass sie wegen ihres hervorragenden Entwässerungssystems überhaupt keine Überschwemmung gehabt hatten.

Mengen von Flüchtlingen vom westlichen Ende der Insel drängten mit Bündeln und Habseligkeiten in das Kreisgerichtsgebäude mit ihren Pritschen. Sie verteilten sich auf Bänken in den Gängen und Gerichtssälen und ließen sich für die Nacht nieder. Mehrere hundert Menschen waren im Santa Fe-Gebäude gestrandet, und die Zahl wuchs, als Flüchtlinge hereinzuströmen begannen. Das Restaurant des Gebäudes war vollgepackt, und die Kellner gaben Essen aus, bis alles weg war. Viele verbrachten ihre Zeit damit, von den Fenstern des Obergeschosses aus zu beobachten, welche Auswirkungen der grausame Wind und der die Sicht raubende Regen auf die umliegenden Gebäude hatten. Andere hörten Schallplatten oder sangen ihre Lieblingslieder. Am Nachmittag schob der Wind einen Eisenbahnwaggon aus dem Güterbahnhof am westlichen Ende der Stadt und schleuderte ihn in das Santa Fe-Gebäude. Der Waggon traf einen riesigen verstärkten Pfeiler aus Ziegelstein, der den hinteren Teil des Gebäudes stützte, und zertrümmerte den Pfeiler. Die Pier stoppte die hastige Fahrt des Waggons jedoch und verhinderte, dass er in den Wartesaal des Bahnhofs raste, wo viele Menschen hätten zermalmt werden können.[13]

Ältere Anwohner von Galveston berichteten, dass die Situation am Santa Fe-Bahnhof fast so schlimm war wie in dem Sturm von 1915. Lkws und Autos waren in den Straßen gestrandet, als das Hochwasser bis zu den Oberkanten der Kotflügel stieg und hineinfloss. Der Wind riss Türen auf und zerbrach Fenster, und zwei Augenzeugen berichteten, dass der Wind die Kotflügel von einem Auto abriss und von einem anderen die Kühlerhaube.

Kiespartikel von den Dächern der umliegenden Gebäude wurden mehrere hundert Fuß gegen die Fenster des Santa Fe-Gebäudes geschleudert, so dass die Menschen glaubten, dass Schneeregen oder Hagel mit dem Regen vermischt war. Beinahe alle Fenster in Hotels und Bürogebäuden waren eingedrückt worden, und das William-Schadt-Gebäude, ein Gebäude aus Ziegelsteinen mit drei Geschossen, fiel in einen Trümmerhaufen zusammen. Telefonleitungen lagen überall herum, wo die Masten umgefallen waren.

Am 29. Juli berichtete die örtliche Zeitung, dass zwölf Menschen tot seien und der Sachschaden über 10 Millionen Dollar betrage. Auf dem Höhepunkt des Sturms am 26. Juli hatte am Montagmorgen der Schlepper TITAN Corpus Christi verlassen. Während er in Richtung Port Neches fuhr und einen Lastkahn schleppte, lief er ins Zentrum des Orkans. Besatzungsmitglieder des Schleppers und Kahns verbrachten achtundvierzig Stunden in rauer See, bevor die meisten von ihnen es an Land schafften. Die Männer auf dem Lastkahn waren sonnenverbrannt, voller Blasen von der salzigen Gischt und hatten tagelang nichts zu trinken gehabt. »Wir sahen zwei Schiffe am Horizont«, erinnerte sich der achtzehnjährige Feuerwehrmann Robert Boothly. Einer seiner Kollegen unter den Besatzungsmitgliedern namens Rooks warf eine Rettungsinsel über Bord und sagte: »Ich werde versuchen, diese Schiffe zu erreichen. Ich glaube, ich kann es schaffen.«

Rooks stürzte sich in die tosenden Wellen, ging unter und seine Freunde sahen ihn nie wieder. Die anderen sprangen von dem Kahn ins Wasser und schafften es, an Bord der Rettungsinsel zu kommen. Als die vierzehn Mann der Besatzung der sinkenden TITAN über Bord sprangen, um in ihre kleine Rettungsinsel aus Gummi zu kommen, sah einer von ihnen, wie zwei andere wild im Meer herumschlugen. Er schwamm hinüber und versuchte sie zu bergen, mit dem Ergebnis, dass alle drei ertranken. Die anderen Männer trieben auf High Island an Land, etwa dreißig Meilen von Galveston entfernt auf Bolivar Peninsula.[14]

Die GALVESTON, ein Schwimmbagger, der dem Ingenieurkorps der Armee gehörte, arbeitete nahe am Ende der nördlichen Pier auf Bolivar Peninsula, als der Hurrikan kam. Das tobende Meer riss das Schiff von seinem Ankerplatz und warf es auf die Felsen an der Pier. Die Besatzung blieb bis 2.30 Uhr des nächsten Morgens an Bord, als die Galveston begann, auseinander zu brechen. Als der Rumpf zersplitterte, ließ die Besatzung ein Rettungsboot zu Wasser, und die älteren Männer und die, die nicht schwimmen konnten, schafften es, zum Pier zu rudern. Sie warfen einigen der Männer, die auf die Felsen geklettert waren, eine Leine zu, und die, die auf dem Schwimmbagger geblieben waren, zogen sich mit dem Seil zum Pier.

Die Küstenwache, die ihr SOS gehört hatte, schickte eine 36-Fuß-Barkasse. Als sie sich dem Ort des Wracks näherte, brachten Riesenwellen sie außer Kontrolle und setzten den Motor außer Betrieb. Das Boot begann, gegen die Felsen zu krachen, und einige der Besatzungsmitglieder wurden ins Wasser geworfen. Andere sprangen auf die Felsen. Alle kamen in Sicherheit, und fünfzehn Minuten später kam ein Lotsenboot der Küstenwache, TEXAS, und rettete sie.

Die TEXAS hatte sich durch den Bolivar Roads-Kanal durchgekämpft, aber konnte von der südlichen Seite wegen der hohen Wellen nicht in die Nähe der Pier kommen. Der Kommandant berichtete, dass die Wellen zwischen den zwei Anlegern »steil« waren. Das zwang ihn, in den Golf auszuweichen und von Lee an die Pier zu kommen. Sie bargen vierundzwanzig Männer.[15]

Als der Schwimmbagger auseinander brach, waren einige der Besatzungsmitglieder mit ihren Schwimmwesten ins Wasser geworfen worden, und sie schwammen und trieben an Land. Friedensrichter Andrew Johnson, der zehn Meilen vom Gebiet des Wracks entfernt wohnte, ging in den Sturm hinaus, um nach seinen Schafen und seinem Vieh zu sehen. Dort sah er eine Gruppe Überlebender vom Schwimmbagger, die taumelnd aus der Brandung an den Strand krochen. »Sie waren alle erschöpft und standen unter Schock«, sagte Johnsons Tochter Barbara. Einige der Männer konnten nicht gehen, so setzte sie der Richter auf sein Pferd und brachte sie zu seinem Haus. Andere Besatzungsmitglieder des Schwimmbaggers waren nicht so glücklich, und ihre Leichen wurden mit den Lebenden an Land gespült.

Der Bauernhof der Johnsons war am Tag des Sturms zum Zufluchtsort geworden. Pauline Johnson sagte, dass einige Soldaten der Küstenartillerie, die in den militärischen Instrumententürmen entlang der Strände stationiert waren, von einem Armee-Lkw abgeholt worden waren. Der Lkw versuchte, nach Fort Travis zurückzufahren, schaffte es aber wegen der bösartigen Winde und des Hochwassers nicht. Die Soldaten erreichten das Haus von Johnson und parkten am Fuß der vorderen Treppe. »Das Blech auf unserem Dach fing an wegzufliegen, und die Ladefläche des Armee-Lkws hatte eine Abdeckung aus Segeltuch. Das Blech zerschnitt die Palne des Lkws«, erinnert sich Pauline. »Die Soldaten stiegen aus und krabbelten ins Haus, wobei sie sich an alles Mögliche klammerten.«

Keine Fähre war im Einsatz und es gab nirgendwo Hilfe. Die Anwohner auf Bolivar waren gestrandet. Unter den Leuten im Haus von Johnson waren die vier Johnson-Kinder, ein Paar namens Meyers mit ihrem Sohn, zwanzig Soldaten, acht Männer von dem gesunkenen Schwimmbagger, Richter Andrew Johnson und seine Frau und ihr Landarbeiter John Elliott. »Die Männer vom Schwimmbagger waren benommen und verletzt und einige der Soldaten waren ein bisschen angeschlagen. Frau Meyers war Krankenschwester. Sie zog die Männer aus, gab ihnen heißen Kaffee und Kakao und wickelte sie in Decken, um sie warm zu halten. Sie waren so lange im Wasser gewesen, dass ihre Haut schrumpelte«, sagte Pauline.

»Während des Sturms schoben wir unser großes Klavier gegen die Tür, damit der Wind sie nicht aufwehte«, fuhr Pauline fort. »Die Soldaten und die Männer vom Schwimmbagger halfen, alles an seinem Ort zu halten, aber die meisten Fenster zerbarsten. Mutter hatte einen riesigen Brotkasten über dem Kühlschrank in der Küche, und der Brotkasten flog aus dem Fenster auf die Weide.« Sie dachten, dass alles andere auch hinausfliegen würde. Pauline erinnerte sich, dass sie auf der Couch saß, die sich über den Boden bewegte, weil das Haus so heftig schaukelte. »Das Klavier rutschte immer wieder von die Tür und die Männer schoben es immer wieder zurück.«

Nach dem Sturm nahmen Richter Johnson und Herr Meyers ihre Pferde, um den Strand abzusuchen und kamen mit Leichen über ihren Sätteln zu Fuß zurück. Sie brachten die sterblichen Überreste der Männer vom Schwimmbagger zurück zum Haus und legten sie unten in die Garage. »Es war schrecklich«, sagte Barbara. »Das war das erste Mal, dass ich eine Leiche sah.«[16]

Die Marine berichtete, dass der Schaden an Marinefahrzeugen und -anlagen nicht so groß war, wie zuerst vermutet worden war. Sprecher sagten, dass die Fahrzeuge nicht so beschädigt wurden, dass man sie nicht reparieren konnte und dass ein kleiner Frachter, ein Schwimmbagger des Ingenieurkorps und ein Schlepper gesunken waren. Sie fügten hinzu, dass mehrere Tanker auf Grund gelaufen waren, aber wieder flottgemacht werden konnten.[17]

Der Bürgermeister von Galveston, George Fraser, bat das Rote Kreuz, fünfhundert Zelte auf dem Schulgelände für Bauarbeiter aus Galveston zu errichten und sie die Sanitär- und Kantineneinrichtungen der Schulen benutzen zu lassen. Er bat auch um Feldbetten und andere Zelteinrichtungen für sie und kündigte an, dass man Arbeitskräfte organisieren würde, um die zerstörte Stadt wieder aufzubauen. Die meisten Anwohner waren in ihre Häuser zurückgekehrt und begannen, ihre Habseligkeiten aus den Trümmerhaufen zu bergen. Nur wenige Obdachlose hielten sich in der Zentrale des Roten Kreuzes auf.

Die Aufräumarbeiten gingen voran, während die Sonne den Himmel aufhellte, und alle Gedanken an Krieg verschwanden vorübergehend, während man reparierte und wieder aufbaute. Durchnässte Oleanderbüsche begannen wieder zu blühen, und Schwimmer gingen ohne weiteres an die Strände. Die Bewohner von Galveston machten immer das Beste aus der Zerstörungswut der Natur und hofften, dass der nächste Hurrikan lange auf sich warten lassen würde.

Das Hauptquartier des 8. Marinebezirks in New Orleans gab der allgemeinen Kriegssituation einen Hoffnungsschimmer, als es ankündigte, dass die Marine ein Fischfanggebiet von mehreren hundert Quadratmeilen im Golf von Mexiko für kommerzielles Nachtfischen freigeben werde. Sie fügte jedoch die Warnung hinzu, dass die Fischer völlig auf eigenes Risiko arbeiteten und dass »irgendwelche Schäden am Schiff, Verletzung oder Verlust an Leben außerhalb der Verantwortung der Regierung der Vereinigten Staaten liegen. Wenn ein Fischerboot auf See irgendwelche Flugzeuge oder Überwasserfahrzeuge, die sich bei Nacht nähern, beobachtet oder hört, soll es alle funktionierenden Lichter einschalten und seine Nationalfarben zeigen und sich zweifelsfrei identifizieren«, riet die Marine.[18]

Vom März 1943, in dem Adolf Piening zwei Schiffe direkt nördlich von Kuba auf den Grund schickte, bis zum 5. August hatten die U-Boote im Golf nichts versenkt. Die Marine erlaubte den Fischern jetzt vorsichtig nahe am Land zu arbeiten, denn die Verantwortlichen befürchteten noch mehr U-Boot-Angriffe bei Ship Shoal, direkt westlich vom Mississippi-Delta. Deutschland wurde im Sommer 1943 nur noch durch ein Boot vertreten – U 527 unter Herbert Uhlig, der im Mai, Juni und Juli dort patrouillierte. Im August gab es überhaupt keine U-Boote. Aber zwei sollten noch kommen.

17. *Wissmann und Petersen*

Das Pech schien U 518 vom Anfang seiner vierten Patrouille an zu verfolgen, einer Fahrt, die in der ersten Maiwoche 1943 begann. Kapitänleutnant Friedrich-Wilhelm Wissmann steuerte sein U-Boot in den Atlantik, nachdem er Lorient verlassen hatte. Kurz darauf schwenkte ein Flugzeug aus dem Nichts auf ihn zu, bombardierte ihn und richtete beträchtlichen Schaden an. Wissmann kehrte für Reparaturarbeiten zum Bunker in Bordeaux zurück, wo sein Boot einen Monat blieb und so weit »ausgebeult« wurde, dass es seine Patrouille wieder aufnehmen konnte.

Am 4. Juli 1943, dem amerikanischen Unabhängigkeitstag, fuhren sie wieder los. Das auf den Turm aufgemalte Emblem von U 518 – ein Löwenkopf, der ein Handelsschiff in seinem Rachen zerquetscht – symbolisierte den Kampfgeist der Männer, obwohl sie vor ihrem nächsten Einsatz einige Bedenken hatten.

»Es war meine erste Patrouille«, sagte Peter Petersen, Zentralemaat. »Ich war damals in Bordeaux bei der Personalreserve stationiert, und ich ging zu U 518, weil ein anderes Besatzungsmitglied krank geworden war. Es war ein Austausch in letzter Minute.« Die Flottille benachrichtigte Petersen eines Abends um 7.00 Uhr, dass die Mannschaft am nächsten Morgen um 7.00 oder 8.00 Uhr auslaufen würde. »Ich hatte nicht viel Zeit, darüber nachzudenken«, sagte er, »und das war wirklich eine scheußlich arbeitsreiche Nacht, als ich versuchte mich fertig zu machen.« Der junge Seemann lief umher, um Kleider zu packen, Papiere zu unterschreiben, seine Verwandten zu benachrichtigen und sein Testament zu machen.

Traditionell wurde der Abschied jedes deutschen U-Boots von der französischen Küste mit großem Pomp begleitet. Dabei warfen hübsche Mädchen den Männern an Bord Blumensträuße zu und Kapellen spielten fröhliche Märsche. Eine ähnliche Szene mit noch mehr Feierlichkeiten begrüßte die Boote, wenn sie zurückkamen: Glückwünsche von Admiral Dönitz, Bier, Singen und Jubel. Petersen erinnerte sich, dass einer seiner Lieblingsmärsche, die bei den Zeremonien für U-Boote am Hafen gespielt wurden, ›Stars und Stripes Forever‹ war. Er sagte, dass sie einen anderen Text dafür hatten, aber die Melodie war die gleiche. »Wenn wir von einer Patrouille nach Hause kamen, sangen wir einen anderen lustigen Text wie ›Hinein in das schäumende Bier. U 518 liegt mit dem Arsch an der Pier‹.«

»Wir hatten einen etwas älteren Schipper namens Wissmann, der wahrscheinlich Anfang dreißig war«, erinnerte sich Petersen. »Er war sehr groß, hatte rötlich blondes Haar und war etwas distanziert. Unsere Besatzungsmitglieder waren alle jung, etwa achtzehn bis fünfundzwanzig Jahre alt.«

Als U 518 den Atlantik überquerte, fuhr es mit reduzierter Geschwindigkeit. »Wir waren nicht in Eile – wir machten langsame Fahrt, um Treibstoff zu sparen, und hielten die ganze Zeit Ausschau nach Zielen. Wir wussten eigentlich nicht, was von einem Tag auf den anderen geschehen würde. Damals machten wir uns keine Gedanken über ungelegte Eier«, sagte Petersen.

Am ersten Tag der Fahrt fuhr U 518 aufgetaucht. Petersen war damit beschäftigt, sein Zeug wegzustauen, seine Aufgaben kennen zu lernen und sich mit dem U-Boot vertraut zu machen. Es gab sehr wenig Zeit, sich Sorgen darüber zu machen, was geschehen würde. Im Laufe des Tages begann das U-Boot sich in der hohen Atlantikdünung zu wälzen und die Besatzung wurde seekrank. »Ich wurde todkrank und viele der Besatzungsmitglieder auch. Wir lagen stundenlang stöhnend in unseren Kojen«, erzählte er. Am Ende des Tages tauchte das U-Boot, und erst da erhielt die Besatzung etwas Erleichterung, weil die Tauchfahrt viel ruhiger war. »Sobald das Boot den Unterwassermarsch begann, sprangen alle Männer auf und fühlten sich gut«, sagte Petersen.

Während der Atlantiküberquerung wurden sie von Flugzeugen und auch von Radarkontakten, die sie nicht identifizieren konnten, ständig unter Wasser gedrückt. »Wissen Sie, wir hatten ein Gerät, das uns sagte, wann uns ein Radarstrahl getroffen hatte«, erklärte er. »Wir wussten nicht, woher er kam, ob von einem Flugzeug, einem Überwasserschiff oder sonst was.« Wenn sie dieses Signal hörten, tauchten sie sofort, weil Radar das Wasser nicht durchdringen konnte. Im Atlantik war U 518 das Ziel vieler Wasserbomben. »Einmal wurden wir sechsunddreißig Stunden lang von sechs Zerstörern festgenagelt. Es war schrecklich«, sagte Petersen. »Man saß da und wusste nicht, ob man in der nächsten Minute oder zwei noch am Leben sein würde. Man konnte einfach nichts tun.«

Wenn ein Angriff kam, wurden alle Männer sofort in die Koje geschickt. Dort mussten sie liegen bleiben, um so wenig wie möglich zu atmen, um Sauerstoff zu sparen. Sie mussten notfalls flüstern und barfuß gehen, um nicht das geringste Geräusch zu machen, das vom feindlichen Sonar erfasst werden könnte. »Einige von uns schliefen, andere trommelten mit den Fingern und einige von uns gingen auf ihre Stationen in der Zentrale, weil wir dachten, wir hätten dort eine bessere Chance zu überleben«, erinnerte sich Peter.

»Einige der Männer waren wirklich nervös und einige waren völlig ruhig, aber wir alle schauten ständig zur Decke hinauf. Es kam von oben, wissen Sie.« Peter sagte, er saß da, als die Bomben herunterregneten, zu Tode geängstigt. »Das war ein echtes Problem für einen Zwanzigjährigen. Aber es hat mich auch etwas gelehrt – manchmal, wenn ich dort in Panik saß, sagte ich mir, ›Mensch, ich habe gerade jetzt ein *Problem* und ich kann nichts dagegen machen. Ich muss es einfach hinnehmen.‹ Ich schwor, sollte ich je aus der Situation herauskommen, würde ich mich nie wieder über Kleinigkeiten ärgern, weil ich damit fertig werden könnte.« Peter bemerkte, dass er später an die Wasserbombenangriffe dachte, wenn er Schwierigkeiten hatte. Wenn er dann seine aktuellen Schwierigkeiten mit jenen verglich – dann kamen sie ihm immer weniger wichtig vor.

»Wir hassten die Amerikaner nicht und wir hassten die Briten nicht«, erklärte er. »Wir befanden uns im Krieg mit ihnen, das war eine Art sportlicher Wettbewerb, und wir taten nichts aus Hass – eigentlich fühlten wir ihnen gegenüber überhaupt keine Feindseligkeit. Entweder ich würde sie zuerst erledigen oder sie würden mich töten – sie waren der Feind.« Petersen sagte, dass die deutschen U-Boot-Besatzungen nur indirekt daran beteiligt waren, ihren Gegner zu töten, weil die Zerstörung ein Stück entfernt stattfand und weit weg schien. »Wir wussten, dass einige Menschen leiden und getötet werden würden, wenn wir ein Schiff torpedierten,– man ist sich dessen bewusst – aber ich sah nie den Menschen, den ich töten würde, wie die Kampfflieger oder Soldaten. Das war etwas Anderes.«

Petersen arbeitete in der Zentrale wo die wesentlichen Tätigkeiten des Schiffes ausgeführt wurden. »Wir drehten Ventile, legten Schalter um, trimmten das Boot und regulierten die Sauerstoffversorgung, leiteten wenn nötig generell Meldungen von der Brücke weiter und standen mit dem Rest des Boots in Verbindung«, sagte Peter. Die Männer, die in diesem Teil des U-Bootes eingesetzt wurden, genossen kühlere Temperaturen als der Rest des Schiffes. »Wenn man in der Zentrale arbeitete, hatte man es geschafft«, bemerkte er. Wenn das Boot über Wasser fuhr, gaben die brüllenden Dieselmotoren enorme Hitze ab, die nach dem Tauchen im Boot blieb. Um die Temperatur niedrig zu halten und Strom zu sparen, aßen sie so oft wie möglich kaltes Essen, um den Herd nicht zu benutzen.[1]

U 518 überlebte die Fahrt über den Atlantik und näherte sich am 23. September Südflorida mit einer Geschwindigkeit von acht Knoten. Es regnete und die Sicht war schlecht. »Ich will heute Nacht, durch den Providence-Kanal und die Florida-Straße in den Golf von Mexiko zu fahren«, schrieb Kapitänleutnant Wissmann. Als es dunkler wurde, sah der Kommandant ein helles Leuchtfeuer auf Man Island. »Alle Feuer brennen wie im Frieden«, berichtete er. U 518 fuhr langsam weiter mit einer Geschwindigkeit von drei Knoten.

Das U-Boot, das bei Nacht an der Oberfläche und tagsüber unter Wasser fuhr, lief am 25. September in die Florida-Straße ein und tauchte, als Wissmann ein kleines Schiff etwa fünfzehnhundert Meter entfernt sichtete. »Ich schätze, es ist ein amerikanisches Patrouillenboot«, bemerkte er. Um 1.15 Uhr nachmittags erfasste das Horchgerät Propellergeräusche. »Unsere Hydrophone waren äußerst effektiv«, sagte Peter Petersen. »Unter guten Bedingungen konnten wir ein Schiff dreißig Meilen entfernt orten, weil wir das Schraubengeräusch hörten. Nicht nur das, wir konnten den Schiffstyp identifizieren und feststellen, ob es Dieselmotoren, Dampfturbinen oder Dampfkolben besaß, und wir konnten die Propellerumdrehungen zählen und feststellen, ob es sich um ein Kriegsschiff oder ein Handelsschiff handelte.«

Nachdem Wissmann Maschinengeräusche in der Nähe gehört hatte, ging er auf Sehrohrtiefe, um zu sehen, wo sich sein Opfer befand. Ein Tanker in Begleitung einer Korvette in etwa fünftausend Meter Entfernung verschwand schnell. »Ein Schuss ist nicht möglich … und die Bedingungen, um unter Wasser zu horchen, sind nicht sehr gut. Wir haben dieses Geräusch viel zu spät erfasst«, berichtete der Kommandant. (Bisweilen machten Salzgehalt, Temperatur und Wasserschichten das Horchen mehr oder weniger schwierig, und je näher am Land, desto schwieriger war es, Schraubengeräusche zu hören.)

Am 26. September sahen sie den Schein »sehr heller Lichter« und vermuteten, dass es Miami war. Wissmann sagte, er sah mehrere Leuchtfeuer, konnte sie aber auf seinen Seekarten nicht identifizieren. »Ich denke, dass die ›Leuchtfeuer‹ aus der Luft kommen müssen. Von Miami an beiden Seiten der Küste bemerke ich Flugverkehr mit eingeschalteten Positionslichtern, aber das soll mich nicht stören«, schrieb er. Er schätzte, es waren Verkehrsflugzeuge. Eines der Flugzeuge kam ziemlich nah und er tauchte sofort. »Man weiß nie«, schrieb der Kommandant.

Als U 518 westwärts zur Mitte der Meerenge fuhr, wurden die Flugzeuge weniger, bis sie schließlich überhaupt keine mehr sahen. Als er ein weiteres Propellergeräusch hörte, brachte der Kommandant sein Boot für einen kurzen Rundblick hinauf und sah einen Zerstörer, so dass er so schnell wie möglich tauchte. »Dann hörte ich zwei tiefe polternde Geräusche und bemerkte leichte Vibrationen in meinem Boot, wie sanfte Schläge, fast als ob wir etwas berührt hätten«, bemerkte er. Vielleicht hatte das U-Boot eine Untiefe oder ein Schiffswrack gestreift, es gab dafür keine Erklärung.

Wissmann fuhr weiter durch die Meerenge und setzte einen Kurs nach Havanna ab, um die Quadrate DM 18 und 19 (nördlich von Westkuba) zu erreichen. Dort wollte er einige Tage verbringen, um so viel wie möglich zu sehen. An dieser Stelle vermerkte er in seinem Logbuch, dass er Schwierigkeiten mit seiner *Wanze* hatte und sie anscheinend nicht reparieren konnte. Die *Wanze* hatte die *Metox* ersetzt: Eine Antenne, die Alarm gab, wenn das Boot vom Radar getroffen wurde.

Vor Havanna konnte die Besatzung von U 518 die Lichter der Stadt sehen, aber das Boot fuhr weiter. »Da der Mond langsam zunimmt und ich nur Patrouillenboote und Zerstörer in diesem Gebiet gesehen habe, beabsichtige ich, von hier nach DL 61 und 64 [nördlich der Spitze von Yucatán] zu fahren. Das wird mich bei Vollmond in die Mitte des Golfs in das Gebiet bringen, das mir zugeteilt ist – zu den Dampferrouten«, bemerkte der Kommandant. Am nächsten Tag, am 4. Oktober, stellte Wissmann alle Schiffsuhren eine Stunde zurück, weil er die Zeitzonen gewechselt hatte. (Sie benutzten noch die deutsche Zeit und Deutschland benutzte die Sommerzeit.)

Vom Hauptquartier kam eine Nachricht. Die immer zu vorgegebenen Zeiten geschickten Meldungen wurden vom U-Boot auf der Oberfläche mit seiner ausgefahrenen Antenne empfangen. »Wissmann und Schroeter, melden Sie Ihre Positionen.« Unter Berücksichtigung seiner Anweisungen entschied sich der Kommandant offensichtlich, im Augenblick nichts zu tun, denn eine Antwort wurde in seinem Kriegstagebuch nicht erwähnt. Da er Propellergeräusche hörte, tauchte er auf und sah einen argentinischen Frachter. »Jetzt könnte ich schießen, darf es aber nicht«, bedauerte er. Damals war Argentinien ein neutrales Land, so dass eine Versenkung eines seiner Schiffe ein Desaster gewesen wäre.

Bis zum 6. Oktober hatte Wissmann seine Station auf halbem Weg zwischen Yucatán und der Mississippi-Passage erreicht. Er bemerkte in seinem Logbuch, dass sein »Quad« (Vier-Rohr-Flugabwehrgeschütz) an der Backbordseite zwei defekte Rohre hatte. Dann sah er einen Siebentausend-Tonnen-Frachter, aber der fuhr mit einer Geschwindigkeit von etwa vierzehn bis sechzehn Knoten rasch davon. Es gab keine Möglichkeit, ihn zu fangen. »Meine Schussposition verschlechtert sich schnell und der Dampfer ist auf Zickzackkurs. Ein Schuss wäre aussichtslos, und die Horchverhältnisse hier sind wegen der unterschiedlichen Wasserschichten sehr ungünstig. Deshalb hörten wir das Geräusch des Dampfers viel zu spät«, berichtete er.

Ein weiterer Funkspruch forderte Wissmann und Schroeter auf, in dieser Nacht ihre Positionen zu melden. »Da ich bisher nicht geortet worden bin, beabsichtige ich bis auf weiteres, ruhig zu bleiben, weil ich nicht geortet werden möchte«, schrieb der Kommandant. Zwei Tage später eine andere Meldung: »Achilles, Schroeter, Wissmann – heute Nacht melden Sie Ihre Position. Siehe Kommandantenhandbuch, Nr. 354.« Das Hauptquartier musste aus taktischen Gründen mit den U-Booten in Kontakt bleiben und zitierte die Vorschrift, die besagte: »Ein U-Boot darf sein Angriffsgebiet verlassen, wenn es unter besonderen Umständen oder aufgrund besonders wirksamer Gegenmaßnahmen des Feindes unmöglich ist, dort zu bleiben. Das Verlassen des Gebiets muss dann so bald wie möglich gemeldet werden.«

Eine zweite Meldung folgte ein paar Minuten später: »Becker, Lauzemis, Piening und Janssen: schalten Sie auf AMERIKA II, möglicherweise eine Relaisstation für Funksprüche von den oben genannten Booten.« Dies könnte bedeutet haben, dass ihre Funkmeldungen von einem AMERIKA II genannten deutschen Schiff weitergeleitet wurden. Offensichtlich glaubte das Hauptquartier, die U-Boot-Kommandanten könnten nicht miteinander kommunizieren, und begann in Panik zu geraten, weil seine Offiziere nicht wissen konnten, ob es die vier U-Boote immer noch gab.

Wissmann reagierte auf diese Meldung mit den Worten, er werde ein »kurzes Signal« oder eine kurze Nachricht geben, um die Möglichkeit, entdeckt zu werden, zu verringern. »Und dann werde ich dieses Gebiet bei Vollmond verlassen und bei abnehmendem Mond in der Mitte des Golfs sein«, erklärte er. Nachdem er diesen Gedanken gerade aufgeschrieben hatte, sichtete er einen Dampfer, der nordwärts fuhr. Er versuchte, für den Angriff vor ihn zu gelangen. »Meine Funkverbindung wird vorübergehend unterbrochen«, entschied er. Das Schiff fuhr mit mittlerer Geschwindigkeit, etwa zwölf Seemeilen pro Stunde, auf geringem Zickzackkurs. »Ich werde mit ihm laufen und angreifen, sobald der Mond untergegangen ist«, sagte der Kommandant.

Der Mond sollte in einer Stunde verschwinden, und Wissmann befahl alle Männer auf ihre Gefechtsstationen und bereitete sich vor, zwei Schüsse aus den Heckrohren zu feuern. Dann verdunkelte sich der Himmel plötzlich und es begann zu regnen. Der Kommandant verlor sein Opfer aus den Augen, aber er gab nicht auf. Er erklärte: »Ich werde auf Angriffskurs gehen und schussbereit warten, weil er sehr bald wieder auftauchen muss.«

Das Schiff kam tatsächlich in Sicht, aber Wissmann gefiel seine Position nicht, weil die Entfernung zwischen ihnen zugenommen hatte. »Offensichtlich hatte er gerade den Zack gefahren, und ich ging wieder in Angriffsposition und stand jetzt 3.000 Meter vor ihm. Gerade als ich nach Backbord drehen wollte, um mich auf den Heckschuss vorzubereiten, drehte der Dampfer auf mich zu«, schrieb er. Der Kommandant befahl, sein Boot hart nach Backbord zu drehen, um auf die Backbordseite des Feindes zu feuern. »Einen Moment lang dachte ich, dass das Schiff mich gesehen hatte und mich zu rammen versuchte, aber das war nicht der Fall – er machte nur einen weiteren Zack«, berichtete er.

Die Situation schien perfekt. Wissmann feuerte zwei Torpedos aus seinen Heckrohren. Während er wartete, bis sie das Wasser überquerten, bemerkte er, dass das Schiff kleiner war, als er gedacht hatte, etwa dreitausend Tonnen groß war und Passagieraufbauten hatte. Als er begriff, dass beide Schüsse danebengegangen waren, drehte er das Boot, um von einer anderen Position einen weiteren Schuss vom Bug zu feuern. In seinem Logbuch bemerkte er: »Meine Werte und Zahlen waren ohne Zweifel korrekt. Die Entfernung war möglicherweise ein wenig geringer, als ich schätzte, aber … ich denke, die Torpedos liefen zu tief und unter dem Schiff hindurch.«

Wissmann feuerte den dritten Torpedo, diesmal vom Bugrohr. Wieder daneben. »Ich kann es mir nicht erklären«, sagte er. »Alle Berechnungen waren korrekt.« Er ging wieder vor das Schiff, während es ruhig seinen Kurs hielt. Offensichtlich hatte keiner an Bord ihn gesehen. Und wieder ging U 518 in eine gute Schussposition und feuerte einen »Aal« aus Rohr 3. Wieder passierte nichts. Vier Fehlschüsse. »Ich werde verrückt. Ich weiß nicht, was ich falsch mache«, sagte Wissmann.

Nach diesen vier Fehlschüssen diskutierten Peter Petersen und seine Offiziere die Situation. Sie sagten, sie bedauerten, dass sie nichts getroffen hatten, aber andererseits waren sie froh, dass die Amerikaner ihre Anwesenheit noch immer nicht bemerkt hatten.

Wissmann und alle anderen U-Boot-Kommandanten mussten ihre Berechnungen für jeden Torpedo, den sie feuerten, angeben, so dass das Hauptquartier sehen konnte, ob sie Fehler machten. Oft gab es keine fehlerhaften Berechnungen: Die

Torpedos waren lediglich defekt, was den Kommandanten Verwirrung und Sorge bereitete. Wissmann schrieb: »Die Position des Ziels wurde von allen Wachoffizieren einschließlich mir überprüft. Es ist unmöglich, dass wir alle Unrecht hatten, … wir waren uns alle über die Werte einig.«

»Ich habe dieses Ziel aufgegeben«, resümierte er. »Und ein Artillerieangriff hier im Golf eine Stunde vor Tageslicht ist ein zu hohes Risiko, daher lehne ich das ab. Das Boot so zu gefährden, steht in keinem Verhältnis zum Wert eines relativ kleinen Sieges.«

U 518 verließ den schwer zu fassenden Dampfer, und wieder überprüfte der Kommandant seine Zahlen. Er kam jedoch zu keinem anderen Ergebnis. »Einer hätte treffen müssen. Ich kann es nicht verstehen«, schrieb er. Dann entschied er sich, das Gebiet zu verlassen und mehr in die Mitte des Golfs zu fahren. Plötzlich sah er ein Flugzeug im Mondlicht und tauchte schnell. Er konnte nicht wissen, ob der Pilot ihn gesehen hatte, da das Radarortungsgerät seiner *Wanze* nicht funktionierte. »Das Flugzeug könnte ein Zufall sein, besonders nach dem misslungenen Angriff, aber vielleicht auch nicht«, grübelte Wissmann.

Am 12. Oktober fuhr er weiter nach Norden und hörte eine unbestätigte Nachricht, dass die Azoren nun vom Feind besetzt seien. »Es ist nicht völlig überraschend. Trotzdem es ist eine sehr beunruhigende Tatsache«. Eine weitere Nachricht forderte Wissmann und drei andere Kapitäne auf, ihre Heimreise zu beginnen. »Sie können nicht neu versorgt werden. Schicken Sie uns ein kurzes Signal und nennen Sie uns Ihre Treibstoffsituation.«

Das war eine Überraschung, denn Wissmann hatte damit gerechnet, dass er neuen Treibstoff und Lebensmittel bekommen würde, wenn er heimreiste. »Das ist ein sehr wichtiger Hinweis, … ich wollte in der Mitte des Golfs operieren, aber das ist jetzt unmöglich«, überlegte er. Er hatte gehofft, dort bis zum nächsten Neumond zu bleiben und dann mit seiner Heimreise zu beginnen, aber das hätte ihn nur bis zum Betankungspunkt gebracht. »Ohne Nachversorgung habe ich nur achtundneunzig Kubikmeter Dieselöl übrig. Wenn ich bei dem wenigen übrig gebliebenen [Öl] in den Bunkern eine kleine Reserve für Schlechtwetter und so weiter berücksichtige, muss ich sofort mit der Rückfahrt beginnen«, entschied er. Der Kommandant sagte, dass er bei Vollmond durch die Florida-Straße fahren musste, weil die Situation sich so radikal geändert hatte, und das gefiel ihm überhaupt nicht. Seine »Milchkuh« war offensichtlich versenkt worden.

Beim Einbruch der Dunkelheit am 15. Oktober sah er ein Licht, dann ein weiteres Licht. Wissmann schaute konzentriert durch sein Sehrohr und konnte einen Konvoi erkennen, der sich langsam auf westlichem Kurs bewegte. »Er besteht aus sechs Schiffen und vier Begleitschiffen. Ich sehe zwei Leuchtsignale an der Backbordseite«, notierte er. Er erwog für ein paar Minuten seine Alternativen und entschied dann, dass er keine Angriffsmöglichkeit hatte. »Der Vollmond ist sehr hell und es gibt starke See- und Luftaufklärung. In der schmalen und sehr gut bewachten Meerenge kann ich wegen der starken Strömungen nur in nördliche Richtung laufen, und es gibt amerikanische Stützpunkte in der Nähe, besonders auf Key West. All diese Dinge gehen mir durch den Kopf«, sagte der Kommandant. Er entschied sich, den Konvoi nicht zu verfolgen, weil er glaubte, er würde versagen. »Nicht alle meine Flugabwehrgeschütze sind intakt, die *Wanze* funktioniert nicht und meine Batterien sind in einem sehr schlechten Zustand.« Er tauchte deshalb unter und verließ den Konvoi, der seinen Weg durch die Straße fortsetzte.

Während er weiterfuhr, sichtete Wissmann einen Tanker, der im Zickzackkurs nordwärts fuhr. »Ich halte Kontakt«, sagte er. Aber wieder konnte er nicht angreifen, obwohl der Tanker ohne Begleitung war. »Ich befinde mich im Gebiet des Luftverkehrs von Miami und unter den Augen der Flugzeuge, die zivile oder Transportflugzeuge sein mögen. Aber ich kann bei Vollmond keinen Angriff auf den Dampfer rechtfertigen. Wenn ich hier rauskommen will, kann ich nicht riskieren, geortet zu werden, weil ich die Nächte brauche, um meine schwachen Batterien wieder aufzuladen … Es ist mein persönliches Pech, dass gerade hier, wo ich in einer guten Schussposition bin, die Schiffe direkt vor meiner Nase laufen.«

Der Tanker entschwand in der Ferne, während der Kommandant sich sagte: »Ich musste hier einige schwere Entscheidungen treffen. Diese Entscheidungen waren gegen alle unsere Lehren über Angriff, Angriff, Angriff.« Er glaubte, dass er mit seiner Zurückhaltung korrekt gehandelt hatte, weil die Verteidigung in der Straße »in diesen Tagen viel sachkundiger und weiter verbreitet« ist. Wissmann bemerkte, dass der Feind alle Vorteile auf seiner Seite hatte, eine Tatsache, die er nicht ignorieren konnte. »Ich muss alle Angriffspläne ablehnen, damit ich das Boot für spätere Einsätze, die vielversprechender sein könnten, aufsparen kann. Da wir neue Waffen und Gerät erwarten, besteht die Chance, später viel erfolgreicher zu sein.«

Der Kommandant hörte Schraubengeräusche, die von achtern schnell aufkamen, ging auf Sehrohrtiefe und sah zwei schnell fahrende Zerstörer etwa viertausend Meter entfernt. »Die umherfahrenden Zerstörer bestärken mich, dass ich in der Florida-Straße korrekt gehandelt habe, indem ich nicht angriff«, schrieb er in seinem Logbuch. Offensichtlich quälte sich Wissmann mit seinen Entscheidungen und machte sich Sorgen, Berichte nach Hause zu bringen, die vier Fehlschüsse und keine Versenkungen zeigten.

Er entschied, diesmal etwas weiter weg von Miami zu bleiben, »so dass ich mich nicht mit den Flugzeugen, die in der Nacht Aufklärung betreiben, herumschlagen muss«. Während er an der Küste vorbeifuhr, bemerkte er viele Flugzeuge, aber sie patrouillierten hauptsächlich entlang der Küste. Ab und zu überquerte eines die Straße in Richtung der Kleinen Antillen. »Sie haben jedoch ihre Flughöhe erreicht, so dass es nicht wahrscheinlich ist, dass sie mich sehen können«, bemerkte er.

Wissmann sagte beim Verlassen der Straße, er beabsichtige, ein oder zwei Tage genau östlich von Florida zu bleiben, um den Ausgang zu beobachten, falls er eine letzte Chance für eine Versenkung bekommen sollte. Ein Flugzeug entdeckte ihn jedoch, so dass er schnell tauchen musste und sich entschied, das Gebiet zu verlassen. »Meine Absicht ist, durch den Golfstrom nördlich der Azoren nach Hause zu fahren«, schrieb er.[2]

Auf den langen Reisen über den Atlantik saßen die Männer beim Kartenspielen oder Schachspielen herum, wenn die Lage ruhig war. Manchmal brachte einer eine Harmonika oder ein Akkordeon zum Vorschein und sie sangen ein paar Lieder. Oft hörten sie Lieblingsaufnahmen über das Lautsprechersystem. Sie redeten viel, meistens über die Weiber. »Unser Lieblingsthema waren Mädchen«, sagte Peter Petersen. »Wir nannten es Thema Nr. 1.« Sie hatten keine Pin-up-Bilder, weil es solche Dinge in Deutschland damals nicht gab, aber sie hatten Fotos von ihren Freundinnen, die sie anschauen konnten.

Kurz vor Ende einer viermonatigen Patrouille sah das U-Boot viel geräumiger aus als zu Beginn der Reise. Zu Anfang wurde jeder Quadratzentimeter mit Lebensmitteln, Werkzeugen, Munition und Versorgungsgüter vollgepackt. Der achtere Torpedoraum, wo ein Teil der Besatzung schlief, hatte zwei Torpedos in den Rohren, mehrere an den Seiten und einige über den Boden verteilt, bedeckt mit einem hölzernen Deck. Die Oberkante der unteren Koje lag auf einer Ebene mit dem Deck. Es gab dort keinen Platz, um aufrecht zu stehen, und die Männer mussten sich beim Herumgehen ducken. Später, als einige der Torpedos verschossen waren, wurde das hölzerne Deck weggeworfen und die Besatzung konnte wieder aufrecht stehen.

Von jedem Deckenrohr hingen Bündel von Schinken und Würsten und Hängematten mit frischem Brot herab. Kisten mit Gemüse und Obst säumten die Gänge, und es gab so viele Konserven in einem der beiden Sanitärbereiche, dass er für seinen ursprünglichen Zweck nicht genutzt werden konnte. U-Boote wurden bestimmt nicht für Komfort konzipiert. Sie waren einfach Kriegsmaschinen. »Wir konnten nirgendwo aufrecht gehen – die meiste Zeit mussten wir uns bücken«, erinnerte sich Petersen.

Die Gerüche in den Abteilungen wurden schlimmer, je länger das U-Boot auf See blieb. Der Gestank verfaulter Kartoffeln, Dieselöl, Motorenrauch, Schweiß und andere schlechte Gerüche durchdrangen die abgestandene Luft. »Wir gewöhnten uns daran«, sagte Peter, »und sie gaben uns Flaschen mit ›4711‹-Kölnischwasser, damit wir uns erfrischen konnten. Aber wir benutzten es nicht viel. Wir haben es aufbewahrt, um es unseren Freundinnen zu schenken, wenn wir nach Hause fuhren. Es war gut, um mit jemandem ins Heu zu springen«.

»Wir verbrachten Monate, ohne die Sonne zu sehen, und das ließ uns leicht gelb werden. Sie gaben uns Zitronensaft, Zuckertabletten und Vitamine, um uns gesund zu halten, und wahrscheinlich taten sie Salpeter in unser Essen, denn unsere Libido war fast Null.« Nachdem die U-Boote nach Frankreich zurückgekommen waren, hatten die Männer Schwierigkeiten zu gehen, und sie mussten etwas üben, um ihre Beinmuskeln wieder fit zu machen. »Nachdem wir einen Tag oder zwei an Land gewesen waren, erholten wir uns schnell und begannen, an Mädchen zu denken«, sagte Petersen. In der ersten Nacht gab es auf dem Stützpunkt eine große Party für die Besatzungsmitglieder, und jeder war sturzbetrunken. Die Kriegsmarine stellte ihnen Busse zur Verfügung, um sie zur nächstgelegenen größeren Stadt zu bringen, wo sie in Bordellen und Bierkneipen ihren Spaß haben konnten. »Wir bekamen für die vier Monate auf See viel bezahlt – sie zahlten uns hohe Löhne und gaben uns so viele Zuschläge, dass wir reich waren, und das brachten wir mit Mädchen, Bier und Geschenken durch«, sagte Peter.

Kurz nachdem U 518 es nach Lorient geschafft und Kommandant Wissmann sein Kriegstagebuch vorgelegt hatte, nahm ihm das Oberkommando der Marine das Kommando ab und setzte ihn als Ausbilder in der U-Boot-Schule ein. Dies war ein üblicher Vorgang, wenn die Kommandanten zu alt wurden oder nervlich völlig am Ende waren. Vielleicht war Wissmann einfach zu übervorsichtig gewesen – damals eine inakzeptable Einstellung, aber er kümmerte sich sehr um seine Besatzung und wollte sein Boot retten. Wissmanns Konservativismus ließ sich möglicherweise dadurch erklären, dass in den vorhergehenden drei Monaten von Juni bis September 1943 neunundachtzig U-Boote versenkt worden waren. Die amerikanische Angriffe auf U-Boote nahmen zu und wurden tödlicher – das wusste Wissmann genau.

Ausgelassen, weil sie wieder auf trockenem Land waren und ein paar Wochen Urlaub gemacht hatten, beschlossen Peter Petersen und etwa fünfundzwanzig Freunde, einige Kumpel zum Bahnhof zu begleiten, die nach Deutschland zurückfuhren, um ihre Familien zu besuchen. »Damals hatte sich die Situation in Frankreich derart verschlechtert, dass wir Waffen tragen mussten, wenn wir an Land waren«, erinnerte sich Peter. »Es konnte ein Dolch, eine Pistole oder ein Gewehr sein oder was immer wir bekommen konnten, aber wir mussten bewaffnet sein, da es mit den Partisanen ziemlich schlimm wurde und wir uns schützen mussten.«

Die feiernden U-Boot-Männer, die schon halb mit Bier zugedröhnt waren und verschiedene Waffen trugen, bildeten eine lockere Gruppe und begannen, die Straße zum Bahnhof hinunterzumarschieren. Unterwegs sahen sie hübsche Blumen in verschiedenen Gärten und blieben stehen, um sie zu pflücken. »Ich erinnere mich besonders an einen Kerl mit einem geschulterten Gewehr. Er steckte eine große dicke Rose in seinen Gewehrlauf«, sagte Peter. »Er trug sein Gewehr mit einer Rose, die darauf steckte.«

Als sie den Bahnhof erreichten, brachten die ausgelassenen Männer ihre Freunde sicher an Bord des Zuges, und innerhalb weniger Minuten fuhr der Zug ab. »Ich weiß nicht, wer anfing, aber jemand sagte, ›wir sollten sie mit einem guten Salut verabschieden‹. Er nahm sein Gewehr von seiner Schulter und feuerte.

Innerhalb von Sekunden hatten alle ihre Waffen gezogen und schossen los. Ich sah auf dieses Gewehr mit der Rose im Lauf, und der Kerl bemühte sich nicht zu zielen oder so. Er riss es einfach von seiner Schulter, drückte ab und BANG löste sich die Rose auf«, sagte Petersen.

Es gab eine unerhörte Schießerei, wobei alle Männer fröhlich in die Luft schossen, während der Zug lostuckerte. Als er außer Sicht war, schlenderten die Kameraden die Straße entlang zurück, als sie einige Wehrmachttruppen in Formation, die direkt auf sie zukamen, bemerkten. »Mein Gott«, sagte Peter. »die suchten uns, weil wir die ganze Schießerei veranstaltet hatten.«

Ein Portepeeunteroffizier, einer der Zecher, sagte: »Jungs, stellt euch. Dann gehen wir in Formation an ihnen vorbei. Vielleicht denken sie dann nicht darüber nach.« Nach einem verrückten Gedrängel bildeten sie mehrere Reihen und begannen loszumarschieren und sangen laut. »Wir waren fast an ihnen vorbei, aber sie hatten ihre Gewehre im Anschlag, weil sie Schwierigkeiten erwarteten. Später haben wir erfahren, dass sie die ganze Schießerei gehört hatten und dachten, die französischen Partisanen waren da, um einen Zug voller Rüstung und Panzer, der am nächsten Tag ankommen sollte, anzugreifen«, sagte Petersen.

Die Schützen marschierten unschuldig weiter, bis sie fast an dem Armeetrupp vorbei waren, als einer der Leutnante des Trupps ausrief: »Halt, jemand soll das hier prüfen!« Ein anderer lief hinüber und packte den erhitzten Lauf eines Gewehrs. »Das Spiel war aus«, sagte Petersen. »Sie hatten uns.«

»Wir sollten am nächsten Morgen auslaufen, und der Schipper wurde über den Vorfall informiert. Sofort rief er die Gruppe zusammen und machte uns die Hölle heiß. Wahrscheinlich zu Recht. Denn wir hatten eine gefährliche Situation verursacht, aber zu der Zeit waren alle gereizt und wir ließen Dampf ab.«

»Lassen Sie diese Mannschaft die ganze Nacht exerzieren!«, sagte der Schipper dem Unteroffizier. Aber der Kommandant wusste, was los war, und er hatte ein Zwinkern in den Augen, als er den Befehl gab. »So brachten sie uns in ein Kornfeld, und die Feldwebel und Unteroffiziere, die die Situation begriffen hatten, sagten: ›Na kommt Jungs, legt euch einfach hin.‹ Wir legten uns hin und warteten, bis die Nacht vorbei war«, erinnerte sich Petersen. »Was konnte uns passieren? Was konnten sie uns tun?« Es war zwingend erforderlich, dass die Sünder am nächsten Tag wieder zur Verfügung standen, um auszulaufen. Die Strafe musste deshalb leicht sein.

»Solche Dinge passierten oft«, bemerkte Peter. »Damals waren wir jung und sorglos, und wir machten gerne Unfug und Spaß, wenn es eine Möglichkeit gab. Wir wussten nie, wie lange wir noch zu leben hatten. Aber ich werde nie vergessen, wie die Rose sich auflöste!«[3]

18. Hitlers seltsame neue Erfindung

Das Jahr 1943 brachte die ersten größeren Erfolge für die Alliierten, zunächst im Mai Eisenhowers siegreicher Feldzug in Nordafrika. Die Siege setzen sich mit der italienischen Kapitulation im September und dem Vorstoß der Alliierten bis zur Mitte des italienischen Stiefels bis Mitte Oktober fort. In der Zwischenzeit zerschlugen amerikanische und britische Flugzeuge die deutsche Kriegsindustrie und U-Boot-Stützpunkte mit Luftangriffen rund um die Uhr. Die deutschen Großstädte wurden schwer angegriffen, besonders Hamburg, wo 77 Prozent der Gebäude in Schutt und Asche lagen. Berlin wurde schnell ein Schauplatz für verkohlte Trümmer und verzweifelte Menschen.

Am 11. September hielt der Führer nach sechs Monaten Stillschweigen eine Radioansprache und versuchte, die deutschen Bürger hinter sich zu sammeln. In strengem militärischen Ton und ohne sein übliches Schreien und geschwollenes Gerede sagte Hitler seinen Landsleuten, dass Italien sie durch seine Kapitulation verraten hatte, er das aber für wenig bedeutsam hielt. Er verurteilte den »Verrat« der Regierung von Badoglio, Deutschland im Stich zu lassen, und schwor, dass er sich mit »harten Maßnahmen« an ihnen rächen werde. Ferner sagte er, dass der »Ring aus Stahl, der von der deutschen Heimatfront geschmiedet wurde, nie brechen wird«. Er versicherte seinem bombenmüden Volk, dass »technische und organisatorische Mittel entwickelt werden, die nicht nur die feindlichen Luftangriffe für immer bezwingen, sondern sie mit anderen und effektiveren Mitteln vergelten werden«. Er sagte aber nicht konkret, wann oder wie dies geschehen würde.

Am Ende seiner sechzehnminütigen Rede Minuten forderte Hitler seine Landsleute auf, an den Sieg zu glauben, aber er drohte, dass »jeder Deutsche wissen muss, dass das Schicksal vieler deutschen Generationen von seiner gegenwärtigen Haltung abhängt«. Er forderte sie auf, die alliierten Luftangriffe mit »standhaftem heroischen Widerstand« zu tragen. Der ganze Ton seiner Rede war typisch für die neue defensive Einstellung des Landes. Dabei ignorierte er die Tatsache, dass das Bollwerk von Europa unter den alliierten Angriffen zerbröckelte. Er verlor über das große Leiden und die Rückschläge deutscher Truppen in Russland keine Silbe.[1]

Der amerikanische Marineminister Frank Knox wiederum warnte das amerikanische Volk, es bestehe immer noch große Gefahr, dass die Deutschen wieder zuschlagen könnten, obwohl die Bedrohung durch U-Boote gebremst zu sein schien. Er war der Meinung, dass die Deutschen eine neue Offensive vorbereiteten.[2]

Eine Woche nach der Bekanntmachung von Knox dampfte ein alliierter Konvoi aus dem Mittelmeer und hatte eben Gibraltar in Sicht, als etwa fünfzig deutsche

Kampfflugzeuge auf die Schiffe hinunterstürzten. »Es war ein Überraschungsangriff«, sagte Ralph Byers, Chefsteward der SS ANNE BRADSTREET, »die Flugzeuge kamen niedrig und schnell im Tiefflug über den Horizont auf den Konvoi zu.« Er sagte, dass die Kampfflugzeuge trotz des Feuers der Flugabwehrgeschütze der Schiffe aus kürzester Entfernung sehr niedrig über dem Wasser einen offensichtlich selbstmörderischen Angriff flogen. »Es stellte sich heraus, dass es genau so war«, fuhr er fort.

Eine große zweimotorige Junkers-88 dröhnte auf Deckebene heran, ging dann in Schräglage, um Torpedos abzuwerfen, und als die Geschützbesatzung achtern feuerte, schien das Flugzeug sich mitten in der Luft aufzulösen, zerbarst in Flammen und stürzte ins Meer. »Inzwischen durchlöcherten die Artilleristen auf dem Vorschiff eine Heinkel 111, die im Sturzflug auf ein Liberty-Schiff neben der BRADSTREET niederstieß. Kaum am Mast vorbei klinkte das Flugzeug seine Bomben aus, aber der Pilot, der offensichtlich durch das Geschützfeuer abgelenkt wurde, verfehlte sein Ziel, und das rauchende Flugzeug stürzte ins Wasser«, fuhr der Steward fort. Zur gleichen Zeit donnerte eine Dornier durch eine Wand aus Kanonenfeuer. Während sie sich näherte, strömte weißer Rauch aus dem Rumpf, aber der Pilot wartete mit dem Abwurf der Bomben, bis er so nah war, dass die Artilleristen seine Schutzbrille sahen.

»Kaum zu glauben, aber diese Bomben verfehlten ihr Ziel auch, und das rauchende Flugzeug schwenkte so dicht über dem Wasser ab, dass die [Schiffs-] Besatzung sicher war, dass es verloren war«, sagte Byers. »Es gab andere Flugzeuge, die von unseren Schützen bei diesem Angriff und einem anderen, der sofort folgte, angegriffen wurden, ... und es kann keinen Zweifel geben, dass die geballte Feuerkraft der BRADSTREET die feindlichen Bombenschützen ablenkte ... und dazu führte, dass sie über ihre Ziele hinausschossen. Es gibt keine andere Erklärung für die unglaublich schlechte Zielgenauigkeit der Deutschen, zumal die Flugzeuge in zwei Fällen schon fast auf den Masttopps der Schiffe saßen«.

Die siebenundzwanzig Männer und der kommandierende Offizier der Navy Armed Guard waren alle Freiwillige und meistens kurz unter oder Anfang zwanzig, und nur einer von ihnen war vorher jemals auf hoher See gewesen. »Dieser hektische Einsatz war ihr Tag, der Zeitpunkt, auf den sie gewartet hatten«, erklärte Byers. »Das Ergebnis war: keine Schiffe versenkt, zwei beschädigt und zehn deutsche Flugzeuge abgeschossen.«[3]

Die deutsche Kriegsmarine, die bei der U-Boot-Waffe schwere Verluste erlitten hatte, wendete jetzt offensichtlich eine neue Lufttaktik gegen die Konvois an, aber die unerfahrenen Piloten konnten den Job nicht machen. Hitler hoffte dagegen immer noch stark auf den Sieg; er setzte auf die Entwicklung geheimer neuer Waffen.

In einer Rede vor dem britischen Unterhaus beschrieb Premierminister Winston Churchill die drohenden Gefahren einer neuen deutschen ferngesteuerten Bombe.

Er sagte, ein »Mutterflugzeug« schoss entweder ein Gleitflugzeug mit einer »Art Raketenmotor« ab oder klinkte es aus. Das Mutterflugzeug steuerte den Gleiter per Fernbedienung in die Nähe des Ziels. Churchill sagte nicht, wie nahe das Gleitflugzeug an das Ziel herankam, aber auf einer bestimmten Höhe über dem Ziel klinkte es die Bombe aus. Er erklärte, dass die neue Waffe »im Nahkampf mit Schiffen in Küstennähe« benutzt wurde. Man nahm an, dass die Raketenmotoren von einem der effizienteren Treibstoffe angetrieben wurden, mit denen deutsche Ingenieure ein Dutzend Jahre experimentiert hatten. Die letzten veröffentlichten Berichte aus Deutschland hatten Raketenflüge von kurzer Dauer, möglicherweise einer Meile, beschrieben.

Edward Chandler, ein Ingenieur und Raketenforscher in Brooklyn, New York, sagte, dass die Waffe, die von Churchill beschrieben wurde, der vieldiskutierten geflügelten Bombe oder einem geflügelten Torpedo ähnelte. Anstelle eines Gleitflugzeugs, das eine Bombe trug, sei die Bombe ein integraler Teil des Gleiters und habe Flügel, die ausreichten, sie mit Raketenantrieb direkt zum Ziel zu tragen. Eine Fernbedienung konnte installiert werden, um die fliegende Bombe zu lenken; ihr Vorteil liege in einer höheren Aufschlaggeschwindigkeit, als es bei einer frei fallenden Bombe möglich sei.[4]

Zwei Monate nach Churchills mysteriösen Bemerkungen über die neue Waffe kam die Nachricht, dass Deutschlands Raketenbombe ein »seltsames Wunder an Erfindungskraft« sei. Nach Informationen, die Associated-Press-Reporter in europäischen Kriegsgebieten gesammelt hatten, war die seltsame selbstangetriebene Bombe, die jüngst gegen alliierte Schiffe eingesetzt wurde, »ein ingenieurtechnisches und mechanisches Wunder, das mit größter Leichtigkeit durch die Luft fliegt, seinen Zielen folgt und sich so verhält, als hätte sie ein eingebautes Gehirn«. Nachdem Journalisten Augenzeugen der Angriffe interviewt hatten, gaben sie die folgenden Einzelheiten preis. Offensichtlich gab es zwei Arten von Bomben: Eine Rakete, die vom Flugzeug abgefeuert wurde, einfach um ihr mehr Genauigkeit und höhere Geschwindigkeit als eine herkömmliche Bombe zu verleihen, und die andere, eine Art echtes »Buck Rogers«-Gerät [Anm.: Buck Rogers – ein amerikanischer Comic Strip-Held]. »Die Rakete durchbohrt die Panzerung, hat einen Zeitzünder und wiegt geschätzte 3.000 bis 3.500 pound. Ihr Körper ist wie ein Torpedo geformt, etwa fünfundzwanzig Zoll im Durchmesser und 12 Fuß lang. Sie besitzt eine Flügelspanne von acht Fuß und ein Leitwerk, die ihr die Gestalt eines Kleinstflugzeugs geben«, erklärten die Reporter. Sie erzählten, dass sie beim Flug einen Feuerschein am Heck zeigte und weißlichen Rauch ausstieß. Matrosen auf Wachposten sahen die ersten und hielten sie für brennende Flugzeuge.

Die Flugkörper wurden von hoch fliegenden Flugzeugen in dreitausend bis sechstausend Meter ausgeklinkt, wahrscheinlich um sie besser vor der Flugabwehr zu schützen und den Bombenschützen mehr Zeit zu geben, das Ziel abzugleichen. Nach dem Ausklinken glitt die Bombe mit einer Geschwindigkeit von geschätzten vierhundert Meilen pro Stunde in die gleiche Richtung wie das Mutterflugzeug. Die Flugbahn verlief fast horizontal mit einer leichten Schräglage nach unten. Wenn sie über dem Ziel angekommen war, tauchte sie plötzlich in einen vertikalen Sturzflug ab, raste zur Erde und schlug mit »gewaltiger Energie und Durchschlagskraft« ein.[5]

Die neue »geheime Waffe«, die Hitler angedeutet hatte, war die Hs-293, eine von vielen verschiedenen raketengetriebenen Lenkflugkörpern, die vor Kriegsende fertig gestellt wurden. Die nächste war die V 1, eine unbemannte Flugbombe mit Staustrahltriebwerk; und zuletzt die V 2, eine leistungsfähige Rakete, die die Deutschen 1944 gegen Paris und London einsetzten.[6]

Als die U-Boote dutzendweise verschwanden, meinte Minister Knox, dass die Deutschen ihre U-Boote deshalb zurückbeorderten, um mehr Flugabwehrgeschütze auf ihnen zu installieren (was sie taten), aber er erklärte nachdrücklich, dass die Atlantikschlacht noch nicht gewonnen sei. »Es ist so sicher wie der Sonnenaufgang, dass sie zurück kommen werden«, warnte er. »Es gibt keinen Grund zu glauben, dass wir die U-Boot-Bedrohung losgeworden sind.«[7]

In den Nachrichten wurde berichtet, dass die U-Boot-Abwehrkampagne der Marine den Kampfgeist deutscher Matrosen »abgekühlt« hatte. »Wir haben Informationen, dass die Nazis schon gezwungen sind, U-Boot-Besatzungen einzuziehen«, kündigte Konteradmiral Francis Low an. »Unter solchen Bedingungen dürfte die Qualität der Leistung sowohl der Offiziere als auch der Besatzungen sinken und zu inakzeptablen Leistungen führen.« Tatsächlich verschwanden erfahrene U-Boot-Fahrer schneller, als sie ersetzt werden konnten, und in den letzten Monaten des Kriegs waren nur noch wenige U-Boot-Kommandanten hochrangige Offiziere. Admiral Low warnte, dass deutsche U-Boot-Waffe, obwohl schwer getroffen war, »weit davon entfernt ist, sich von den Meeren vertreiben zu lassen«.[8]

Als weiter über U-Boot-Angriffe auf Konvois mit »neuen und noch tödlicheren« Torpedos berichtet wurde, erschienen in amerikanischen Zeitungen bunte Geschichten, die die sinkende Moral und rebellischen Tendenzen unter deutschen U-Boot-Besatzungen im Norden Norwegens beschrieben. »Die Disziplin ist sehr schlecht, und die Besatzungen scheinen ihre Offiziere völlig zu missachten, wenn sie an Land sind«, berichtete die norwegische Gesandtschaft, die ihre Informationen angeblich von den Bewohnern in Tromsø bezog. »Mitten in der Nacht kann man oft schwere Kämpfe zwischen U-Boot-Offizieren und ihren Besatzungen in den Straßen sehen.« Die Gesandtschaft behauptete, dass sechs U-Boot-Besatzungen sich geweigert hatten, zur See zu fahren, und dass zweihundert Offiziere und Männer in Oslo ins Gefängnis geschickt worden waren. Nach einem anderen Bericht warf ein Besatzungsmitglied während der Unruhen im Juni in Tromsø zwei Offiziere im Schlafanzug in einen Fjord. Es könnte wahr sein, dass einige der Besatzungsmitglieder ins Gefängnis mussten, weil sie sich weigerten, zur See zu fahren, aber die anderen Erzählungen waren sehr übertrieben.[9]

»Achsenmächte passt auf« lautete die Bildunterschrift einer Fotografie in der Galveston-Zeitung am 11. Oktober. Das Foto, das eine endlose Reihe von Liberty-Schiffen zeigte, gab dem Leser einen großartigen Eindruck von der Seemacht der Vereinigten Staaten. In elf Tagen hatte die California Shipbuilding Corporation zehn Liberty-Schiffe fertig gestellt, was einen neuen Geschwindigkeitsrekord im Schiffbau bedeutete. Der frühere Rekord lag bei sechsunddreißig Stunden für den Bau eines Schiffes, und nun war die Zeit auf unglaubliche sechsundzwanzig Stunden gesunken.

Infolge von Berichten, dass es mit dem deutschen U-Boot-Krieg abwärts ging, erklärten die Kriegs- und Marinebehörden, Kriegsproduktionsbehörde (WPB) und Behörde für Zivilverteidigung, die erfolgreiche Kampagne gegen die feindlichen U-Boote habe jetzt Verdunkelungen an den Atlantik- und Golfküsten unnötig gemacht. Zwei Wochen vorher hatte Generalleutnant Emmons, Leiter des Western Defence Command, die Lockerung der Verdunkelungsvorschriften entlang der Pazifikküste angekündigt. Für Galveston und die Golfstaaten kam die Nachricht als große Erleichterung. Die Lichter durften ab dem 1. November wieder heller scheinen, aber das Kriegsministerium bat darum, dass auf die Verdunkelung eine »partielle Verdunkelung«, eine freiwillige Halbverdunkelung zur Brennstoffersparnis folgen sollte.

Das partielle Verdunkelungsprogramm war Teil einer landesweiten Kampagne von Regierung und Industrie, um lebenswichtige Ressourcen wie Strom, Kohle, Öl und Gas zu sparen. Obwohl die Vorschriften über extreme Dunkelheit gelockert waren, wurde die Bevölkerung aufgefordert, unnötige Beleuchtung an ihren Fassaden und in Wohnhäusern und Fabriken zu unterlassen. Die WPB und andere Regierungsbehörden warnten, sie würden zwingende Vorschriften für Nachtbeleuchtung einführen, sollte die Bevölkerung nicht mitmachen. Ferner sagten sie, dass die Städte bereit bleiben müssten, wieder in die totale Dunkelheit zurück zu fallen, falls die U-Boot-Bedrohung wieder ernst würde, und die Bevölkerung solle nicht vergessen, dass die Verdunkelungsvorschriften von Armee und Marine immer noch Gültigkeit besaßen.[10]

Die Chefs der Zivilverteidigung in Galveston informierten die Inselbewohner, dass die Autos fortan ihre Scheinwerfer überall in der Stadt und im Kreis, auf dem Seawall Boulevard und an den Stränden wieder voll aufblenden durften. Es werde am Strand keine Verdunkelung mehr geben, und alle Straßenlichter dürften mit voller Leuchtstärke brennen, vorausgesetzt, dass sie oben abgedeckt waren und in fünf Minuten abgeschaltet werden konnten. Alle Lichter und Schilder im Erdgeschoss der Gebäude durften hell erleuchtet sein und Lichter in den oberen Etagen durften eingeschaltet werden, vorausgesetzt, dass sie auch in fünf Minuten gelöscht werden konnten. Nachts durften Fußball- oder Baseballspiele stattfinden, wenn die Stadionlichter schnell gelöscht werden konnten. Flutlichter an Gebäuden, beleuchtete Denkmäler, beleuchtete Reklametafeln und andere »unnötige Beleuchtung« waren jedoch nicht erlaubt.

Die örtliche Polizei stieß einen großen Seufzer der Erleichterung aus, als sie vom Abbruch der Verdunkelung hörten. Streifenwagen fuhren mit voll aufgeblendeten Scheinwerfern den Seawall Boulevard entlang, das erste Mal seit vielen Monaten. Polizeimeister W. A. Van Zandt bemerkte, dass es viel angenehmer aussah – mehrere Strandcafés hatten ihre Neonleuchten eingeschaltet, Murdochs Pier leuchtete hell und die Lichter in den Fenstern des Galvez- und des Buccaneer-Hotels strahlten. Sogar der Mond ging in glänzender Pracht auf und spiegelte sich auf den nächtlichen Golfgewässern wider. Nach einem Jahr Dunkelheit begann die Inselstadt wieder, dem lustigen und glitzernden Galveston ähnlich zu werden, das es einmal gewesen war.[11]

Während die Werften an der Golfküste und anderswo in Amerika Hunderte von Tankern und Transportschiffen produzierten, verschwanden die U-Boote schneller, als die deutschen Werften sie ersetzen konnten. Obwohl sie immer noch einige wenige Erfolge erzielten, war ihr Ende in Sicht, und mit immer mehr alliierten Siegen in Europa stieg die Anzahl der Deutschen, die gefangen genommen wurden, im Jahre 1943 mit jedem Monat.

1942 begannen die an verschiedenen Kriegsschauplätzen gefangenen Besatzungen der deutschen Wehrmacht, Kriegsmarine und Luftwaffe, in kleinen Gruppen in den Vereinigten Staaten einzutreffen. Bis zum Ende des Jahres lebten 512 von ihnen, zusammen mit 1.317 Italienern und 52 Japanern, hinter Stacheldraht. Im Oktober 1943, als U 518 den Golf von Mexiko verließ, gab es 119.401 deutsche Kriegsgefangene, die auf Basislager auf amerikanischen Militärstützpunkten verteilt wurden.

Jeder Staat der USA, außer Nevada, Montana, North Dakota und Vermont, nahm diese Unglücklichen auf, doch Texas hatte beinahe doppelt so viele Lager wie jeder andere Bundesstaat. Unter den vierzehn Stützpunkten in Texas war Fort Crockett in Galveston. Andere vorläufige Außenlager wurden eingerichtet, um Gefangene als Arbeitskräfte bereitzustellen, wo Männer fehlten – in der Forst- und Landwirtschaft.[12]

Zuerst ordnete das Kriegsministerium an, dass in einem Gebiet innerhalb von einhundertfünfzig Meilen von der Golfküste keine Lager existieren durften, aber diese Anordnung wurde bald geändert. Der Mangel an Arbeitskräften für die Reisernte in Texas und die Zuckerrohrernte in Louisiana erforderte zusätzliche Arbeiter. Der »Lone Star«-Bundesstaat hatte etwa fünfunddreißigtausend Morgen Reis, der verderben würde, falls er nicht bald geerntet wurde, sowie Holz, das für die Kriegswirtschaft benötigt wurde. Wegen der Nachfrage nach Landarbeitern wurden die Gefangenen in die Armeelager in Texas transportiert und arbeiteten in den Wäldern und auf den Feldern.

Denen, die das Glück hatten, nach Fort Crockett in Galveston geschickt zu werden, ging es besser. Eine Gruppe von 165 Deutschen kam am 15. November 1943 an und wurden einem Gelände zugeteilt, das innerhalb der Grenzen durch Seawall Boulevard, 53rd Street, Avenue Q und 57th Street lag und von einem drei

Meter hohen Stacheldrahtzaun mit Wachtürmen und Scheinwerfern umgeben war. Die Männer wohnten in Gruppen zu neunzehn Mann in hastig errichteten, mit Teerpappe gedeckten Baracken als Unterkunft. Die Gebäude sahen bis auf die Wachtürme wie alle anderen Armeeeinrichtungen aus und hatten Betonboden, Reihen von Feldbetten, Spinde und einen dickbäuchigen Ofen in der Mitte. Im Herbst 1943 erhielt das Lager eine Küche und Messe, Erholungsraum, Büros, Kantine, Duschhaus mit »Warm- und Kaltwasser so viel man wollte« und einen Wäschereiraum mit Waschzubern.[13]

Deutsche Kriegsgefangene beim Tomatenharken in Alvin, Texas, ca. 1943–45.
Foto mit freundlicher Genehmigung des U.S. National Archives.

In seinem am 15. März 1944 geschriebenen Bericht notierte Inspektor P. Schnyder, dass das Bildungsniveau der Deutschen »sehr niedrig« war. Keiner von ihnen hatte genug Bildung, um die anderen zu unterrichten, daher mussten sie auf eigene Faust in kleinen Gruppen lernen. »Sie versuchen Englisch zu lernen, und eine Klasse von fünfzehn Leuten studiert Ackerbaukunde mit Hilfe der *Soldatenbriefe*, Briefen, die ihnen vom Deutschen Roten Kreuz geschickt wurden. Egal, da die meisten der Gefangenen körperliche Arbeit verrichten, haben sie wenig Zeit zum Studieren«, bemerkte er.[14]

Die meisten Männer arbeiteten in verschiedenen Jobs: Reparatur von Autos, die im Lager benutzt wurden, Lasten zum Lagerhaus schleppen, in der Bäckerei aushelfen und das Gelände reinigen und pflegen. Für ihre Bemühungen zahlte ihnen die Armee achtzig Cent pro Tag in Form von Gutscheinen, die sie in der Kantine einlösen konnten. Die Bewohner von Galveston, die an dem Gefängnisplatz vorbeifuhren, durften nicht anhalten. Es wurde erwartet, dass sogar ein Autofahrer mit einer Reifenpanne weiterfuhr. Militärpolizisten marschierten auf und ab und bewachten den Ort, und die Passanten konnten die deutschen Gefangenen bei der Arbeit sehen. Sie mähten und harkten ständig, und viele Bewohner in Galveston machten Bemerkungen über das gebräunte gute Aussehen der jungen Männer. »Sie waren einfach schön«, sagte Sara Stubbs, eine Anwohnerin.[15]

Eines Tages mähte und räumte eine Gruppe Gefangener in ihren verblassten Jeanshosen und Jacken mit einem großen »P« auf dem Rücken das Gelände des Armeeflugplatzes auf. Auf dem städtischen Golfplatz, auf der anderen Straßenseite, spielten Dr. Edward Randall und Freunde eine Partie Golf, und der Arzt warf einen Ball über den Zaun auf den Flugplatz. »Den Ball, den Ball, bitte«, rief er den Gefangenen zu und versuchte, sich an ein paar deutsche Wörter zu erinnern. Sie sahen ihn an, und einer lief, um den verschlagenen Ball aufzuheben. Als er ihn über den Zaun zurückwarf, rief der Gefangene: »Here it is, Sir.«[16]

Im Lager gab es kein Krankenhaus, aber die Gefangenen wurden im Krankenhaus des Stützpunktes ausgezeichnet medizinisch und zahnärztlich versorgt. In der Kantine kauften die Gefangenen mit ihren Gutscheinen kalte Getränke, Zigaretten und drei Bier pro Woche. Die Männer durften pro Woche einen Film sehen, und das Lager hatte einen großen Erholungsbereich für Sport, sowohl drinnen als auch draußen. Weil die meisten von ihnen keine Möglichkeit hatten, alle Coupons auf dem Stützpunkt auszugeben, sammelten sie und spendeten dem YMCA 442,00 Dollar, der ihnen Bücher gegeben hatte, und 353,07 Dollar an das Internationale Komitee des Roten Kreuzes.

Die zweihundertundfünfzig deutschen Bücher in der Bibliothek wurden ständig benutzt, und einmal pro Woche hielt der Geistliche des Stützpunktes einen Gottesdienst ab. Die Gefangenen gründeten ein Orchester und eine Theatergruppe, nachdem der Lagerkommandant versprochen hatte, ihnen einige Musikinstrumente zu kaufen. Alle Gefangenen waren »mit dem Essen und der Behandlung in dem Lager sehr zufrieden«, so der Sprecher der Deutschen, Oberfeldwebel Martin Wagner.

Fünfhundert Kriegsgefangene kamen im Oktober 1943 in Camp Wallace im nahe liegenden Texas City an, kurz vor den ersten Ankömmlingen in Fort Crockett. Sie waren Unteroffiziere und Soldaten, die sich in Afrika, Sizilien und Russland ergeben hatten. Ihre Situation im Lager ähnelte der in Galveston – die Männer arbeiteten, indem sie Lkws reparierten, Möbel bauten, Rindfleisch schnitten, Gras mähten, Autos reparierten und anmalten, Bezüge für Autositze aus ausrangierten Zelten machten und andere Tätigkeiten im Einklang mit dem Genfer Abkommen ausübten.

Ein Reporter, der das Lager 1943 besuchte, berichtete, die meisten Gefangenen seien »extrem zufrieden« und dass der amerikanische Kommandant und die Wachen zusammen mit ihren Schützlingen speisten. Eine späterer Bericht sagte, dass die Deutschen zwei Klaviere zum Spielen hätten und dass sie, »obwohl sie sich an den Werken deutscher Komponisten erfreuen, auch Boogie-Woogie-Musik genießen und viele jetzt munter ›Pistol Packin' Mama‹ singen.«[17]

Es gab jedoch auch Gewalttätigkeiten. Vier Deutsche verprügelten fünf andere Gefangene »im Namen des Heiligen Geistes« und wurden nach Fort Crockett vor ein Kriegsgericht geschickt. Später, im Januar 1945, griffen vierzehn gewalttätige Nazis fünf Nazigegner an und versuchten, sie mit Stühlen und anderen behelfsmäßigen Waffen zu töten. Einige der Unruhestifter sollten vor das Kriegsgericht in Galveston gestellt und der Rest in andere Lager geschickt werden. Die politischen Meinungsverschiedenheiten in einigen der Gefängnishöfe lösten mehrere Vorfälle brutaler Schlägereien und Morde aus, und die gewalttätigen Nazis mussten von den Übrigen getrennt werden. Aber meistens genossen die Kriegsgefangenenlager in Camp Wallace und Fort Crockett ein friedliches Leben, und die Bewohner in Galveston beobachteten neugierig, wie sie arbeiteten, amerikanischen und deutschen Fußball spielten und im Golf schwammen.[18]

Das Ende des Jahres 1943 war nah und versprach Hoffnung auf ein Ende des Krieges in Europa. Admiral Dönitz schickte jedoch mit typischer deutscher Hartnäckigkeit im November 1943 ein letztes U-Boot in den Golf von Mexiko, gerade nachdem die Verdunkelungsvorschriften aufgehoben waren. U 193 patrouillierte am 3. Dezember entlang der südöstlichen Floridaküste und traf auf die TOUCHET, einen nagelneuen Tanker. Er fuhr in Richtung Yucatán-Kanal und wollte mit einhundertvierzigtausend Barrel Heizöl nach New York.

Zu dieser Zeit nahm man an, dass die U-Boote vertrieben worden waren, weil es seit März, also seit acht Monaten, keine Angriffe gegeben hatte. Da Blimps in Hitchcock und Houma stationiert, Flugzeuge mit Radar ausgerüstet und zwei »Hunter-Killer-Groups« der Marine vorhanden waren, hatte der Kommandeur der Gulf Sea Frontier die Alarmstufe des Kommandos von der Kategorie »A« auf »B« herabgestuft.

Der Tanker von Kapitän J. T. Bird hatte den Hafen von Houston am 3. Dezember verlassen und die Mitte des Golfs eben nach Mitternacht erreicht. Um 02.30 Uhr war Jack Dodendorf, einer von zwanzig bewaffneten Marinewachen, gerade vom Dienst gekommen und wollte sich eben hinlegen, als ein donnerndes Gebrüll ihn fast von seinen Füßen riss. Ein Torpedo hatte eingeschlagen. Der Kapitän stellte die Motoren auf Rückwärtsgang, um das Schiff zu stoppen, und befahl allen, das Schiff zu verlassen.

Dodendorf und Harry Glazebrook, Artilleriemaat, liefen zur Brücke hinauf, um die 20-Millimeter-Geschütze zu bemannen; von dort konnten sie das U-Boot an der Oberfläche sehen. Ein zweiter Kracher kam, als ein zweiter Torpedo traf, dann schlug ein dritter im Maschinenraum ein. Die TOUCHET begann, schnell zu sinken, und es war jetzt nur ein Rettungsboot übrig – die anderen fünf waren mit dem Rest der Besatzung zu Wasser gelassen worden. »Es war überhaupt nicht loszukriegen«, erinnerte sich Dodendorf. Er und Glazebrook nahmen ihre Messer und schnitten es los, so schnell sie konnten. Nur mit ihren Hosen bekleidet warfen die beiden eine Münze, um zu entscheiden, wer zurücklaufen sollte, um mehr Kleidung zu holen. Dodendorf gewann den Wurf und eilte zurück, um ein paar Sachen aus ihren Seesäcken zu holen. Er lief dann zurück zum Deck, wo sie ihre Jacken überwarfen, und die zwei Männer sprangen ins Wasser und kletterten in das Rettungsboot hinein. »Es war sehr schwierig für uns, von dem sinkenden Schiff wegzurudern, weil der Sog gewaltig war«, sagte Dodendorf.

Sie ruderten die ganze Nacht und den ganzen nächsten Tag umher, bargen Überlebende und leere Pulverkisten von den großen Geschützen. Das Wasser brannte lange Zeit, nachdem die TOUCHET verschwunden war. Dodendorf und Glazebrook stellten den Mast auf und setzten in ihrem Boot Segel, bildeten einen kleinen Konvoi mit zwei weiteren Rettungsbooten und fuhren nach Norden Richtung Florida. Drei Tage lang zitterten sie und suchten nach Hilfe und versuchten, sich bei Laune zu halten. Mehrere Schiffe fuhren in der Entfernung vorbei, und sie schossen Leuchtsignale hoch, aber keines der Schiffe hielt an, da sie eine U-Boot-Falle befürchteten.

»Es war nachts extrem kalt und tagsüber extrem heiß. Wir schossen immer wieder Leuchtsignale, und schließlich sah uns ein Marineflugzeug und flog los, um ein Schiff zu finden«, sagte Dodendorf. Das Flugzeug ortete einen norwegischen Frachter, die SS LILLEMOR, und warf eine Nachricht ab, die den Kapitän aufforderte, die Männer in den Rettungsbooten zu bergen. »Er weigerte sich jedoch. Daher feuerte der Marinepilot einen Schuss vor seinen Bug und zwang ihn, zu kommen und uns zu bergen. Wir wurden schließlich gerettet.«[19]

Von achtzig Besatzungsmitgliedern auf der TOUCHET waren drei verletzt und zehn starben. Sie waren die letzten Männer der Handelsmarine, die durch U-Boote im Golf von Mexiko während des Zweiten Weltkriegs starben. U 193 fuhr wieder nach Deutschland zurück und patrouillierte noch zwei Jahre, dann verschwand es. Bei der letzten Zählung hatten die deutschen U-Boote sechsundfünfzig Versenkungen erzielt und vierzehn Handelsschiffe im Golf beschädigt. Das war ein wichtiger Sieg der Achsenmächte, aber er wurde nie bekannt.

Nachwort:
Die U-Boote erzielten ...

... IHRE GRÖSSTEN SIEGE im Golf am Anfang ihrer Überraschungsangriffe. Jedes Mal, wenn ein U-Boot zu den französischen Bunkern zurückkehrte, brachte sein Kommandant der Kriegsmarine wichtige Informationen über Schiffsrouten und amerikanische Verteidigung mit. Daher wussten die folgenden Boote, die hinüberfuhren, mehr als die vor ihnen, und sie nutzten das Wissen gut. Auch nachdem die Vereinigten Staaten Konvois organisiert und die offensiven Manöver verbessert hatten, patrouillierten die U-Boote weiterhin den Golf auf der Suche nach Zielen. Die amerikanische Marine ortete sie, aber bewahrte Stillschweigen darüber, weil die Zensur der Kriegsnachrichten eingeführt worden war. Die Bewohner von Galveston hatten keine Ahnung, dass sich die deutschen U-Boote fast ununterbrochen bis Ende 1943 in den Golfgewässern herumgetrieben hatten.

Es ist interessant festzuhalten, dass die Tonnage der Schiffe, die von den U-Booten versenkt wurden, bei den größten mit zehntausend Bruttoregistertonnen begann und mit Fischerbooten von sechzehn Tonnen endete. Zum Schluss gab es so wenige Schiffe, die allein fuhren, dass die Deutschen alles jagten, das sie finden konnten. Kommandanten, die mit null Treffern nach Hause zurückkehrten, wurden oft U-Boot-Ausbilder.

Fünfzig Jahre später, als die großen Erfolge der deutschen Marine im Golf von Mexiko größtenteils vergessen waren, gab es eine Erinnerung daran. Treibstoff begann aus den Trümmern eines der Opfer aus dem Zweiten Weltkrieg an die Oberfläche zu sprudeln. »Wir sind zu 99 Prozent sicher, dass es von der SS HEREDIA kommt«, sagte ein Mann von der Coast Guard. Das Schiff, das Passagiere, Bananen und Kaffee transportierte, war von drei Torpedos von U 506 getroffen worden und sank etwa fünfunddreißig Meilen vor der Küste Louisianas. Die Coast Guard sagte allerdings, sie werde den Eigentümer United Fruit Company nicht auffordern, die Rechnung für die Aufräumarbeiten zu bezahlen.

Die Geister von gestern sind jetzt vergessen, sie leben nur noch als Schiffswracks auf den Seekarten. Auch andere Dinge haben sich geändert. Im Jahre 1991 besuchte eine Gruppe deutscher und amerikanischer Enthusiasten der U-Boot-Geschichte eine Schule für U-Boot-Ausbildung in Wilhelmshaven. Als der U-Boot-Veteran Peter Petersen die jungen Auszubildenden in ihrem Simulator beobachtete, fragte er einen von ihnen: »Warum gehen Sie so langsam runter?«

»Wir tauchen nicht mehr schnell«, kam die Antwort. »Es ist nicht nötig.«

Und so waren die Tage des dramatischen Unterwasserkrieges vorbei. Es war ein Krieg von Männern gegen Männer, ein Krieg, der Technologien entwickelte, ein Krieg persönlichen Könnens und Wagemuts. Die alten Geschichten gehen immer weiter, unschätzbar, weil sie am Ende einer Ära spielten. Ehemalige Feinde reichen sich die Hand – tauschen Erfahrungen, Enthüllungen und Gelächter – und finden neue Anerkennung für ihre Tage des Kampfes. Aus der Geschichte ist Gutes enststanden.

Anhang

Fahrzeuge, die im Golf von Mexiko torpediert oder versenkt wurden. Aufgelistet nach U-Booten, in der Reihenfolge ihres Erscheinens im Golf:

U 507   (Korvettenkapitän Harro Schacht)

4.5.42   Frachter NORLINDO, DM 1739 (versenkt) 24.57 N, 84.00 W [amerikanisch].

5.5.42   Tanker MUNGER T. BALL, DM 1467 (versenkt) 25.24 N, 83.46 W [amerikanisch].

5.5.42   Tanker JOSEPH M. CUDAHY, DM 1433 (versenkt) 25.57 N, 83.57 W [amerikanisch].

6.5.42   Frachter ALCOA PURITAN, DA 9393 (versenkt) 28.35 N, 88.22 W [amerikanisch].

7.5.42   Frachter ONTARIO, DB 7426 (versenkt) 28.11 N, 87.32 W [honduranisch].

8.5.42   Frachter TORNY, DB 7888 (versenkt) 26.40 N, 86.40 W [norwegisch].

12.5.42 Tanker VIRGINIA, DA 9347 (versenkt) 28.53 N, 89.29 W [amerikanisch].

16.5.42 Frachter AMAPALA, DL 2211 (versenkt) 26.30 N, 89.12 W [honduranisch]. Hinweis: U 507 feuerte einige Maschinengewehrsalven, um die Amapala zu stoppen. Teilweise versenkt durch Öffnen der Seeventile. Das Schiff wurde später geborgen.

U 506   (Kapitänleutnant Erich Würdemann)

10.5.42 Tanker AURORA, DA 9288 (versenkt) 28.35 N, 90.00 W [amerikanisch].

13.5.42 Tanker GULFPENN, DA 9546 (versenkt) 28.29 N, 89.17 W [amerikanisch].

14.5.42 Tanker DAVID MCKELVY, DA 9536 (versenkt) 28.30 N, 89.55 W [amerikanisch].

16.5.42 Tanker WILLIAM C. MCTARNAHAN, DA 9521 (beschädigt) 28.52 N, 90.20 W [amerikanisch].

16.5.42 Tanker SUN, DA 9521 (beschädigt) 28.41 N, 90.19 W [amerikanisch].

17.5.42 Tanker GULFOIL, DA 9561 (versenkt) 28.08 N, 89.46 W [amerikanisch].

19.5.42 Frachter HEREDIA, DA 97 (versenkt) 28.53 N, 91.03 W [amerikanisch].

20.5.42 Tanker HALO, DA 9553 (versenkt) 28.42 N, 90.08 W [amerikanisch].

U 103   (Oberleutnant zur See Werner Winter)

19.5.42 Frachter OGONTZ, DL 6271 (versenkt) 23.30 N, 86.37 W [amerikanisch].

U 106   (Kapitänleutnant Hermann Rasch)

21.5.42 Tanker Faja de Oro, DM 4157 (versenkt) 23.30 N, 84.24 W [mexikanisch].

26.5.42 Frachter CARRABULLE, DL 2168 (versenkt) 26.18 N, 89.21 W [amerikanisch].

27.5.42 Frachter ATENAS, DL 25 (beschädigt) 25.50 N, 89.05 W [amerikanisch]. Hinweis: Nur U 106 war in diesem Gebiet, aber es gibt keinen Angriffsbericht in den Akten.

28.5.42 Frachter MENTOR, DL 3746 (versenkt) 24.11 N, 87.02 W [britisch].

1.6.42 Frachter HAMPTON ROADS, DL 6538 (versenkt) 22.45 N, 85.13 W [amerikanisch].

U 753   (Korvettenkapitän Alfred Manhardt von Mannstein)

20.5.42 Frachter GEORGE CALVERT, DL 6639 (versenkt) 22.55 N, 84.26 W [amerikanisch].

20.5.42 Frachter E.P.THERIAULT, DL 66 (beschädigt) 24.30 N, 83.55 W [britisch].

25.5.42 Tanker HAAKON HAUAN, DA 92 (beschädigt) 28.45 N, 90.03 W [norwegisch].

27.5.42 Tanker HAMLET, DA 9423 (versenkt) 28.32 N, 91.30 W [norwegisch].

U 158   (Kapitänleutnant Erwin Rostin)

7.6.42 Frachter HERMIS, DM 4174 (versenkt) 23.08 N, 84.42 W [panamaisch].

7.6.42 Tanker SHEHERAZADE, DA 9180 (versenkt) 28.41 N, 91.20 W [panamaisch].

11.6.42 Tanker CITIES SERVICE TOLEDO, DA 8368 (versenkt) 29.02 N, 91.59 W [amerikanisch].

17.6.42 Frachter SAN BLAS, DK 3445 (versenkt) 25.26 N, 95.33 W [panamaisch].

17.6.42 Tanker MOIRA, DK 2566 (versenkt) 25.35 N, 96.20 W [norwegisch].

23.6.42 Frachter HENRY GIBBONS, DL 2918 (versenkt) 24.— N, 89.— W [amerikanisch]

U 67   (Kapitänleutnant Günther Müller-Stockheim)

16.6.42 Frachter MANAGUA, DM 5136 (versenkt) 24.05 N, 81.40 W [nikaraguanisch].

20.6.42 Tanker NORTIND, DA 9296 (beschädigt) 28.41 N, 89.34 W [norwegisch].

23.6.42 Tanker RAWLEIGH WARNER, DA 9349 (versenkt) 28.53 N, 89.15 W [amerikanisch].

29.6.42 Tanker EMPIRE MICA, DB 4987 (versenkt) 29.25 N, 85.17 W [britisch].

6.7.42 Motorschiff BAYARD, DA 9326 (versenkt) 29.35 N, 88.44 W [norwegisch].

7.7.42   Tanker Paul H. Harwood, DA 6997 (beschädigt) 29.26 N, 88.38 W [amerikanisch].

10.7.42   Tanker Benjamin Brewster, DA 9252 (versenkt) 29.05 N, 90.05 W [amerikanisch].

13.7.42   Tanker R. W. Gallagher, DA 9198 (versenkt) 28.50 N, 91.05 W [amerikanisch].

U 129   (Kapitänleutnant Hans Witt)

27.6.42   Tanker Tuxpan, DK 8259 (versenkt) 20.15 N, 96.20 W [mexikanisch].

27.6.42   Tanker Las Choapas, DK 8299 (versenkt) 20.15 N, 96.20 W [mexikanisch].

1.7.42   Frachter Cadmus, DK 6636 (versenkt) 22.50 N, 92.30 W [norwegisch].

2.7.42   Frachter Gundersen, DK 4146 (versenkt) 23.33 N, 92.35 W [norwegisch].

4.7.42   Tanker Tuapse, DL 6819 (versenkt) 22.13 N, 86.06 W [russisch].

19.7.42   Frachter Port Antonio, DM 4153 (versenkt) 23.39 N, 84.00 W [norwegisch].

U 154   (Korvettenkapitän Walther Kölle)

6.7.42   Trawler Lalita, DL 6471 (versenkt) 21.45 N, 86.40 W [panamaisch].

U 571   (Kapitänleutnant Helmut Möhlmann)

8.7.42   Tanker J. A. Moffett, Jr., DM 2824 (versenkt) 24.47 N, 80.42 W [amerikanisch]. (Eingeschleppt, aber Totalverlust.)

9.7.42   Frachter Nicholas Cuneo, DM 4328 (versenkt) 23.54 N, 82.33 W [honduranisch].

15.7.42   Tanker Pennsylvania Sun, DM 1976 (beschädigt) 24.05 N, 83.42 W [amerikanisch].

U 84   (Kapitänleutnant Horst Uphoff)

13.7.42   Frachter Andrew Jackson, DM 5283 (versenkt) 23.32 N, 81.02 W [amerikanisch].

16.7.42   Frachter (kein Name), DL 6415 (torpediert und brennend verlassen).

19.7.42   Frachter Baja California, DM 1651 (versenkt) 25.14 N, 82.27 W [honduranisch].

21.7.42   Frachter William Cullen Bryant, DM 1994 (beschädigt) 24.08 N, 82.23 W [amerikanisch].

21.7.42   Tanker (kein Name), DM 1994 (beschädigt).

U 171   (Kapitänleutnant Günther Pfeffer)

26.7.42   Frachter Oaxaca, DA 7625 (versenkt) 28.23 N, 96.08 W [mexikanisch].

13.8.42 Tanker R. M. PARKER, DA 9192 (versenkt) 28.50 N, 90.42 W [amerikanisch].

4.9.42 Tanker AMATLAN, DK 5165 (versenkt) 23.27 N, 97.30 W [mexikanisch].

U 508 (Kapitänleutnant Georg Staats)

6.8.42 Frachter (kein Name), DM 4336 (beschädigt).

12.8.42 Frachter SANTIAGO DE CUBA, DM 2748 (versenkt) 24.20 N, 81.50 W [kubanisch].

12.8.42 Frachter MANZANILLO, DM 2748 (versenkt) 24.20 N, 81.50 W [kubanisch].

18.8.42 Tanker (kein Name), DM 2747 (Schaden ungewiss).

18.8.42 Frachter (kein Name), DM 2747 (Schaden ungewiss). (Staats verfehlte beide Schiffe, hörte aber Detonationen im Konvoi.)

U 166 (Kapitänleutnant Hans-Günther Kühlmann)

16.7.42 Trawler GERTRUDE (versenkt) 23.32 N, 82.00 W [amerikanisch].

30.7.42 Frachter ROBERT E. LEE (versenkt) 28.40 N, 88.42 W [amerikanisch].

U 183 (Kapitänleutnant Heinrich Schäfer)

11.3.43 Frachter OLANCHO, DL 6921 (versenkt) 22.08 N, 85.14 W [honduranisch].

U 155 (Kapitänleutnant Adolf Piening)

2.4.43 Frachter LYSEFJORD, DM 4288 (versenkt) 23.09 N, 83.24 W [norwegisch].

3.4.43 Tanker GULFSTATE, DM 2883 (versenkt) 24.26 N, 80.18 W [amerikanisch].

U 193 (Korvettenkapitän Hans Pauckstadt)

3.12.43 Tanker TAUCHET, DL 26 (versenkt) 25.50 N, 86.30 W [amerikanisch].

Monate der Patrouille aller U-Boote im Golf (Sternchen = Angriffe oder Versenkungen im jeweiligen Monat):

1942

April (Ende)	U 507
Mai	U 506*, 106*, 504, 507*, 753*, 103*
Juni	U 506, 158*, 504, 753, 67*, 129*, 106*
Juli	U 134, 154*, 157, 509, 67*, 171*, 129*, 571*, 84*, 166*
August	U 166*, 508*, 509, 600, 171*
September	U 171*

1943

Februar	U 183
März	U 183*, 155*
April	U 183, 155
Mai	U 527
Juni	U 527, 84
Juli	U 527
August	Keine
September	U 518
Oktober	U 518
November	U 193
Dezember	U 193*

Liste aller U-Boote, die in den Golf von Mexiko einliefen, und Anzahl der Schiffe, die angegriffen oder versenkt wurden:

U 103	1	U 509	0
U 508	6	U 171	3
U 507	8	U 571	3
U 506	8	U 84	5
U 106	5	U 166	2
U 504	0	U 600	0
U 753	4	U 183	1
U 67	8	U 155	2
U 129	6	U 527	0
U 134	0	U 518	0
U 154	1	U 193	1
U 157	0	———————	
U 158	6	24	70 Schiffe (56 versenkt, 14 beschädigt)

Hinweis:
Information von Jürgen Rohwer, *Axis Submarine Successes: 1939–1945.*

Anmerkungen

Kapitel 1
1. Emmy Lou Whitridge, Interview mit Autorin, Houston, Texas, 14. Juni 1990.
2. Diane Tidemann Hansen, Interview mit Autorin, Houston, Texas, 14. August 1990.
3. *Galveston Daily News*, 11. Mai 1940.
4. *Houston Post*, 25. Mai 1940.
5. *New York Times*, 2. Mai 1941.
6. Auswärtiges Amt, Bonn.
7. *New Orleans Times-Picayune*, 12. September 1937.
8. Ebenda, 28. Dezember 1937.
9. Ebenda, 27. Januar 1938.
10. Ebenda, 15. June 1940.
11. Ebenda
12. Ebenda, 17. Juni 1940.
13. Ebenda, 18. Juni 1940.
14. Ebenda, 19. Juni 1940.
15. Ebenda, 23. Juni 1940.
16. Ebenda, 26. September 1940.
17. Ebenda, 22. November 1940.
18. Ebenda
19. Ebenda
20. Harry Brown, Interview mit Autorin, Galveston, Texas, 25. Juli 1990.
21. *New York Times*, 17. Juni 1941.
22. Erich Gimpel zu Autorin, 2. September 1991.
23. William L. Shirer, *The Rise and Fall of the Third Reich,* Seite 903.
24. Shirer, *Rise and Fall,* Seiten 903, 904.
25. Erich Gimpel in Zusammenarbeit mit Will Berthold, *Spy for Germany,* Seite 12; Erich Gimpel, Interview mit Autorin, Chicago, Illinois, 5. Juni 1991.
26. *New York Times,* 16. Juli 1941; Gimpel, *Spy for Germany,* Seiten 55, 56.
27. Gimpel, *Spy for Germany*, Seiten 55, 56.
28. *New York Times*, 17. Juni 1941.
29. Ebenda
30. *New York Times*, 21. Juni 1941; *New Orleans Times-Picayune*, 2. Juli 1941.
31. Interview mit Brown.
32. *Galveston Daily News*, 16. Juli 1941.
33. Ebenda; *New York Times*, 16. Juli 1941.
34. *Galveston Daily News,* 16. Juli 1941.

Kapitel 2
1. *Galveston Daily News*, 3. Juli 1941.
2. Ebenda, 8. 11. 13. Juli 1941.
3. Lynn Alperin, *Custodians of the Coast: History of the United States Army Engineers at Galveston*, Seiten 179, 181.
4. Charles Waldo Hayes, *The Island and City of Galveston,* Seite 520.
5. *Galveston Daily News*, July 22, 1941.
6. Ebenda
7. Ebenda

---

8. Ebenda, 25. 30. August 1941.
9. Jim McKaig, Interview mit Autorin, League City, Texas, 31. Mai 1991.
10. Justin F. Gleichauf, *Unsung Sailors: The Navy Armed Guard in World War II*, Seite 25.
11. *Galveston Daily News*, 7. Dezember 1941.
12. Samuel Eliot Morison, *History of the United States Naval Operations in World War II*, vol. I, *The Battle of the Atlantic, September 1939–Mai 1943*, Seite 131.
13. V. E. Tarrant, *The U-Boat Offensive, 1914–1945*, Seite 104.
14. *Corpus Christi Times*, 29. January 1942.
15. *Galveston Daily News*, 30. January 1942.
16. Ebenda, 29. January 1942.
17. Tarrant, *U-Boat Offensive*, Seite 104; Jürgen Rohwer, »The German U-Boat War and the United States Atlantic Fleet from June 1941 to May 1942«, Seite 32; John A. Reynolds, »History of the Gulf Sea Frontier, 6 February 1942–14 August 1945«, Seite 63.
18. Reynolds, »History of Gulf Sea«, Seiten 9, 10.
19. *Galveston Daily News*, 14. Februar 1942.
20. Ebenda, 20. Februar 1942.
21. Ebenda, 23. Februar 1942.
22. Ebenda, 11. März 1942.
23. Ebenda, 13. März 1942.
24. Harris to Nesbitt, Brandy Harris Letters, 2. April 1942, Rosenberg Library, Galveston, Texas.
25. Reynolds, »History of Gulf Sea«, Seiten 68–70, 227, n. 1.
26. Rohwer, *Axis Submarine Successes, 1939–1945*, Seiten 88–92.
27. Morison, *Battle of the Atlantic*, Seite 129; Karl Dönitz, *Admiral Dönitz Memoirs: Ten Years and Twenty Days*, Seite 202.
28. Morison, *Battle of the Atlantic*, Seiten 254, 255.

Kapitel 3

1. Die Hauptquelle für dieses Kapitel war die U.S. National Archives and Records Administration (unten NARA), Modern Military Division, Record Group (unten RG) 242, Records of the German Navy, 1850–1945, received from the United States Naval History Division, *Kriegstagebuch* (KTB) U-507, PG 30545/1-6, 3066, T-6-F, April 30–May, 1942.

Kapitel 4

1. Vorherige Zitate von einem Artikel in einer deutschen Zeitung, wahrscheinlich Hamburg, 15. Juni 1942, vom U-Boot-Archiv, Cuxhaven.
2. Naval Historical Center, Operational Archives Branch, Washington Navy Yard (unten NHC), Summary of Statements by Survivors, SS AMAPALA, 2. Juni 1942.
3. NARA, RG 26, box 6, Records of U.S. Coast Guard War Casualty Section; *Galveston Daily News*, 10. Mai 1942.
4. *Galveston Daily News*, 10. Mai 1942.
5. *New Orleans Times-Picayune*, 10. Mai 1942.
6. Vorherige Zitate von *Galveston Daily News*, 11. May 1942.
7. Ebenda, 14. Mai 1942.
8. Auswärtiges Amt, Bonn.
9. NARA, RG 242, *Kriegstagebuch* U-506, PG 30544/1-6, 3066, T-6-F, April–Mai 1942.
10. Wilhelm Grap an Autorin, 11. November 1991.
11. Vorherige Zitate von NARA, RG 242, *Kriegstagebuch* U-506; Rohwer, *Axis Submarine Successes*, Seiten 92–99.
12. Wilhelm Grap an Autorin, 11. November 1991.

13. Monatlicher U-Boot-Bericht, U-506, U-Boot-Archiv, Cuxhaven.
14. Peter Padfield, *Dönitz: The Last Führer, Portrait of a Nazi War Leader*, Seite 255.

Kapitel 5
1. NARA, RG 26, Records of U.S. Coast Guard War Casualty Section, Statements by Survivors, SS Alcoa Puritan, box 3, NN3-26-80-22, 12. Mai 1942.
2. NHC, Summary of Statements by Survivors, SS Alcoa Puritan, 12. Mai 1942; NARA, RG 26, Statements from Survivors, box 3, NN3-26-22; Rohwer, *Axis Submarine Successes*, Seite 93.
3. Reynolds, »History of the Gulf Sea Frontier«, Seite 75.
4. Morison, *Battle of the Atlantic*, Seite 138.
5. Ebenda, Seiten 268, 269.
6. NHC, Summary of Statements by Survivors, SS Aurora, 16. Mai 1942.
7. NHC, War Diary, Gulf Sea Frontier Force, 5. May 1942.
8. Reynolds, »History of the Gulf Sea Frontier«, Seite 80.
9. *Encyclopedia Britannica*, s.v »Gulf Stream«.
10. Reynolds, »History of the Gulf Sea Frontier«, Seite 79; Rohwer, *Axis Submarine Successes*, Seiten 92, 93; NHC, Papers of Headquarters, Gulf Sea Frontier, Key West, Florida. War Diary, 5. 6. Mai 1942.
11. *Galveston Daily News*, 20. May 1942.
12. NHC, Summary of Statements by Survivors, SS Gulfpenn, 22. Mai 1942.
13. *Galveston Daily News*, 20. Mai 1942; NARA, RG 26, Records of the U.S. Coast Guard War Casualty Section, Statements from Survivors of Vessel War Casualties, box 3, NN3-26-80-22, 29. Mai 1942; NARA, RG 26, Report on U.S. Tanker War Action, 1. Dezember 1944.
14. NHC, Summary of Statements by Survivors, SS David Mckelvy, 29. Mai 1942.
15. Reynolds, »History of the Gulf Sea Frontier«, Seite 88.
16. *Galveston Daily News*, 11. Mai 1942.
17. Ebenda, 12. Mai 1942.
18. Ebenda, 17. Mai 1942.
19. NHC, Summary of Statements by Survivors, SS Virginia, 19. Mai 1942; NARA, RG 26, Reports on U.S. Merchant Tanker War Action.
20. NARA, RG 26, Records of the U.S. Coast Guard War Casualty Section, Statements of Survivors of Vessel War Casualties, box 3, NN3-26-80-22.
21. Dönitz, *Memoirs*, Seite 221.
22. *Galveston Daily News*, 4. Mai 1942.
23. Ebenda, 13. Mai 1942.

Kapitel 6
1. Vorherige Zitate vom McKaig-Interview.
2. Thomas Kessner, *Fiorello H. La Guardia and the Making of Modern New York*, Seiten 504, 505; *Galveston Daily News*, 18. Mai 1942.
3. *Galveston Daily News*, 18. Mai 1942.
4. Vorherige Zitate von NARA, RG 242, *Kriegstagebuch* U–106, PG 30102/1-9, 3034, T-304-B, 24. September 1940–8. Februar 1943.
5. Vorherige Zitate von NARA, RG 242, *Kriegstagebuch* U-753, PG 30732-7, 3389, T-21-C, 12. Dezember 1941–13. Mai 1943; NHC, Summary of Statements of Survivors, SS George Calvert, 18. June 1942.
6. Vorherige Zitate von NARA, RG 242, *Kriegstagebuch* U-753.
7. Morison, *Battle of the Atlantic*, Seiten 144, 413; Rohwer, *Axis Submarine Successes*, Seiten 92–99.
8. Harris an Nesbitt, 25. Mai 1942.

Kapitel 7

1. Vorherige Zitate von *Galveston Daily News*, 18. Mai 1942.
2. Ebenda, 22. Mai 1942.
3. Ebenda, 18. Mai 1942.
4. NHC, Summary of Statements by Survivors, SS HALO, 19. Juni 1942.
5. Reynolds, »History of the Gulf Sea Frontier«, Seite 97.
6. *Galveston Daily News*, 19. Mai 1942.
7. Vorherige Zitate von H. A. Suhler, Interview mit Autorin, Galveston, Texas, 25. Juli 1990.
8. Vorherige Zitate von *Galveston Daily News*, 23. Mai 1942.
9. NHC, Summary of Statements by Survivors, SS CARRABULLE, 18. Juni 1942; NARA, RG 26, box 6, Records of U.S. Coast Guard War Casualty Section.
10. NHC, Summary of Statements by Survivors, SS HEREDIA, 5. Juni 1942; NARA, *The Coast Guard at War: Assistance,* 14, vol. 2, Seiten 42, 43.
11. NARA, *The Coast Guard at War: Assistance*, 14, vol. 2, Seite 41.
12. Morison, *Battle of the Atlantic*, p. 142.

Kapitel 8

1. *Galveston Daily News*, 14. Juni 1942; NHC, Summary of Statements of Survivors, M/T WILLIAM C. MCTARNAHAN, 24. Mai 1942.
2. *Galveston Daily News*, 29. Mai 1942.
3. Eberhard Rössler, trans. Harold Erenberg, *The U-Boat: The Evolution and Technical History of German Submarines*, Seiten 161, 162.
4. Morison, *Battle of the Atlantic*, Seite 129, n. 21.
5. *Galveston Daily News,* 29. Mai 1942.
6. Ebenda, l. Juni 1942.
7. Ebenda., 2. Juni 1942.
8. Harris to Nesbitt, 4. Juni 1942.
9. *Galveston Daily News*, 2. Juni 1942.
10. Ebenda, 5. Juni 1942.
11. Interview mit Frau aus Galveston, die anonym bleiben wollte.
12. *Galveston Daily News*, 5. Juni 1942.
13. Ebenda
14. Ebenda, 8. Juni 1942.
15. Laut offiziellen Marineberichten trafen zwei Torpedos das erste Mal und noch zwei fünf Minuten später. Handy glaubt, dass ein einziger Torpedo traf und dann noch einer.
16. Vorherige Zitate von James Handy an Autorin, 14. Mai 1991.
17. Rohwer, *Axis Submarine Successes*, Seiten 104, 105.
18. Vorherige Zitate von *Galveston Daily News*, 14. June 1942.
19. Ebenda, 16. Juni 1942.
20. Rohwer, *Axis Submarine Successes*, Seiten 100–107. Hinweis: Golfgrenzen, die für dieses Buch benutzt sind, sind zwischen der Südspitze von Florida und Kuba und zwischen Westkuba and dem Yucatán.

Kapitel 9

1. NARA, RG 242, *Kriegstagebuch* U 67, PG 30064/1-9, 3030, T-300-B, 22. Januar–30. Juli 1943; Rohwer, *Axis Submarine Success*, Seiten 100–12.
2. Vorherige Zitate von NARA, RG 242, *Kriegstagebuch U-67.*
3. Rohwer, *Axis Submarine Successes*, Seiten 100–107.
4. Homer Hickam, Jr., *Torpedo Junction: U-Boat War off America's East Coast*, Seiten 287–89.
5. Morison, *Battle of the Atlantic,* Seite 144.

6. Reynolds, »History of the Gulf Sea Frontier«, Seite 101.
7. Ebenda, Seite 118.
8. *Galveston Daily News*, 2. Juli 1942.
9. Dönitz, *Memoirs*, Seite 228.
10. *Galveston Daily News*, 12. u. 29. Juni 1942.
11. Ebenda, 6. Juli 1942; vorherige Zitate von NHC, Summary of Statements by Survivors, SS SAN BLAS, 11. Juli 1942.
12. *Galveston Daily News,* 6. Juli 1942.
13. NARA, RG 242, *Kriegstagebuch* U 171, PG 30158, 4185, 22. Oktober 1941–9. Oktober 1942.
14. NHC, Summary of Statements by Survivors, SS R. M. PARKER, JR., 8. August 1942; Edward M. Haake an Autorin, 24. Mai 1991.
15. NARA, RG 242, *Kriegstagebuch* U 171.

Kapitel 10
1. Alperin, *Custodians of the Coast*, Seiten 195, 196.
2. Adolph Johnson, Interview mit Autorin, Santa Fe, Texas, 3. Mai 1990.
3. Records, U.S. Army Corps of Engineers, box 27, file 660.3, »Surface Craft Detector 1941–43«.
4. Vorherige Zitate von Johnson-Interview.
5. *Congressional Record*, Appendix, vol. 61, 67th Cong., 1st sess., 4. März–23. November 1921, Extension of Remarks, Hon. Charles F. Curry of California, in the House of Representatives, 23. August 1921, 8635.
6. Vorherige Zitate von Johnson-Interview.
7. *Galveston Daily News*, 15. Juli 1942.
8. Ebenda., 17. Juli 1942.
9. Ebenda, 18. Juli 1942.
10. Ebenda, 11., 18., Juli 1942.
11. Vorherige Zitate von »Swamp Savvy«, *Houston Chronicle,* section H, 15. April 1990, Seite 1, by Carol Rust.
12. Eleanor C. Bishop, *Prints in the Sand: The U.S. Coast Guard Beach Patrol during World War II*, Seiten 1, 2.
13. NARA, *The Coast Guard at War: Beach Patrol*, vol. 17, Washington, D.C.: Historical Section, Public Relations Division, U.S. Coast Guard Headquarters, 1945, Seite 9.
14. Malcolm F. Willoug hby, *The U.S. Coast Guard in World War II*, Seite 47.
15. Bishop, *Prints in the Sand*, Seite 43.
16. *Congressional Record*, U.S. House, Appendix, vol. 88, 77th sess., 21. April–24. Juli 1942, Extension of Remarks, Hon. Jared Y. Sanders, Jr. of Louisiana, in the House of Representatives, 20. Juli 1942, A2859. Elmer Davis leitete die Office of War Information, eine Regierungsbehörde, die die Nachrichten kontrollierte.
17. Vorherige Zitate von *Galveston Daily News*, 20. Juli 1942.
18. Ebenda, 21. Juli 1942.
19. Ebenda, 11. Juli 1942.
20. Ebenda
21. Vorherige Zitate von *Galveston Daily News*, 11. July 1942.

Kapitel 11
1. *Encyclopedia Britannica*, s.v. »Radar«; John Naumczik, Interview mit Autorin, Beaumont, Texas, 11. Februar 1992.
2. Alperin, *Custodians of the Coast*, Seite 196.

3.   *Galveston Daily News*, 24. Juli 1942.
4.   Ebenda
5.   Ebenda, 27. Juli 1942.
6.   Vorherige Zitate von Ballinger Mills, Interview mit Autorin, Galveston, Texas, 15. April 1992. Hinweis: In keinem der U-Boot-Kriegstagebücher, die für dieses Buch herangezogen wurden, sind Nachrichten von der US-Küste enthalten.
7.   Morison, *Battle of the Atlantic*, Seiten 257, 259; *Galveston Daily News*, 30. Juli 1942.
8.   NARA, RG 242, *Kriegstagebuch* U 166, PG 30153/1-3, 2884, T-259-A, 24. März–3. August 1942.
9.   Capt. Barton M. Holmes and Capt. James E. Wise, Jr., »Here We Go Again!« *Sea Classics* (Oktober 1990), Seiten 24–29.
10. Vorherige Zitate von NARA, Papers of the War Shipping Administration, »Reports recommending awards for certain personnel of the MS ARRIAGA, SS STANVAC PALEMBANG, und SS ROBERT E. LEE.« Maschinengeschriebenes Schriftstück.
11. Vorherige Zitate von NARA, Papers of the United States Fleet, Navy Department, Memorandum of 1. August 1942, to Commander Gulf Sea Frontier.
12. Vorherige Zitate von Frank Erickson, »David and Goliath«.
13. Reynolds, »History of the Gulf Sea Frontier«, Seite 101.
14. David Kahn, *Seizing the Enigma: The Race to Break the German U-Boat Codes, 1939–1943*, Seiten 4, 178 (photo), 215–17.
15. Morison, *Battle of the Atlantic*, Seite 257.
16. Reynolds, »History of the Gulf Sea Frontier«, Seiten 222, 223.
17. Ebenda., Seiten 222–34; Captain Glenn Tronstad, Interview mit Autorin, Port Arthur, Texas, 19. April 1991.
18. Interview mit Tronstad.
19. Reynolds, »History of the Gulf Sea Frontier«, Seiten 121, 122.

Kapitel 12
1.   *Gladewater Mirror*, 29. Mai 1991; »Big Inch and Little Inch«, from records of the War Emergency Pipelines, Inc.; Charles Morrow Wilson, »Paul Bunyan Underground«, *World Petroleum* (Juni 1965): 17–21.
2.   *Galveston Daily News*, 3. September 1942.
3.   Ebenda, 20. September 1942.
4.   Ebenda, 31. Juli 1942.
5.   Ebenda, 3. August 1942.
6.   Ebenda, 4. August 1942.
7.   Ebenda, 3. August 1942.
8.   Ebenda, 2. August 1942.
9.   Bishop, *Prints in the Sand*, Seite 48; George Hamilton, Interview mit Autorin, Stowell, Texas, 9. Oktober 1990.
10. Interview mit Hamilton.
11. Glenn Cudd, Interview mit Autorin, Beaumont, Texas, 30. Mai 1991.
12. Willoughby, *U.S. Coast Guard in World War II*, Seite 50.
13. NARA, Coast Guard War Diary Abstracts, New Orleans District, 1942, Seite 113.
14. *Galveston Daily News*, 23. August 1942.
15. Ebenda, 4. August 1942.
16. *National Cylopedia of American Biography: Being a History of the United States*, Seiten 5, 6; Dwight R. Messimer, *The Merchant U-Boat: Adventures of the Deutschland, 1916–1918*, Seiten 59, 60.
17. *Galveston Daily News*, 13. August 1942.

18. Vorherige Zitate aus *Galveston Daily News*, 23. August 1942.
19. Ebenda, 30. August 1942.
20. Morison, *Battle of the Atlantic*, Seiten 346, 347; NARA, *Guides to the Microfilmed Records of the German Navy*, Seite 117.
21. Morison, *Battle of the Atlantic*, Seite 347.
22. Reynolds, »History of the Gulf Sea Frontier«, s. 121; Morison, *Battle of the Atlantic*, s. 348.
23. *Galveston Daily News*, 1. September 1942.
24. Ebenda, 1., 3. September 1942.
25. Ebenda, 14. August–1. September 1942.
26. Ebenda, 9., 11. September 1942.

Kapitel 13
1. Interview mit Naumczik.
2. *Galveston Daily News,* September 4, 1942
3. Ebenda, 17., 19., 26. September 1942.
4. Ebenda, 22., 23. September 1942.
5. Ebenda, 27. September 1942.
6. Ebenda, 25. Oktober 1942.
7. Ebenda
8. Ebenda, 28., 29. September 1942.
9. Ebenda, 30. September 1942.
10. Ebenda, 4. Oktober 1942.
11. Ebenda, 1. Oktober 1942
12. Ebenda, 2. Oktober 1942.
13. Ebenda
14. Ebenda, 5., 7. Oktober 1942; im Galveston-Eisenbahnmuseum ausgestellt.
15. *Galveston Daily News*, 10. Oktober 1942.
16. Ebenda, 11. Oktober 1942.
17. Ebenda, 6. Oktober 1942.
18. Lyda Kempner Quinn, Interview mit Autorin, Galveston, Texas, 5. Juli 1990,
19. Lyda Ann Thomas, Interview mit Autorin, 5. Juli 1990.
20. Isaac Herbert Kempner an seine Tochter Cecile, 1942, Rosenberg Library, Galveston, Texas; Ruth Levy Kempner, Interview mit Autorin, Galveston, Texas, 22. August, 1990; Interview mit Quinn.
21. *Galveston Daily News,* 5. Oktober 1942.
22. Ebenda, 12. Oktober 1942; *Encyclopedia Britannica*, s.v. »Spanish-American War of 1898«.
23. *Galveston Daily News*, 12. Oktober 1942.
24. Ebenda

Kapitel 14
1. *Galveston Daily News*, 30. Oktober 1942.
2. Ebenda
3. Ebenda, 2. November 1942.
4. Ebenda, 11. November 1942.
5. Ebenda, 14. November 1942.
6. Peter Petersen, Telefoninterview mit Autorin, 18. November 1991.
7. *Galveston Daily News*, 12. November 1942.
8. Ebenda, 17., 28. November 1942.
9. Ebenda, 15. November 1942.
10. Vorherige Zitate von Naumczik-Interview.

11. *Galveston Daily News*, 25. November 1942.
12. Ebenda, 1. Dezember 1942.
13. Ebenda
14. Ebenda, 7. Dezember 1942.
15. Vorherige Zitate von *Galveston Daily News*, 8. Dezember 1942.
16. Ebenda, 22. Dezember 1942.
17. Ebenda, 11. Januar 1943.
18. Ebenda, 31. Januar 1943.
19. Ebenda, 8–10. Februar 1943.
20. Dönitz, *Memoirs*, Seite 250; Petersen-Interview.
21. Reynolds, »History of the Gulf Sea Frontier«, Seiten 141–43.
22. Ebenda, Seiten 144, 145.
23. Ebenda, Seiten 146; *Dictionary of American Naval Fighting Ships*, Seite 116.
24. Vorherige Zitate von NARA, RG 242, *Kriegstagebuch* U 155, PG 30142/1–12, 2935-36, T-198-D, T-199-D, 23. August 1941–21.Oktober 1944.
25. Reynolds, »History of the Gulf Sea Frontier« Seite 148.

Kapitel 15
1   John Kinietz, Telefoninterview mit Autorin, 25. März 1992.
2   Da es keine FBI-Berichte für das Galveston-Houston-Gebiet von 1941 bis 1945 gibt, ist nicht bekannt, ob ein Radio gefunden wurde.
3   Reynolds, »History of the Gulf Sea Frontier«, Seiten 152–53.
4   *Galveston Daily News*, 28. April, 2. Mai 1943.
5   NARA, RG 457 (National Security Agency), German Navy U-Boat Messages Translations and Summaries, SRGN 18643-19199, May, 1943. Box 26, book 18852-19097, SRC 18939.
6   Ebenda, SRC 19072.
7   Ebenda, SRC 19078.
8   Ebenda, SRC 19128.
9   Ebenda, SRC 13132; box 27, SRGN 19200-947, 1–18. Juni 1943.
10 Ebenda, SRC 19428.
11 Ebenda, SRC 19782.
12 *The U-Boat Commander's Handbook*, Seiten 24, 45.
13 Vorherige Zitate von ibid., Seiten 77, 78.
14 *Galveston Daily News*, 28. Juni 1943; Paolo E. Coletta, ed., *United States Navy and Marine Corps Bases, Domestic*, Seiten 229, 230.
15 NHC, »History of U.S. Naval Air Station, Hitchcock, Texas«; Lennart Ege, *Balloons and Airships*, Seiten 211; *Galveston Daily News,* 28. Juni 1943.
16 Reynolds, »History of the Gulf Sea Frontier«, Seiten 164, 165.
17 NARA, *Guides to the Microfilmed Records of the German Navy, 1850–1945: No. 2, Records Relating to U-Boat Warfare, 1939–1945*, Seite 52. Es wurde später vermutet, dass U 134 ohne Überlebende am 6. September 1943 verloren ging.
18 Ebenda, Seite 166; Petersen-Interview.
19 Vorherige Zitate von NARA, RG 242, *Kriegstagebuch* U 527, PG 30565, 2979, T-298, 9. Februar 1942–4. Dezember 1943.
20 »U 527«, Bericht des Kommandanten, U-Boot-Archiv, Cuxhaven, 6. Februar 1942; NARA, RG 38, Records of the Chief of Naval Operations, Official Naval Intelligence, Special Activities Branch (OP 16-2), 1941–45, Reports on Interrogations, box 22, file »U 527 Personalia & Pre-lim.«; Herbert Uhlig, Interview mit Ralph Uhlig, Neuenkirchen/Soltau, Deutschland, 24. Dezember 1990.
21 Arnold Krammer, *Nazi Prisoners of War in America*, Seite 119.

22 Herbert-Uhlig-Interview mit Ralph Uhlig.
23 *Galveston Daily News*, 7. Mai 1943.
24 Ebenda, 8. Mai 1943.

Kapitel 16
1 *Galveston Daily News*, 31. Mai 1943.
2 *Dictionary of American Naval Fighting Ships*, Seiten 136, 137.
3 *Galveston Daily News*, 3. Juni 1943.
4 Vorherige Zitate von *Galveston Daily News*, 9. Juni 1943.
5 Ebenda, 10. Juli 1943.
6 Ebenda, 17. Juli 1943.
7 Ebenda, 20. Juli 1943.
8 Ebenda, 25., 26. Juli 1943.
9 Ebenda, 27. Juli 1943.
10 Ebenda
11 Ebenda, 28. Juli 1943.
12 Naumczik-Interview.
13 *Galveston Daily News*, 28. Juli 1943.
14 Ebenda, 31. Juli 1943.
15 Ebenda, 29. Juli 1943.
16 Vorherige Zitate von Melanie Wiggins, *They Made Their Own Law: Stories of Bolivar Peninsula*, Seiten 234, 235.
17 Reynolds, »History of the Gulf Sea Frontier«, Seiten 167.
18 *Galveston Daily News*, 5. August 1943.

Kapitel 17
1 Peter Petersen, Interview mit Autorin, 18. Mai 1992.
2 NARA, RG 242, *Kriegstagebuch* U 518, PG 30556/1-7, 3068, T-8-F, 25. April 1942–24. Oktober 1944. Im Oktober 1943 hat Portugal Großbritannien erlaubt, einen Luftstützpunkt an Lajes Airfield auf den Azoren zu bauen.
3 Petersen-Interview.

Kapitel 18
1 *Galveston Daily News*, 11. September 1943.
2 Ebenda, 20. September 1943.
3 Vorherige Zitate von *Galveston Daily News*, 27. September 1943.
4 Ebenda, 22. September 1943.
5 Ebenda, 12. November 1943.
6 Ebenda; *Encyclopedia Britannica*, s.v. »Rockets«.
7 *Galveston Daily News*, 20. September 1943.
8 Ebenda, 29. September 1943.
9 Ebenda, 4. Oktober 1943.
10 Ebenda, 11., 28. Oktober 1943.
11 Ebenda, 28. Oktober, 3. November 1943.
12 Krammer, *Nazi Prisoners of War*, Appendix 271; Robert Tissing, »Stalag Texas, 1943–1945: Detention and Use of Prisoners of War in Texas during World War II«, *Military History of Texas and the Southwest* 13 (1976): 23, 24.
13 Ida M. Blanchett, »POWs in Galveston County«, *In Between* 105 (Juli 1981): 13–15; Arnold P. Krammer, »When the Afrika Korps Came to Texas«, *Southwestern Historical Quarterly* 80 (Januar 1977): 247–82.

14   NARA, RG 389 (Provost Marshall General), Enemy POW Information, Bureau Reporting Branch, Subject File 1942–46, Inspection and Field Reports, Concordia to Custer, box 2659.

15   Blanchette, »POWs in Galveston County«; Sara Stubbs, Interview mit Autorin, Galveston, Texas, 16. Oktober 1991.

16   Risher Randall, Interview mit Autorin, Galveston, Texas, 13. Dezember 1991.

17   *Galveston Daily News*, 17. Oktober, 26. November 1943.

18   *Galveston Daily News*, 17. Oktober 1943; Ida M. Blanchette, »POWs In Galveston County, Part II: Camp Wallace-Hitchcock«, *In Between* 106 (Juli 1981): 13–15.

19   Jack Dodendorf an Autorin, 17. August 1990.

Bibliografie

Veröffentlichte Quellen

Alperin, Lynn M. *Custodians of the Coast: History of the United States Army Engineers at Galveston.* Washington, D.C.: U.S. Government Printing Office, 1977.

Bishop, Eleanor C. *Prints in the Sand: The U.S. Coast Guard Beach Patrol during World War II.* Prairie View: Texas A&M University at Prairie View, 1989.

Blanchette, Ida M. »POWs in Galveston County, Part II: Camp Wallace-Hitchcock.« *In Between* 106 (July, 1981): 13–15.

–. »POWs in Galveston County«. *In Between* 105 (July, 1981): 13–15.

Coletta, Paolo, ed. *United States Navy and Marine Corps Bases, Domestic.* Westport, Conn.: Greenwood Press, 1985.

Dictionary of American Naval Fighting Ships. Vol. 2. Washington, D.C.: Navy Department, Office of the Chief of Naval Operations, Naval History Division, 1963.

Dönitz, Karl. *Admiral Dönitz Memoirs: Ten Years and Twenty Days.* Translated by R. H. Stevens, in collaboration with David Woodward. Cleveland: World Pub. Co., 1959.

Ege, Lennart. *Balloons and Airships.* New York: Macmillan Co., 1974. *Encyclopedia Britannica,* 1963 edition.

Erickson, Frank. »David and Goliath«. Ohne Angabe von Verlag oder Datum.

Gimpel, Erich, in collaboration with Will Berthold. *Spy for Germany.* London: Robert Hale Ltd., 1957.

Gleichauf, Justin. *Unsung Sailors: The Navy Armed Guard in World War II.* Annapolis: Naval Institute Press, 1990.

Guides to the Microfilmed Records of the German Navy, 1850–1945. No. 2: Records Relating to U-Boat Warfare, 1939–1945. Washington: National Archives and Records Administration, 1985.

Hayes, Charles Waldo. *The Island and City of Galveston.* Vol. 1. 1879. Reprint. Austin: Jenkins Garrett Press, 1974.

Hickam, Homer, Jr. *Torpedo Junction: U-Boat War off America's East Coast.* Annapolis: Naval Institute Press, 1989.

Holmes, Capt. Barton M. and Capt. James E. Wise. »Here We Go Again!« *Sea Classics* (October, 1990), 24–29.

Kahn, David. *Seizing the Enigma: The Race to Break the German U-Boat Codes, 1939–1943.* Boston: Houghton Mifflin Co., 1991.

Kessner, Thomas. *Fiorello H. La Guardia and the Making of Modern New York.* New York: McGraw-Hill Pub. Co., 1989.

Krammer, Arnold. *Nazi Prisoners of War in America.* New York: Stern and Day Pub., 1979.

– »When the Afrika Korps Came to Texas.« *Southwestern Historical Quarterly* 80 (January, 1977): 247–82.

Messimer, Dwight R. *The Merchant U-Boat: Adventures of the Deutschland, 1916–1918.* Annapolis: Naval Institute Press, 1988.

Morison, Samuel Eliot. *History of the United States Naval Operations in World War II.* Vol. 1, *The Battle of the Atlantic, September 1939–May 1943.* Boston: Little, Brown & Co., 1954.

National Archives and Records Administration (NARA), *Guides to the Microfilmed Records of the German Navy, 1850–1945: No. 2, Records Relating to U-Boat Warfare, 1939–1945.* Compiled by Timothy Mulligan. Washington, D.C.: U.S. National Archives, 1985.

National Cyclopedia of American Biography: Being a History of the United States. Vol. 15. New York: James T. White & Co., 1916.

Padfield, Peter. *Dönitz: The Last Führer, Portrait of a Nazi War Leader.* New York: Harper & Row, 1984.

Rohwer, Jürgen. *Axis Submarine Successes: 1939–1945.* Annapolis: Naval Institute Press, 1983.

Rössler, Eberhard. Translated by Harold Erenberg. *The U-Boat: The Evolution and Technical History of German Submarines.* Annapolis: Naval Institute Press, 1989.

Rust, Carol. »Swamp Savvy«. *Houston Chronicle,* section H, April 15, 1990.

Shirer, William L. *The Rise and Fall of the Third Reich.* New York: Fawcett Crest by arrangement with Simon & Schuster, 1989.

Tarrant, V. E. *The U-Boat Offensive, 1914–1945.* Annapolis: Naval Institute Press, 1989.

Thomas, Lowell. *Raiders of the Deep.* Garden City, N.Y.: Garden City Pub. Co., 1928.

Tissing, Robert. »Stalag Texas, 1943–1945: Detention and Use of Prisoners of War in Texas during World War II«. *Military History of Texas and the Southwest* 13 (1975): 23-34.

The U-Boat Commander's Handbook. Gettysburg, Penn.: Thomas Pub., 1989.

Wiggins, Melanie. *They Made Their Own Law: Stories of Bolivar Peninsula.* Houston: Rice University Press, 1991.

Willoughby, Malcolm F. *The U.S. Coast Guard in World War II.* Annapolis: Naval Institute Press, 1957.

Wilson, Charles Morrow. »Paul Bunyan Underground«. *World Petroleum* (June, 1965): 17-21.

Unveröffentlichte Quellen

Auswärtiges Amt, Bonn.

Bundesarchiv, Koblenz.

National Archives and Records Administration (NARA), Naval Historical Center, Washington, D.C.

Reynolds, Lt. John A. »History of the Gulf Sea Frontier, February 6–August 14 1945«, U.S. Naval Administration in World War II, Naval Historical Center, Washington, D.C. Maschinengeschriebenes Schriftstück.

Rohwer, Jürgen. »The German U-Boat War and the United States Atlantic Fleet from June 1941 to May 1942«. Paper written for the conference, Battle of the Atlantic: The Eastern Sea Frontier Campaign. February 22–23, 1991, Virginia Beach, Virginia.

Rosenberg Library, Galveston, Texas.

U-Boot-Archiv, Cuxhaven.

United States Army Corps of Engineers, Galveston, Texas.

Index

Unsere
Empfehlung

Melanie Wiggins

Davongekommen

236 Seiten
16 x 24 cm
40 s/w-Abbildungen
Hardcover
ISBN 978-3-8132-0875-7

Die Amerikanerin Melanie Wiggins hat im Verlauf mehrerer Deutschland-
reisen in Interviews das Material für diesen Band gesammelt. Sie sprach mit
siebzehn Besatzungsmitgliedern, darunter fünf Kommandanten, die ihren
ganz persönlichen Eindruck vom Schrecken des Unterseebootkrieges
wiedergaben.

Unter den vielen U-Boot-Publikationen sticht dieses Buch dadurch hervor,
dass es die Wahrnehmung der U-Bootfahrer in den Mittelpunkt stellt
und hierbei wiederum die einfachen Besatzungsmitglieder stärker zu Wort
kommen lässt als die ranghöheren.

Der Leser erfährt neue Details über die Aktivitäten der Besatzungen auf See
und über ihre Erlebnisse in der Kriegsgefangenschaft.

www.koehler-mittler.de
vertrieb@koehler-mittler.de